两晋南北朝大变局

王朝拐点系列

姜越◎编著

辽宁人民出版社

图书在版编目（CIP）数据

两晋南北朝大变局 / 姜越编著. —沈阳：辽宁人民出版社，2018.1

（“王朝拐点”系列）

ISBN 978-7-205-09194-1

Ⅰ. ①两… Ⅱ. ①姜… Ⅲ. ①中国历史 - 魏晋南北朝时代—通俗读物 Ⅳ. ①K235.09

中国版本图书馆CIP数据核字（2017）第296230号

出版发行：辽宁人民出版社

地址：沈阳市和平区十一纬路25号　邮编：110003

电话：024-23284321（邮　购）　024-23284324（发行部）

传真：024-23284191（发行部）　024-23284304（办公室）

http://www.lnpph.com.cn

印　　刷：三河市航远印刷有限公司

幅面尺寸：170mm × 240mm

印　　张：15.25

字　　数：220千字

出版时间：2018年1月第1版

印刷时间：2018年1月第1次印刷

责任编辑：常　策

封面设计：侯　泰

版式设计：姚　雪

责任校对：解炎武

书　　号：ISBN 978-7-205-09194-1

定　　价：43.80元

前言

天下大势，分久必合，合久必分。自两汉以来不断累积下来的众多深层社会矛盾，并没有因为表面的政治统一而消弭，通过玩弄权术、残酷杀戮政敌而建立的司马氏政权，还没有来得及实现社会秩序的全面重构，就分崩离析于因皇族内部矛盾激化而骤然爆发的“八王之乱”，天下重新归于乱世。中原地区的政治动荡，让边境的少数民族有了可乘之机，公元 311 年，随着少数民族的大举入侵，“永嘉之乱”爆发，西晋王朝因此而彻底倾覆。

纵观中国历史上下五千年，大抵都是循着“盛极而衰—乱世狼烟”的轨迹发展的。西晋之后的东晋也并没有存在多久就灭亡了。自东晋灭亡之后，南北的局部统一使中国进入了真正意义上的南北分裂的局面。虽然它的形成使社会政治经济的发展有所停滞，但黄河流域的民族大融合却是史无前例的。

也正是在这种条件下，中国北方的各个民族逐渐被汉族同化，最终成为统一的民族。所以说，南北朝的分裂，对加速民族统一起到了极其重要的作用，是中华民族发展过程中不可缺少的一个重要环节。

社会动荡、战乱频仍，是南北朝时期最为显著的历史特征。从 420 年刘裕废恭帝建宋起至 589 年隋灭陈的 170 年间，中国南方地区先后有宋、齐、梁、陈 4 个朝代出现；而北方则由鲜卑族建立的魏国于 439

年统一，进入北朝时期，经北魏、东魏、北齐、西魏、北周。后北周灭北齐进一步统一北方。公元 581 年杨坚代周立隋，公元 589 年灭陈，统一了全国。这期间，南北对峙，双方势力此消彼长，北伐、南征充斥其间，战乱不休。

作为一个从“大一统”到分崩离析的时代，魏晋南北朝是一段民族觉醒的历史。可以说，魏晋南北朝时期是最坏的年代，也是最好的年代。这一时期出现了无数人间英豪，同时也出现了许多昏君和暴君：堪称史上最蠢的皇帝司马衷，被叛军俘虏的司马衍，窝囊死去的司马曜，荒淫残暴的宋废帝，和尚皇帝萧衍，奴隶出身的石勒，“第一贤相”王猛……

然而无论是否是英雄，都已经湮没在了那个跌宕混乱的年代。

分裂、对峙、动荡，是那个年代的主旋律。乱世让我们心痛，但我们可以看到，即使混乱，那个年代的社会仍在发展，文明仍在进步，为后来唐宋文明的高度发展作出了特殊的贡献。

本书以导致南北割据开始的西晋末年的纷乱为始，尝试用笔墨让读者初步了解南北朝的历史，回顾那个大多数人都不太熟悉的年代。南北朝同时期至少两个政权并立，因此我们采取以人物为主线，贯穿各大历史事件的写法，将这段历史呈现在人们面前。

本书的编纂参考了大量的文献资料，但限于编者自身知识水平，疏漏之处在所难免，恳请指正。

目录

第一章　八王之乱，天下动荡

西晋末年，皇族争夺政权，经历了16年的“八王之乱”。晋惠帝皇后贾南风与辅政的外戚杨骏争权，勾结诸王，发动政变。诸王借机起兵，西晋陷入内乱。16年中，参战诸王多相继败亡，人民被杀害者众多，社会经济遭到严重破坏，西晋统治集团的力量消耗殆尽，隐伏着的阶级矛盾、民族矛盾迅速爆发。

第二章　胡人南下，狼烟四起

“东晋十六国”堪称中国历史上持续150年的南北战争。当时的西晋王朝式微，北部游牧部落联盟大规模南下，建立少数民族国家，与中原正统政权对峙，造成南北分立的局面。“五胡十六国”一直持续到北魏建立，是我国历史上一个重要的阶段，为后来的民族融合奠定了基础。

第三章　东晋初兴，南北分立

西晋灭亡后，由西晋皇族司马睿在南方重建晋室，史称“东晋”。由于中原陆沉，东晋的统治就成了一个特殊的形式。它与北方已经陆续建立的十六国政权并存，因此这段时期又称为“东晋十六国”。东晋是门阀政治的鼎盛时期，皇权极其衰微，宗室大族经常互相争权夺利，人民生活相当困苦。可以说，东晋的统治只相对安定了一段时间，便摇摇欲坠了。

第四章　此起彼伏，政权林立

匈奴、羯、鲜卑、氐、羌等少数民族世代居住在中国北部，因为对抗晋王室的腐败和暴政而叛变。然而他们所建立的政权都各自征战，导致民不聊生，最终灭亡，堪称短命王朝。十六国的兴替历史相当复杂混乱，这个时期也出现了一批让世人铭记的英雄豪杰：奴隶皇帝石勒，武悼天王冉闵，大秦天王苻坚等。

第五章 门阀士族，南朝政权

门阀制度是两晋时期最重要的时代特征，它的发展经历了一个由盛而衰的过程。东晋时期，门阀制度更是发展到最为严重而完整的阶段，可以说，当时的东晋由司马氏皇权、北方士族和南方士族联合执政，长达一个世纪之久，这种政治格局一直延续到东晋末年。我们可以看出，门阀政治最终结束的过程，就是司马氏东晋政权彻底败落的过程。自 420 年东晋灭亡至 589 年间，南方先后出现了宋、齐、梁、陈四个政权，史称“南朝”。

第六章 胡汉群豪，北朝汉化

公元386—581年，南朝正值门阀兴盛、衣冠风流的时期，与此同时，北方也先后出现了北魏、东魏、西魏、北齐、北周等政权，与南方的宋、齐、梁、陈划江而治，对峙称雄。当南朝沉溺于丝竹管弦、舞裙飘飘的极乐世界时，北朝成功实现了汉化，消弭了民族间的尖锐文化冲突，为后来的隋唐大一统作出了不可磨灭的贡献。

第七章 隋代北周，民族融合

南北朝末期，鲜卑人建立的北周灭亡北齐，统一了北方地区，为后来隋朝的建立奠定了基础。北周武帝的文治武功极其出色，一系列改革均使北周政权有所发展。武帝去世后，他的子孙即位，昏庸而暴

虐，引起权臣不满。后杨坚崛起，581 年，隋朝代周而立，南下灭陈，结束了南北朝数百年的割据局面，实现了大一统。

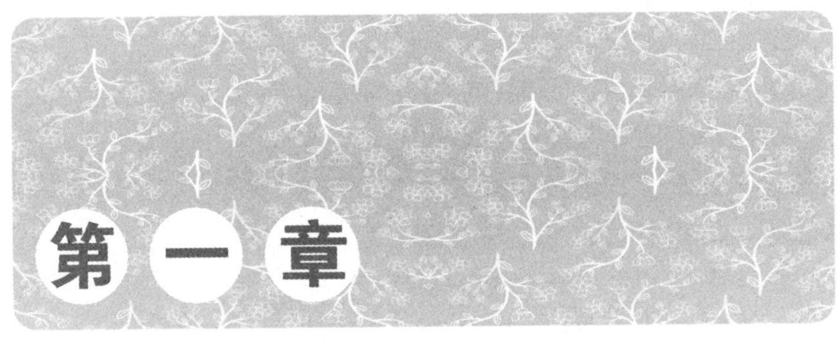

第一章

八王之乱，天下动荡

西晋末年，皇族争夺政权，经历了16年的“八王之乱”。晋惠帝皇后贾南风与辅政的外戚杨骏争权，勾结诸王，发动政变。诸王借机起兵，西晋陷入内乱。16年中，参战诸王多相继败亡，人民被杀害者众多，社会经济遭到严重破坏，西晋统治集团的力量消耗殆尽，隐伏着的阶级矛盾、民族矛盾迅速爆发。

白痴为帝，政局动荡

晋惠帝司马（259—306），字正度，是晋武帝的第二个儿子，公元290—306年在位，是中国历史上少有的一位痴呆皇帝。

晋武帝司马炎完成建立晋王朝、统一全国大业之后，开始懈怠政事，醉心游乐。他喜好女色，后宫的美女竟多达万人。他所宠爱的女人也很多。这些美艳的女人先后替他生下了26个儿子，不幸的是，皇后杨艳所生的嫡长子司马轨两岁时就夭折了，次子司马衷成了事实上的长子，按照中国立嫡和立长的继承人制度，要立司马衷为太子，然而司马衷却是个大白痴。

贵为太子，弱智低能

司马衷天生愚鲁，长到七八岁还不认识一个字，虽然请了不少博学的师傅教诲开导，但都无济于事。他9岁被立为太子，因为傻，一直让晋武帝忧虑，也起过换掉他的念头。但晋武帝的皇后杨艳却坚决不同意，她反对的理由也很冠冕堂皇："立嫡以长不以贤，岂可动乎?"皇帝和皇后的感情很好，于是耳朵一软，依然让傻儿子做太子。

杨皇后是司马衷的生母，她除了这个傻儿子之外，另外还有两个儿子，而且都很正常，就是坚持立嫡子，也不一定非要立这个白痴。原来，杨皇后也有自己的打算。晋武帝虽然和她感情不错，但也很花心，儿子也那么多，就不免让杨皇后感到了威胁。若是因为太子笨而废掉他，无疑是打开了一个缺口，即使立自己的儿子做太子，以后万一皇帝又喜新厌旧地改了主意，又看上了别人的儿子，岂不糟糕？这可是关系到自己和家族地位的大问题，还不如现在就死守原则，让皇帝无机可乘的好，因此她就一定要坚持维护这个傻儿子。后来皇后杨艳去世了，临死前把堂妹杨芷推荐给皇帝，立为皇后。这个杨芷也是个美人，很得晋武帝的宠爱。她继承姐姐的遗愿，也对维护太子的地位不遗余力，这么一来，司马衷的太子地位就更加稳固了。

但是，司马衷的傻气可是大名远扬，朝中大臣没有人不知道的。大臣们觉得这位太子将来做了皇帝，肯定无法处理政事，也劝晋武帝废掉他。大臣和峤曾经拐弯抹角地对晋武帝说："皇太子天性'淳朴'，有上古之风。可现在早就不是上古之时了，人情险恶，恐怕太子将来掌管不了陛下的家事。"虽然表面上恭维这位太子有"淳朴古风"，其实就是在暗示他脑子不够用。但晋武帝却对此置之不理。后来有一次晋武帝对他们夸耀起自己的儿子最近颇有长进，还叫他们亲自去问问。回来之后，几个马屁精就说太子果然长进不小，皇帝说的一点儿都不错。和峤却老老实实地说："太子还是和原来一样嘛。"弄得皇帝特别不高兴，当下拂袖而去。大臣卫瓘趁晋武帝举行宴会的时候，假装酒醉，倒在御座面前，对皇帝说："臣有事情要启奏陛下。"皇帝问他什么事，他犹豫再三，用手抚摸着御座，嘴里含含糊糊地说："这个座位太可惜了。"晋武帝马上明白他是指太子不堪为帝，但是假装听不懂，说："你在胡说些什么，肯定是喝醉了吧。"接着，吩咐侍从把卫瓘扶起来送走。

然而晋武帝对于傻儿子的水平，也并不那么看好。既然立他做继承人，就得让皇位一代一代地传下去。那太子是不是有生育"圣嗣"的能力，可是个大问题。晋武帝可能是觉得儿子傻，对这男女之事未必开窍，就派了一个才人谢玖前去"教导"，没想到傻儿子在这上头倒不含糊，不久谢玖就怀孕了。晋武帝十分高兴，也使他对傻儿子的信心又增加了几成，于是就为他张罗选妃的事情。

太子选妃无论是对皇家还是全国百姓，都是一件大事，因为这选上的就是未来的国母，母仪天下，坐镇后宫。皇亲贵戚、王公大臣便纷纷物色自己家族的女子，积极活动，准备促成一段美好姻缘，从而使家族荣显。

晋武帝在常年的征战中，很赏识征东大将军卫瓘，了解卫瓘的家族，对卫瓘的女儿十分满意——据说白皙、漂亮，很有风采。和卫瓘竞争的是晋开国元勋贾充。贾充生有四个女儿：前妻李氏生两个女儿，后妻郭氏也生两个女儿。长女贾荃已嫁司马师的儿子齐王司马攸。贾充官高爵显，拜车骑将军，出任朝廷首辅。最为关键的是，当初司马炎被立为太子，全得力于贾充。所以，司马炎对贾充一直十分信任。

荀勖是武帝的心腹，和贾充这个工于心计的人臭味相投，交谊甚厚。他为了让贾充的女儿当上太子妃，先请贾充的妻子郭槐用重金贿赂杨皇后的左右心腹，让她们赞誉贾充的女儿品貌端庄、聪慧文静，有贤德，有美貌，可以选为太子妃。杨皇后信任左右，天长日久，自然心动，对贾氏的女儿颇有好感，认为名声这样好的女子一定十分不错。荀勖双管齐下，在朝中联络荀觊、冯瓘等一班人员，在各种场合，盛赞贾充的女儿德才兼备，不可多得。荀勖随后干脆上书武帝，称贾充女儿姿德淑茂，可以列入候选。

武帝司马炎一直不表态。司马炎有自己的看法，但既然朝野闹得沸沸扬扬，都说贾充的女儿十分出色，这事得和皇后商量。武帝问杨皇后："太子的婚事，有什么想法？"杨皇后说："贾充的女儿据说才色都不错，大概真的十分出色。"武帝问卫瓘的女儿如何？杨皇后说："称赞卫瓘女儿的人极少，想必才色平平。"武帝司马炎摇头说："贾氏的家族悍妒，不大生儿子，身材矮小，皮肤微黑，貌不秀美，这就是贾氏子女的'五不可'，其中一不可都不可取，何况兼有？而和贾氏相反，卫瓘家族天性仁贤，子女白皙，身材修长，相貌秀气，尤其人丁兴旺。贾氏和卫氏的女儿完全不同。"

杨皇后对贾氏女已有好感，于是坚持己见，武帝也不想为此争执，便不再说什么。那时贾充尚有两个未嫁的女儿，大的就是贾南风，其相貌正如晋武帝所说的又黑又丑；小的叫贾午，长得倒很漂亮。迎娶之初，本来是要选年方 12 岁的贾午入宫做太子妃的。可笑的是，贾家的姑娘果然身材矮小，连结婚的礼服也撑不起来。无奈只得换了贾午的姐姐贾南风。这年贾南风 15 岁，比太子大两岁。就这样，贾南风阴差阳错地成了皇太子妃。等到典礼完成，晋武帝一看给儿子竟娶回了这么个媳妇，真是后悔不迭。但生米做成了熟饭，总不能再退回去了，想想自己的傻儿子，和这个丑媳妇也算般配，就只好认了。

贾南风的生父贾充在司马氏篡魏以及司马炎称帝过程中立下汗马功劳，因而在西晋建立之后，贾充因功被加爵鲁郡公，官拜车骑将军、散骑常侍、尚书仆射，后又拜为侍中、尚书令之职，参与枢密机要，一时权倾朝野。

贾南风的母亲广城君郭槐，是城阳太守郭配之女，系贾充的续弦。贾充的原配夫人李氏出身名门，端丽贤淑，嫁给贾充后生下贾荃、贾濬两个女儿，后受其父株连被流放边地，贾充再婚娶了郭氏。这个郭氏夫人是个醋坛子，生性妒忌，魏甘露元年（256）生下贾南风后，更是变本加厉。她对贾充身边的所有女性都心怀戒备，若是看到谁同贾充有来往，就会醋海生波，闹得贾充人仰马翻，无法招架。

贾南风的弟弟贾黎民 3 岁时，乳母带他在家门口玩耍，贾充走来时，小儿子张着手，笑着让父亲抱。贾充便上前弯腰很亲热地拍抚他。这一幕正巧被郭槐碰上，她以为乳母跟贾充有私情，不问青红皂白，竟将乳母鞭打而死。贾黎民因乳母弃世最终也得病而死。后来，郭槐又生下一个男孩，仍找来乳母喂养。有一天，乳母抱着孩子在院里，贾充上前抚摩孩子的头，郭槐又认定乳母有意勾引贾充，不由分说又将乳母活活打死，这个儿子也因此早夭。

司马炎称帝后，贾充的元配夫人李氏获大赦回到洛阳。为了成全他们夫妻团圆，司马炎特降恩诏允许贾充置左右夫人，迎归李氏。晋武帝的意思是贾充迎回前妻后，仍可给郭槐以正妻夫人的名分，也免得让贾充难堪。贾充谢恩回家，告诉了郭槐，哪知郭槐火冒三丈，根本不顾皇帝的诏命，对贾充一阵数落：“这些年我跟你同甘共苦，患难与共，容易吗？你有今天，别忘了我的功劳。休想让那妖婆在我跟前碍眼。”贾充见她不依不饶，怕她再撒泼使性，干脆谢绝了武帝的恩诏，断了置两夫人的念想，在城中永年里为李氏另修了一处宅院安身。当时人们在这种情况下，一般都与前妻暗中往来，私下通情，但贾充不敢造次。贾荃、贾濬多次哀求父亲去看望她们的生母，贾充也不敢答应。尽管如此，郭氏仍不放心，每到贾充外出时，都要派人暗中窥探，唯恐贾充背着她去找李氏。后来，贾荃成了武帝的弟弟齐王攸的妃子，便劝说父亲休掉郭氏而迎还其母，有一次竟叩头流血，贾充硬是不敢点头，心里只觉得有愧于李氏。贾充在母亲临终时，问她有何吩咐，贾母说：“我让你把我那贤德的媳妇迎回来尚且不肯，何必再问别的。”结果，李氏一直也未能再回贾府。

贾南风的妹妹贾午在做姑娘时，经常躲在客厅的屏风后面窥视来访的宾客，有一次，发现司空椽韩寿风流潇洒，便一见钟情，托侍婢转给韩寿情书和信物，后来贾午还叫婢女“呼寿夕入”，韩寿便“逾垣而入，家人莫知”。当时皇帝曾经把西域国使者进贡的一种芬芳的香水赠给过贾充一些，而贾午又把香水偷着给了情郎韩寿，韩寿在入官府办事时，便到处留下香气，这就是“韩寿偷香”的故事的由来。《幼学故事琼林》有这样两句话：“郭女绝夫之嗣，此女中之妒者；贾午偷韩寿之香，此女中之淫者。”说的就是贾充的妻子和女儿的闺中奇闻逸事。贾南风生长在这样一个家庭，由于环境熏陶，造成了她不仅善妒，而且好淫的性格，还继承了父亲善于观测宫廷斗争中政治风云变幻、擅长于权谋之争的特点。家世门风，造就了贾南风妒暴酷虐的品性，对她的一生影响至深。

贾南风长得丑还是其次，她的性格也十分泼悍善妒，对白痴丈夫看得特别紧。她在感情上的嫉妒到了神经质的程度，而且一旦发作，便失去控制，闹得天翻地覆。司马衷愚顽无知，哪里是贾南风的对手？司马衷很快俯首听命，贾南风控制了东宫。于是贾南风在太子宫中唯我独尊，为所欲为，如果看谁不顺眼，心中有点儿不痛快，便动辄杀害宫人。在她做太子妃之前，晋武帝已经给儿子纳了谢才人，还怀有身孕。于是贾南风就对这位谢才人百般看不顺眼，谢才人倒也知趣，就离开了司马衷，回到了西宫。有一次贾南风发现有个宫女偷偷怀上了司马衷的孩子，又妒又怒，立即喝令将这宫女押到面前，然后亲手提着一支戟向她隆起的肚子上掷去，活活地将一个已经成形的男胎剖了出来。晋武帝闻讯大怒，就决定把她废掉，关到冷宫金墉城去。这时的皇后杨芷是杨艳的堂妹，由于贾南风是堂姐所荐，就劝武帝要考虑到贾充的功劳，又说贾妃还年轻，正是好嫉妒的年纪，总该给她一个改过的机会。看到心爱的美人出言相劝，晋武帝才消了怒气。杨芷此后多次训诫这位儿媳，让她改过自新。但生性毒辣的贾南风对杨芷的救命之恩视若无睹，却对她的这番斥责充满怨毒之情，从此怀恨在心。

太子答题，捉刀代笔

这位太子妃虽然黑丑泼悍，却颇有心计。她对白痴太子虽然不满意，但知道自己和这白痴太子是一荣俱荣、一损俱损，对维护司马衷的太子地位很是上心。由于大臣们经常和晋武帝叨叨太子笨，不能管理国家，晋武帝自己也不免有些疑心起来，就打算考考太子，他开设宴会，把太子东宫里的人都召集到一起，在席上密封文件数件，派人送给太子决断，看看他实际处理政务的能力，并让使臣就在外面坐等太子的文件批复。白痴太子哪里能做得了这个，太子妃贾南风大为紧张，赶紧找了个人替他作答。那人还挺有学问，引经据典，答得头头是道。这时，宫内有个太监张泓提醒贾南风："这份卷子好是好，可是皇上明知太子平常不大懂事，现在写出这样一份卷子，反倒叫他怀疑，万一追查起来，就把事情弄糟了。还不如直接就事论事，写得粗浅一点儿。"贾南风大喜，就对他说："那么还是你来另写一份吧，日后定保你富贵荣华。"张泓就另外起草了一份粗浅的答卷，让太子依样抄写一遍，叫一直等候的使臣送到东宫的酒席上去。

晋武帝一看，卷子虽然写得不很高明，但是总算有问必答，可见太子的脑子还是清楚的，就更加坚定了立他的信心。

除此之外，太子的儿子司马遹，也是令晋武帝不忍废去司马衷的原因之一。这个孩子是谢才人所生。当年她怀孕之后，由于太子妃十分嫉妒，就要求回到西宫，后来生下了司马遹。司马衷虽然已经做了父亲，自己却还不知道。几年后，他进宫朝见父皇，见一个三四岁的白胖小子与数位皇子在一起玩耍，非常可爱，便走过去拉着小孩的手嘿嘿傻笑。武帝见状对司马衷说："这是你的儿子。"司马衷挺高兴，就跪在地上拜谢，这才把这个儿子认了回去。

司马遹的父亲虽然是个白痴，但他却从小就十分聪慧。武帝也特别喜爱这个小孙子，经常把他带在身边。一次皇宫内半夜失火，晋武帝登楼观望，5岁的司马遹却牵着他的衣带把他拉入阴影中。武帝觉得奇怪，问他为什么这样做。司马遹就说："暮夜仓促，应严加提防，不应该让旁人看见皇上在光亮中。"武帝看他小小年纪就这么懂事，不禁称奇。到了司马遹六七岁的时候，又陪晋武帝到太牢养猪的地方观玩，他对武帝说："这些猪又肥又大，为什么留在这里浪费五谷，不杀掉给臣下们吃呢？"武帝大喜，马上派人杀猪分赐众臣，还很高兴地说："这个孩子一定能兴盛我家。"在内心深处就把他认为是未来的皇位继承人了。所以，为了让心爱的小孙子将来当皇帝，现在就得先保住这个傻儿子的地位。就这样，晋武帝虽然一直在太子废立的问题上犹犹豫豫，到底也没舍得把傻儿子废掉。

一生傀儡，空留笑谈

公元290年，晋武帝病死了，太子司马衷登基，历史上称为晋惠帝。晋惠帝傻乎乎的，连自己是谁都认不清楚，又怎么能管理国家呢？自然是闹出了不少笑话。

有一天，晋惠帝正在后花园里东游西逛，那时是初夏季节，池塘里传来阵阵蛙鸣。于是他大感兴趣，就问周围的人："你们说，这些小东西是在为官家叫呢，还是在为私家叫？"

对于晋惠帝这个问题左右随从都觉得匪夷所思，面面相觑，不知道说什么好。还好有一个经常伺候皇帝的太监对这个傻皇帝比较了解，就郑重其事地说："陛下，这些青蛙若是在官家地里叫，那就是为官家叫；若是在私家地里叫，那就是为私家叫。"这种完全是废话的答案，司马衷听了以后反而十分高兴，觉得困扰自己的一个大问题算是被解决了。

这件事流传出去，人人都笑话这位皇帝傻得出奇。不过接下来的另一件事，傻皇帝的言行更让人啼笑皆非。

有一年，某地闹饥荒，粮食颗粒无收，老百姓饿死无数。公文报到京城，众官员聚在一起议论对策。晋惠帝呆头呆脑地在旁边听着，感到十分奇怪，就问道："好端端的人怎么会饿死呢?"大臣们一看傻皇帝难得关心一下国家大事，就赶忙给他解释："当地在闹灾荒，百姓们没粮食吃。"晋惠帝也感到十分为难，突然，他灵机一动，很得意地想出了一个解决办法："为何不吃肉粥呢?"大臣们听了皇帝如此"绝妙"的主意，都目瞪口呆，哭笑不得。晋惠帝也就凭着那句"何不食肉糜"，留名史册。

司马衷即位大典时，刚登大宝就出了个大乱子。当大臣们参拜跪在地上只等他说"平身"时，他却把早已背好的这句台词忘得一干二净，不知该说什么才好，只瞪着眼睛问身边的太监："他们干吗跪在地上不起来?"太监这才替他说了一声："皇上叫你们平身。"

接下来就更离谱了，他见大臣们都起来了，他也从龙椅上站起来，抬腿就要走。太监忙问皇上要去哪里。他说，"我要去撒尿!"大臣们听后，都笑了，心想皇帝真是个白痴。

皇帝如此愚弱，四周那些野心勃勃的人怎能不闻风而动呢！于是，晋惠帝即位不久，"八王之乱"就爆发了。301 年，赵王司马伦篡夺帝位，以司马衷为太上皇，囚禁于金墉城（洛阳西北角的一个小城）。后来司马伦死，司马衷复位，但仍然受人挟持，形同傀儡。306 年，司马衷被东海王司马越迎归洛阳，后被其毒死。

司马衷在位 16 年，做了 16 年的傀儡皇帝，受尽凌辱，虽给后世留下无数笑谈，却也的确是一个悲剧人物，让人们在谈论之余也不禁产生了一丝同情。

丑悍皇后，败坏朝纲

晋惠帝虽然昏庸无能，但他的皇后贾南风却阴险狡诈，心思缜密。她控制着惠帝，任用亲信把持朝政，在后宫过着荒淫的生活，甚至毒杀了太子。在贾南风的推动下，西晋皇室的夺权之争终于升级为凶残的内战，给国家带来了不可估量的损失。而她自己也成了史上贻害国家的恶毒皇后的典型，为后人所唾弃。

名门之后，家世显赫

贾南风，祖籍平阳襄陵（今山西襄汾东北），其祖父贾逵在曹魏时曾担任豫州刺史，受封为阳里亭侯。贾逵老来得子，因见儿子颇具福相，他日当有充闾之庆（即光大门楣），于是就为儿子起名为充，字公闾。贾充就是贾南风的父亲。

贾充是西晋的开国功臣，他曾经深得司马昭器重，也对司马氏十分忠心。司马昭当了晋王后，贾充极力劝说司马昭立司马炎为继承人，因此赢得了司马炎的信任。公元 265 年，贾充及裴秀等人一起协助司马炎逼迫曹奂禅位。司马炎正式登基建立晋朝后，贾充因立下大功而被升为鲁郡公，历任车骑将军、散骑常侍、尚书仆射、侍中、尚书令等，一时间青云直上，权倾朝野。

司马衷十多岁时，武帝就开始为他物色太子妃。当时贾充和卫瓘的权势较大，他们两家的女儿就成了首选对象。贾南风身材矮小，皮肤黝黑，相貌很丑，武帝很不喜欢她，而相中了卫瓘的女儿。而杨皇后与贾充之妻私交很深，又得了她很多礼物，因此大力支持封贾南风为妃。武帝道：“卫瓘的女儿贤淑温和，相貌端庄，品德也很好；贾充的女儿生性好嫉妒，又黑又丑，品行也差。”可杨皇后就是不听。贾充的亲信党羽也纷纷替贾南风说好话，称她贤淑温良，还是建国良将的后人。武帝没有办法，只得答应和贾家结成亲家。

貌丑无德，心狠手辣

贾南风比太子司马衷大两岁，她工于心计，精于权术，既继承了母亲郭槐的急躁好妒，也继承了父亲贾充的诡计多端，生性残忍、暴戾，曾亲手杀过数人。

司马衷尽管因为贾南风的凶暴而对她十分畏惧，却又非常信赖她。为了维护自身的利益，贾南风为保住司马衷的太子之位做了许多努力。武帝曾认为司马衷过于愚钝，一直有改立太子之意。贾南风为此寝食难安，曾数次规劝司马衷注意自己的言辞和行为。司马衷听了她的话，一直都没有犯什么错。武帝为此很是欣慰。武帝曾出题测试司马衷，也是贾南风暗中命人替司马衷答题，才让他渡过险关，保住了太子之位。

乱世毒后，独揽朝政

司马衷做了皇帝，贾南风成了皇后，她感到自己可以扬眉吐气了。但这时朝中的大权被杨太后的父亲杨骏所把持，虽然太后杨芷只比她大十几岁，却也是她的婆母，贾南风这个小辈只能仰人鼻息。她本来就对杨太后怀恨在心，现在自己的丈夫做了皇帝，便不甘心屈居在杨太后的下面了。于是便凭借诸王的力量，宣布杨骏谋反，把他除掉，

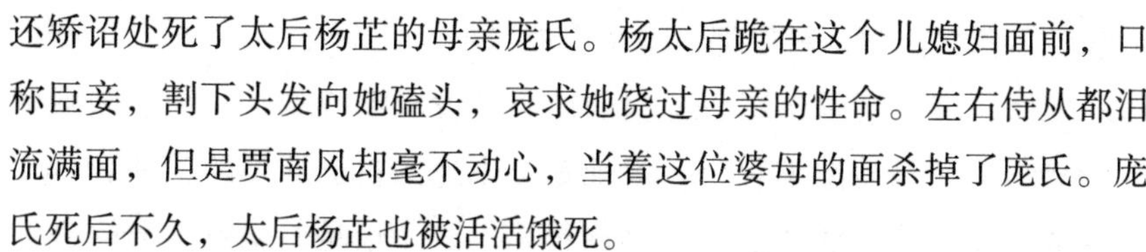

还矫诏处死了太后杨芷的母亲庞氏。杨太后跪在这个儿媳妇面前，口称臣妾，割下头发向她磕头，哀求她饶过母亲的性命。左右侍从都泪流满面，但是贾南风却毫不动心，当着这位婆母的面杀掉了庞氏。庞氏死后不久，太后杨芷也被活活饿死。

接着，贾南风命汝南王司马亮为太宰，与卫瓘同辅朝政。楚王司马玮也因功而受封卫将军，兼领北军中候。

太后杨芷父女被彻底消灭，贾皇后失去了争夺权力的对手。惠帝仁厚呆木有余，智识才具不足，治国理政的大权实际上从这时起已从杨氏父女转到了贾南风手中。贾南风以皇后的身份坐镇后宫，变后宫为朝廷的权力中枢。贾南风早就看白痴丈夫不顺眼，排除异己后大权在握，便恣意妄为，纵情享乐起来。

太医令程据身材修长，皮肤白皙，高大英俊。贾皇后很喜欢程据。同时，程据善解人意，会应酬，极得贾皇后的欢心。这样，贾皇后便把程据占为己有，随时召幸，完事后再送他出宫。而后还觉得不过瘾，就开始派人到民间广觅美貌男子寻欢作乐。为了不走漏风声，当她玩够了之后就把这些男子统统杀掉。有一次，有个洛阳城南的小吏，年轻俊美，平时家境贫寒，后来不知怎的失踪了一段日子，再出现之后，身上穿戴奇异，所佩珠玉皆罕见的内廷之物。他周围的人察觉其事可疑，这时贾南风的一个远亲家里正好丢了东西，众人都怀疑是他偷的，就禀报上司，派人马上把他拘押审问。

这个小吏辩称："我偶尔在路上遇见一个老婆子，说她家里有人得病，巫师占卜要找城南的少年来驱邪，到时必有重谢。我贪财心切，就跟她去了。中途换车，我被藏在盛放衣物的箱笼里，走了十几里，过六七道大门，箱笼一开，忽然见到壮丽精致的楼台殿阁。我问老婆子这是哪里，她回答是天上。马上有人过来伺候我沐浴熏香，好吃好喝过后，又给我换上华美的衣服，带入室内。然后就出现了一个三十五六岁的妇人，她生得矮胖，脸面青黑，眉间还有痣。她留我住了一段日子，与我同食同宿，然后顺原路将我送出。临别时，这矮胖黑妇人就赠我这些衣物饰品。"贾家那亲戚一听，就知道这事关系到贾南风

的隐私，不好再问，只好把这个小吏放了。

然而，肆意享乐、军政分权的形势却没能维持多久。为了削减诸王的势力，司马亮上书惠帝，请他命各王返回自己的领地，并获得了卫瓘的支持。这样的做法使司马玮很是不满，于是原来就十分松散的同盟便产生了裂痕。

贾南风将这些人集合在一起，只是想利用他们而已。如今他们又成了她独揽大权的障碍，自然又一次使她动了杀机。她准确地感觉到了司马亮与司马玮之间的不和，当机立断，陷害司马亮和卫瓘意图谋反，以惠帝之名下旨，让司马玮领兵杀了司马亮和卫瓘。之后，又断然否认惠帝下过旨，以“矫诏”“擅杀”为名，处死了司马玮。就这样，通过一系列狠毒的计策，贾南风一连除掉了多个政敌。她独断专权，把持了朝政，采取各种手段来培植党羽。没过多久，她又将魔爪伸向了太子司马遹。

废黜太子，引起众怒

原来，贾南风共有四个女儿，并无儿子，太子司马遹是惠帝和才人谢玖的孩子。贾南风为保住自己的位置，便诈称有孕，暗地里收养了一个孩子，着手策划废掉太子。

晋惠帝元康元年（291）十二月，太子司马遹的长子司马虨染病，太子上书惠帝，奏请给长子封授王爵。惠帝没有答应。太子见长子病势很重，以王爵冲灾无望以后，情急之下便请巫师祭天祈求长子病势好转。贾皇后得到详细奏报，知道收拾太子的日子到了，先后三次派人探视太子的长子，并说惠帝召见太子。

贾皇后又派人送信给太子，召太子入宫，称皇帝召见。十二月二十九日一早，太子急匆匆地入宫，拜见惠帝。惠帝不知道是怎么回事，就让他去见皇后。太子到皇后宫中，被领到了一个房间，没有皇后。侍女摆上美酒三升、红枣一盘，让太子先尝尝，并以歌舞助兴。

太子不会喝酒，知道这三升美酒和一盘红枣是皇后所赐，不敢不

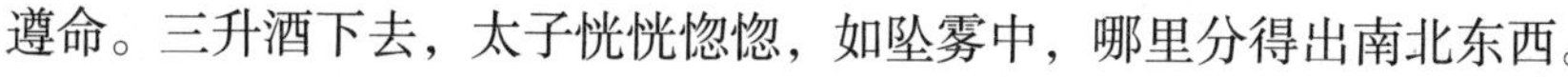

遵命。三升酒下去，太子恍恍惚惚，如坠雾中，哪里分得出南北东西。

这时，贾皇后命黄门侍郎潘岳拟一份文书，让侍女拿好纸墨，到太子所在的房间，告知太子，说皇上让太子立即抄写这份文书。太子昏天黑地，不知所写何物，圣旨不可违，便只好抄写，写完后自己都不知道是些什么。两份文书是这样写的：陛下自裁，不然决不客气；皇后也自裁，不然便亲自结束你；谢妃同时行动，以绝后患。这自然是叛乱文书，字迹潦草，但却出自太子之手。

翌日，贾南风在惠帝和群臣面前，说太子想谋权篡位，并以太子抄写的那封信为证。群臣传阅了太子抄写的信，见确是太子笔迹，尽管知道太子不会谋反，定是贾南风诬陷无疑，却也无法反驳。结果太子先是被废为庶民，后被害死。

贾皇后的胡作非为，自然引起司马氏的惊惧，人人自危。封王在外的司马氏子弟自然不肯坐以待毙，想杀死贾皇后，夺回皇权。公元300 年，赵王司马伦和孙秀连同齐王司马冏发动政变。贾氏被夷灭三族；死党也被一网打尽，全部杀死；贾后被囚于金墉城。几天后，赵王司马伦假传圣旨，用金屑酒毒死了贾南风。西晋王朝陷入了长达 16 年的“八王之乱”，傻皇帝司马衷在动乱中像傀儡一样被人折腾来折腾去，吃尽了苦头，最后也被毒死。

八王之乱，骨肉相残

晋惠帝司马衷执政后，皇后贾南风兴风作浪，使得朝野上下乌烟瘴气。司马氏皇族见有机可乘，为了争权夺利，开始激烈地内斗。短短的16年间，爆发了数次大规模的战争，参与者主要有汝南王司马亮、楚王司马玮、赵王司马伦、齐王司马冏、长沙王司马乂、成都王司马颖、河间王司马颙、东海王司马越八王，因此此次战乱史称“八王之乱”。

谋杀太子，宫廷政变

贾后阴谋废掉太子司马遹后，太子属下的武官司马雅、许超等人想废掉贾后，迎立太子，可是他们手里没有兵权，无能为力。此时，赵王司马伦掌控着禁军。他想借贾南风废黜太子、激怒大臣之际，举兵发难，篡夺皇位，于是便想了一个一石二鸟的办法。他命人到处散布谣言，说大臣们正在秘密策划，想要重立太子。贾南风听说这个传言后，果然马上让自己的亲信杀死了太子，接着又矫情地下旨说要厚葬太子，并赐给他藩王的谥号。

贾南风以为太子死了，再没人能够威胁到自己的地位。可她做梦也没想到，她毒死太子后群臣对她的愤恨达到了顶点。司马伦觉得是动手的时候了，就集合了所有的禁卫军，向他们说自己得到了圣旨，要进宫除掉贾后。将士们纷纷响应，杀进宫里擒拿了贾南风。

随后，司马伦诛杀了贾氏三族，彻底铲除了贾南风的亲信，接着又命人毒死了已经被打入冷宫的贾南风，以绝后患，然后便借惠帝之名将自己封为相国。孙秀等人都被封于大郡，握有兵权。司马伦一党掌握了朝政大权。

司马伦这人自己没什么本事，可是却赶上了好机会。他能够快速、彻底地铲除贾南风及其党羽，很大程度上要归功于他的属下孙秀。孙秀十分机敏，一手策划了借贾后之手杀太子的毒计，为司马伦成事立下了汗马功劳。司马伦得势后，他也随之小人得志，不可一世。

诸王作乱，祸国殃民

司马伦得势之后，淮南王司马允不甘心，便举兵围攻司马伦的府邸。司马允的将士骁勇善战，刚一攻击就占据了主动。这时，奉惠帝之命前来解斗、却早已被收买的使者到来，谎称惠帝下了圣旨，然后趁司马允接旨之时，一刀砍下了他的头颅。将领死了，将士们也都无心作战，纷纷溃散。

除掉了司马允后，司马伦干脆囚禁了晋惠帝，自己做了皇帝，刚登基就迫不及待地封赏自己的党羽。因为他封了太多的官，竟然使得装饰官帽用的貂尾不够用，只得用狗尾来充数。于是百姓间就流传起“貂不足，狗尾续”的歌谣来嘲讽他们。这也是成语“狗尾续貂”的由来。

不久，镇守许昌的齐王司马冏起兵讨伐司马伦，成都王司马颖与关中的河间王司马颙举兵响应。洛阳禁卫军首领王舆则兴兵杀死司马伦，迎惠帝复位。之后司马冏以大司马的身份入京辅政，执掌大权，司马颙不服，欲起兵征讨司马冏。李含假传圣旨给司马颙，要其兴兵讨伐司马冏。司马颙兴兵，假称在洛阳的长沙王司马乂为内应，司马冏得知后，讨伐司马乂，结果司马乂战胜，司马冏一党灭亡。

司马颙不甘司马乂独揽大权，与司马颖共同兴兵讨伐司马乂。

太安二年（303），司马颙令部将张方领兵 7 万与司马颖 20 多万大

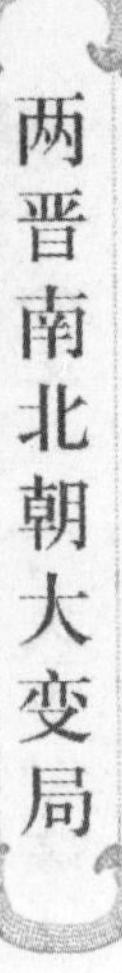

军起兵讨伐洛阳。晋惠帝下诏令司马乂为大都督，率兵迎击。连续战了几个月，司马乂胜司马颙、司马颖军，斩杀俘虏了6.5万人。因战事太久，司马乂军粮食缺乏，但将士们愿意效死，固守洛阳。

司马颙的部将张方认为难以取胜，建议班师回长安。永安元年(304)初，在朝廷内任职司空的东海王司马越乘司马乂军疲惫，勾结一些禁军将领，夜里捕获司马乂，送到金墉城。要晋惠帝重用自己，罢黜司马乂的职位，后司马乂被张方烧死。

司马颖在朝野向来有威望，而且军事实力强，入洛阳后被增封20郡，拜丞相。河间王司马颙也官升太宰，东海王司马越为尚书令。司马颙上表认为司马颖应该成为皇位继承人，过后废除皇太子司马覃，以司马颖为皇太弟，丞相位置不变。司马颖独揽政权，成为皇太弟，但其作风又令其他野心家有了借口。

晋惠帝以东海王司马越为大都督，率10多万士兵讨伐司马颖。司马越大败，晋惠帝被捕后送到邺城，司马越逃回东海。另外，司马颙大将张方进驻洛阳。

晋惠帝任命东海王司马越为大都督，与右卫将军陈眕、刘琨、荀晞、成辅及长沙王故将上官巳召集四方共讨司马颖，云集了10多万人。

司马颖大为震惊，想要逃跑，被部下劝阻，司马颖就召集各人商量对策。东安王司马繇认为皇帝亲自来讨伐，应该投降请罪，司马颖不肯。参军崔旷劝司马颖迎战，司马颖赞同，派遣奋武将军石超率5万兵马到荡阴。

陈眕的两个弟弟陈匡与陈规亲自到司马越军中，声称邺城中司马颖部下听到皇上到来已经离散。

司马越信以为真，军队于是防备松懈。石超赶到荡阴，大败司马越军，晋惠帝被捕获。石超把晋惠帝送到邺城，司马颖改年号为建武，杀死之前劝司马颖投降的东安王司马繇。

司马越在兵败时先逃到下邳，当时的徐州都督、东平王司马茂不接纳他，司马越就逃回其封地东海（山东郯城北）。司马颖以同是宗室兄弟的名义，下令宽恕司马越，要召他回朝，司马越不同意。

司马越的亲弟弟并州刺史东瀛公司马腾及王浚，杀死司马颖所置的幽州刺史和演。于是，司马颖出兵讨伐司马腾。司马腾与王浚结合异族乌丸、羯朱等势力共同攻击司马颖。司马颖派遣新选的幽州刺史王斌及石超、李毅等人抵抗司马腾等人，被羯朱打败。

失败的消息传到邺城后，人心惶惶，官僚士兵相继逃跑。司马颖甚是恐慌，与几十个将军连同晋惠帝连夜逃到洛阳。羯朱的军队一路追赶司马颖等人到朝歌，追不上才放弃。

洛阳由司马颙的部将张方控制，张方挟持了惠帝。司马颖到长安，司马颙废除司马颖的皇太弟身份，要司马颖离开回封地。司马颙自行选置百官，改秦州为定州。

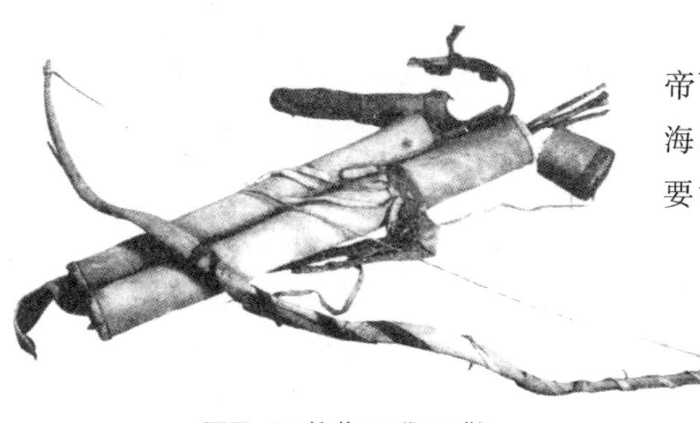
西晋·弓、箭菔、弓袋、刀鞘

司马颙又让晋惠帝下诏，要立远在东海的司马越为太傅，要司马越回朝与太宰司马颙共同辅政。司马越不接受。

司马越再次集结大军，讨伐司马颙，司马颙应战，大败。

永兴二年（305）司马越出兵后，先前司马越逃命时不接纳他的东平王司马茂很是恐慌，把徐州让给司马越。司马越让自己部下当徐州都督，把司马茂调去当兖州刺史。司马越的三个亲弟弟也兴兵各据一方。于是司马越声势大振，很多官员都投奔了司马越。

司马颙挟持晋惠帝，下诏罢免司马越等人。司马越则以“张方劫迁车驾，天下怨愤，欲奉迎大驾，还复旧都洛阳”的名义，继续进兵。

司马越又派人游说司马颙，只要司马颙送帝还都，就与其分陕而治。司马颙欲从之，但张方不同意。

张方建议："你称张方本身还拥有士兵十余万众，可以亲自送皇帝回洛阳宫中，以堵司马越之口。然后让司马颖回邺城掌权，司马颙可留守关中。而后张方出兵北伐博陵。这样一来，局势就比较稳定了，天下再也没有帮助司马越者。"

司马颙不赞同张方的建议，命豫州刺史刘乔为镇东大将军，派遣司马颖率领楼褒、王阐等，据河桥以抗拒司马越。

司马越亲自率领3万士兵，西进到了萧县。刘乔派遣其儿子刘祐抗拒司马越，司马越军战败。这时范阳王司马虓（注：非八王之一）派遣督护田徽以800骑兵帮助司马越，在谯与刘祐相遇，一战之下刘祐众溃，司马越进屯阳武。

消息传到长安，人心惶惶，司马颙非常恐慌，于是命令张方的亲信将领郅辅夜里暗杀张方，然后派人把张方的头颅送到司马越军中，认为这可以平息祸乱。而后司马颙又后悔了，怪罪郅辅杀死张方，又杀了郅辅，然后派遣刁默镇守潼关。张方的死使司马颙更为不利，例如范阳王司马虓的司马刘琨把张方头颅给荥阳守将吕朗看，吕朗马上献出城池投降。

司马越军中的鲜卑将领壬辰、祁弘等后来破了刁默镇守的潼关进入关中，司马颙大为恐惧，又派遣马瞻、郭传等在霸水抗拒司马越军，马瞻军又战败，司马颙单骑出长安，逃到太白山。司马越军进入长安。壬辰、祁弘的鲜卑部队大掠长安，杀了2万余人。

而在河桥的司马颖军方面，支持司马越的安北将军王浚派遣督护刘根，率领300骑兵至河上。王阐出战，被刘根所杀。司马颖要固守，范阳王司马虓就派出鲜卑的骑兵于平昌、博陵等袭河桥，楼褒军西逃，追兵一直追到新安，沿途死伤惨重。

司马越军进入长安后，封梁柳为镇西将军，镇守关中。光熙元年(306)，司马越率领诸侯及鲜卑将领许扶历、驹次宿等军队护送晋惠帝回到洛阳。晋惠帝下诏升司马越为太傅录尚书，增封下邳、济阳两郡。范阳王司马虓也被封为司空。

司马颙的部下杀了留守关中的梁柳，扶持司马颙意图东山再起，晋惠帝又下令镇南将军刘弘、南中郎将刘陶收捕司马颖，于是司马颖抛弃母亲及妻子，单独与两个儿子庐江王司马普及中都王司马廓逃到朝歌，途中集合了故将及士兵数百人，欲逃到邺城故将公师籓那里，后被捕杀。

晋怀帝司马炽刚登基，下诏书以司马颙为司徒，让其回朝廷。司马颙不疑有他，就乘车上路。到新安雍谷时，被南阳王司马模所派遣的将领梁臣掐死在车内。他的三个儿子也被杀死。司马颙就此绝后。至此，大权完全被司马越掌握，“八王之乱”宣告结束。在 16 年的时间里，诸王之间战乱不断，百姓颠沛流离，痛苦不堪，社会经济遭到了严重破坏。西晋统治集团的力量已经消耗殆尽，逐渐走上了穷途末路。

就在司马诸王大打出手、如火如荼之际，别人也没有闲着。匈奴左贤王刘宣等私议：“今司马氏骨肉相残，四海鼎沸，兴邦复业，此其时矣。”

很不幸的是，存有这种心思的并非刘宣一人：元康六年（296）八月，秦（今甘肃天水、秦安一带）、雍（今陕西关中及甘肃东部）的氐、羌推氐帅齐万年为“皇帝”；永康二年（301），散骑常侍张轨出任凉州刺史，“阴有保据河西之志”，13 年后，终于由其子张寔建立了割据政权——前凉；太安二年（303）五月，张昌据江夏（今湖北安陆）拥立丘沈（后改名刘尼）为天子，建立政权；永兴元年（304），氐人李雄在成都称成都王，并于两年后称帝，国号“大成”；也是在这一年，匈奴族刘渊在左国城（今山西吕梁市区东北）称汉王，并于 308 年称帝；永兴二年（305），右将军陈敏据江东叛，自称楚王。此外，后来建立“前赵”的匈奴人刘曜、建立“后赵”的羯人石勒、开“前燕”之基的鲜卑人慕容䴙等，都经过这场战乱的锻炼，不断成长壮大起来。

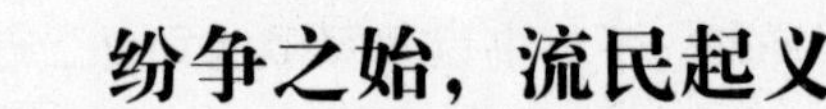

纷争之始，流民起义

西晋中期以来，世族官僚凭借官吏占田荫客制的特权，广置田产，在全国范围内出现了土地兼并的狂潮，造成了“天下千城，人多游食”的局面。同时，上层统治者贪婪、奢侈、荒淫，巨大的开支，沉重地压在人民的身上。而晋惠帝元康元年以来，又是无年不旱。

天灾人祸，流民遍野

晋惠帝元康二年（292），匈奴人郝散起兵攻上党（今山西潞城东北）；元康四年（294）发生大饥荒，郝散之弟度元联合冯翊，与北地等郡的马兰羌、卢水胡起兵反晋，秦（治今甘肃甘谷东）、雍（治今西安西北）二州氐、羌数十万民众纷起响应，共推氐帅齐万年为帝。先后攻打天水、略阳、始平、武都、阳平诸郡，晋军“诸将覆败相继”。后晋廷遣积弩将军孟观率京师宿卫军前往镇压，起义失败，齐万年被俘。从此，遍及各地的流民大起义此起彼伏。

元康七年（297），秦、雍两州发生大旱灾，粮价腾贵、斛米万钱。元康以后至永嘉年间，旱蝗灾害持续发生。晋怀帝永嘉元年至六年（307—312），幽、并、司、冀、秦、雍六州大蝗，“草木牛马毛皆尽”，天灾人祸，终于导致了西晋末年的流民大迁徙和流民大起义。当时陕甘地区流徙汉川者有十余万人，流徙鄂北、豫南者达四五万人，并州地区居民更是流迁四散，居民十不存二，或徙居河北，或流亡豫中，河北地区亦有四五万人流迁山东兖州一带，四川地区有四五万人南奔湘、鄂，有一部分进入云南境内。全国流亡总数达 30 万户，约占西晋全国总户数（377 万户）的十二分之一多。

益州结营，聚众起义

晋惠帝元康六年（296）发生了关中氐帅齐万年领导的陕甘地区氐族和羌族人民的反晋斗争起义，持续了四年。在齐万年举兵之时，秦、雍一带由于战争和饥荒，天水、略阳、扶风（陕西泾阳）、始平（陕西兴平）、阴平（甘肃文县）、武都（甘肃成县）六郡大姓、巴氐首领李特与汉、賨、氐等各族民众数万户经汉中流入四川，大批流民入蜀，使益州政治形势发生了重大变化。原益州刺史赵廞想利用六郡流民，割据巴蜀与西晋对抗。朝廷为了加强对益州的控制，下诏命赵廞回朝，另派耿滕为益州刺史。耿滕率众入蜀，赵廞派兵拒阻，战于西门，耿滕战败被杀。

赵廞在成都自称大都督、大将军、益州牧，拉拢氐人李庠，使其召集六郡壮勇万余人阻断北道。李庠在流民中很有威信，引起赵廞的猜忌，借故杀了李庠及其子侄十余人。李庠兄李特、弟李流将兵在外，秘密集结流民 7000 余人进军成都。赵廞失败外逃，途中为部下所杀。

赵廞叛乱失败后，朝廷又以原梁州刺史罗尚为平西将军、益州刺史，率众 7000 余人入蜀。罗尚入蜀后，马上下令流民限期还乡。当时流民多为蜀地地主佣耕，年谷未登，没有行资，且又逢雨季，无法成行。李特代流民请求罗尚宽限行期，罗尚不许，同时与罗尚一同入蜀的广汉太守辛冉一面催促流民上路，一面又准备设卡杀流民首领，劫夺宝货。晋惠帝永宁元年（301），李特再次请求罗尚延缓行期，罗尚不仅不答应，并且暗中派军队袭击流民，流民无奈，便共推李特为镇北大将军、李流为镇东大将军，举行起义。起义军迅速击败晋军。接着李特与蜀民约法三章，“施舍振贷，礼贤拔滞，军政肃然，蜀民大悦”。在蜀中人民的广泛支持下，李特军队攻占了成都小城。罗尚在流民起义军的打击下，节节败退，遣使者向李特求和，于是李特放松了警惕。当时蜀中缺粮，李特分遣六郡流民于诸坞堡就食，罗尚趁机联合诸坞堡势力配合朝廷调集的3万援兵向起义军发起突然袭击，李特起义军在内外夹攻下战败，李特、李辅等被杀，传首洛阳。

李特被杀后，其弟李流、子李雄率所部继续战斗。蜀中地主据险结坞、坚壁清野，使起义军陷入困境。这时，罗尚平西参军徐举同罗尚产生矛盾，降附义军。徐举说服了当时青城山处士范长生，资助义军军粮，使起义军势力大振。不久李流病卒，义军共推李雄为大都督、大将军、益州牧，领导起义军继续同西晋斗争。

太安二年（303），李雄起义军攻克成都，逐走罗尚。次年十月，李雄在成都称王，改元建兴，约法七章。永兴三年（306）三月，李雄迎拜范长生为丞相。六月，李雄即皇帝位，以范长生为天地太师，建立百官制度。李雄统治时期，成汉势力迅速发展，统治区域达于蜀汉全境。李氏统治蜀汉达40余年，直到被东晋桓温攻灭。

秦雍六郡流民在益州发动起义后，西晋王朝命荆州刺史调发荆州武勇前往益州镇压流民起义，被征发的荆州人民都不愿西征，这些被驱迫的武勇“辗转不远，辄复屯聚”。太安二年（303）春，江夏（湖北安陆）丰收，许多流民到这里就食，流民和逃避征役的人听说平氏县（今河南桐柏西北的平氏镇）小吏张昌聚众于安陆县的石岩山（今湖北安陆北），便纷纷前往投奔。江夏太守弓钦派军征讨，为张昌击败，接着又击败西晋靳满所部讨伐军，占据江夏。张昌拥立山都县（今湖北谷城东南）吏丘沈为天子，张昌自为相国，丘沈易名刘尼，自称汉后，张昌易名李辰，建立政权，“江沔间一时飙起，竖牙旗，鸣鼓角以应昌，旬月之间，众至三万”。起义军头着绛色巾、插羽毛，英勇作战，锐不可当。破武昌、陷宛（今河南南阳），进逼襄阳，杀西晋都督新野王司马歆，又东取江（今江西、福建）、扬（今江苏，浙江），至此，荆（今湖北）、江、徐（今江苏北部）、扬、豫（河南北部）五州之地，多为义军所据。是年秋，西晋以宁朔将军刘弘率军进攻张昌，次年，刘弘所部陶侃攻破江夏，张昌兵败被害，起义失败。

在秦雍六郡流民向梁、益地区流徙的时候，关中一部分流民入宛城（今河南南阳）等地避难就食，西晋政府诏令散处各地的秦雍流民一律归还乡里。流民以关中荒残，不愿回去，西晋征南将军山简派兵押送，并令短期内起程。晋怀帝永嘉四年（310），曾做过州武吏的京兆人王如暗中联合流民，夜袭晋军，取得胜利，接着攻下襄城。这时，关中流民大姓者庞寔、严嶷、侯脱等率流民进攻城镇，响应王如，一时俱起，众至四五万，王如自称大将军，领司、雍二州牧，但不久起义军陷入困境。永嘉六年（312），王如投降王敦，终被王敦杀害，起义失败。

当李特、李流在益州举行起义时，梁、益十余万人流亡到荆、湘地区，他们到荆、湘后受到当地豪强地主的欺压，生活无路，于是李骧领导流民在乐乡（今湖北松滋东北）举行起义，攻杀县令，被荆州刺史王澄打败，李骧被杀。王澄沉义军8000余人于江中，流民更加愤怒，湘州刺史荀眺欲尽杀流民，引起流民的强烈义愤，共推成都秀才杜弢为首领，举行起义。永嘉五年（311），杜弢自称梁、益二州牧，平难将军，湘州刺史，起义军迅速攻破长沙，生擒荀眺，接着南破零陵，东攻武昌，宜都、邵陵等郡的太守都被杀死。晋愍帝建兴三年（315），西晋派陶侃、王敦前往镇压，前后数十战，最后义军终因寡不敌众，起义失败。

对抗官府，遥遥相应

晋怀帝永嘉五年（311）元月，巴蜀流民数万户为避战乱，流亡到荆、湘地区。湘州刺史荀眺欲尽诛流民，四五万户流民愤而皆反，共推蜀人杜弢为主。杜弢自称梁、益二州牧，领湘州刺史，率众攻占长沙，生擒荀眺，攻克零陵（今属湖南）、桂阳（今湖南郴州），又东击武昌（今湖北鄂州）、袭沔阳（今湖北沔阳西南），占据豫章（今南昌），屡败晋军。建兴三年（315），琅琊王司马睿遣征南将军王敦、荆州刺史陶侃集结大军，围攻杜弢，义军将士死伤甚众，部将王真降晋。

杜弢突围逃遁，死于途中。

在北方中原爆发的多起民众起义中，石勒和王弥领导的山东、河北起义影响最大。晋惠帝永兴二年（305）七月，石勒同马牧率汲桑率数百骑参加公师藩在赵（今晋冀豫部分地区）、魏（今冀鲁豫部分地区）的反晋起义。不久，公师藩兵败被杀。永嘉元年（307）三月，石勒和汲桑再度起义。五月，攻占邺城（今河北临漳西南），杀晋新蔡王司马腾。八月，在东武阳（今山东朝城西）为晋兖州刺史苟晞部所败，汲桑被杀，石勒往投汉王刘渊。光熙元年（306）三月，东莱郡（今山东莱州）大族王弥参加惤县令刘柏根所率万人反晋起义。后刘柏根战死，王弥继统其众，转战于今河北、山东、安徽、河南等地，有众数万。永嘉二年（308）五月，兵临洛阳（今河南洛阳东北），使晋廷“京邑大震，宫城门昼闭”。后被晋司徒王衍率大军击败，王弥率余部投奔刘渊。

胡人南下，狼烟四起

“东晋十六国”堪称中国历史上持续150年的南北战争。当时的西晋王朝式微，北部游牧部落联盟大规模南下，建立少数民族国家，与中原正统政权对峙，造成南北分立的局面。“北方十六国”一直持续到北魏建立，是我国历史上一个重要的阶段，为后来的民族融合奠定了基础。

刘渊起兵，反晋建汉

中国的历史是汉族和其他少数民族互相融合的历史。西晋后期，八王混战之时，少数民族开始趁机扩展势力。光熙元年（306），晋惠帝去世后，晋怀帝司马炽登基，改年号为永嘉。308 年，匈奴人刘渊称帝，首先在北方创立了自己的匈奴汉国。自此，中原一带逐步开始了更为激烈的混战。

精通汉学，文武双全

匈奴人刘渊，字元海，是南匈奴单于扶罗的孙子、匈奴左部帅刘豹的儿子。西汉后期，一些匈奴人散居在北方偏远的郡县，并和那里的汉人过着杂居的生活，逐渐为汉族的文化所熏陶。

匈奴贵族认为祖先数次和汉朝皇室结亲，自己应是汉室的宗亲，便改姓汉朝君主的刘姓。当年曹操平定北方后，为了便于管理边境，将匈奴部落分成了五部，其中一个部的首领就是刘豹。

刘渊自幼喜好读书，并曾师从上党贤士崔游。他通晓《诗经》《尚书》等儒家典籍，遍阅诸子百家的典籍，在汉学上造诣颇高。再加上他相貌俊朗，高大健壮，且武艺高强，射术精湛，以至当时的名士对他颇多赞誉。

魏咸熙时期（264—265），刘渊以人质的身份住在洛阳。西晋攻打吴国前，刘渊被名士王浑举荐给了晋武帝。武帝十分欣赏他的才干，打算封他为大将军，率军攻打西凉。可由于有大臣担心刘渊不是汉族人，会有反叛之心，坚决不同意武帝的想法，此事最终不了了之。

托名汉嗣，进兵中原

刘豹去世后，刘渊接替了他的位置。之后，刘渊成了成都王司马颖手下的将军，驻守邺城。晋惠帝永兴元年（304），刘渊借混战之机返回了左国城，正赶上匈奴贵族打算借八王争权之时复兴自己的国家，他们见到刘渊归来，便推举他为大单于。此时，刘渊拥有五万兵马，打算支援司马颖，征讨鲜卑军。刘宣等人劝谏道："晋人把我们当奴隶，如今他们正在内斗，我们为何不趁此机会灭晋朝，复兴匈奴，反要去征讨和我们一样不幸的鲜卑族呢？"刘渊闻言，恍然大悟，决心起事，成就一番事业。刘渊认为要争取汉族百姓的支持，必须师出有名，而汉朝立国颇久，在民众中的影响也很深，加上匈奴先祖和汉朝王室结过姻亲，自己可谓是汉朝的后人，因此，只要打出汉朝的名号，一定能得到汉人的帮助。

于是，他在304年自立为汉王，年号元熙，追尊蜀汉刘禅为孝怀帝，与汉高祖等皇帝一齐祭祀。接着刘渊封妻子呼延氏为后，并封刘宣为丞相，崔游为御史大夫，刘宏为太尉，由此建立了十六国时期第一个少数民族政权。

刘渊称帝，进攻晋都

刘渊自立为王后，发兵攻占了上党、太原、河东和平原等数个郡县，并得到了一些士族大家的帮助，势力也越来越大。

这时，刘渊的谋臣刘毅、王育等人向他提出了一统天下的策略：首先攻取山西，接着夺取关中，将关中作为根据地，和西晋争夺天下。刘渊按照他们的计划行事，领兵攻占了蒲阪（今山西永济）、平阳（今山西临汾)，随后占领了整个山西，这也使得他声名远播，因此更多的人前来归附他。

308 年，刘渊觉得是征讨西晋的时候了，就正式称帝，仍以汉为国号，又将都城迁到平阳 (今山西临汾西南)，随即大举攻打洛阳。然而，尽管洛阳的民众憎恨西晋的腐败和奢靡，可也不想让外族人执掌大权。刘渊的攻击遭到了司马越大军的顽强反击，受挫而返。

310 年，刘渊病重，就命陈留王刘欢乐为太宰，长乐王刘洋为太傅，楚王刘聪为大司马、大单于，此后没多久就病逝了。刘渊虽出身于匈奴世家，却深受汉族文化的影响，他以友善的态度来对待汉人，因此在与西晋王朝的对抗中不仅获得了少数民族的支持，也赢得了一些汉人的拥护。他借西晋政权日益腐朽，各处的流民相继举兵反抗晋朝统治的机会，首先在中原创立了少数民族政权，表现出了杰出的战略眼光。因此，刘渊受到后人的尊重，被认为是匈奴杰出的军事家、政治家。

永嘉之乱，西晋亡国

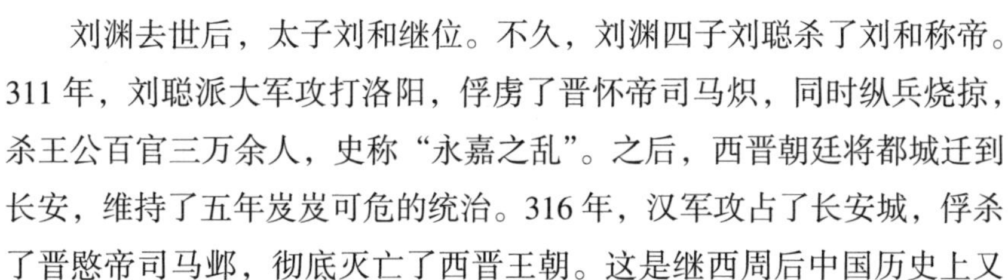

刘渊去世后，太子刘和继位。不久，刘渊四子刘聪杀了刘和称帝。311 年，刘聪派大军攻打洛阳，俘虏了晋怀帝司马炽，同时纵兵烧掠，杀王公百官三万余人，史称“永嘉之乱”。之后，西晋朝廷将都城迁到长安，维持了五年岌岌可危的统治。316 年，汉军攻占了长安城，俘杀了晋愍帝司马邺，彻底灭亡了西晋王朝。这是继西周后中国历史上又一个被少数民族灭亡的朝代。

弑兄称帝，血洗洛阳

刘渊死后，太子刘和登基。不久，刘聪弑兄夺位。刘聪从小就聪明好学，也和他父亲一样，深受汉族文化的影响。14 岁时，刘聪就已经遍读经史以及诸子百家的典籍。他不仅精于《孙子兵法》，擅长击剑和射骑，在书法和辞赋上也颇有造诣，可以说是文武兼备。年少时，刘聪就游遍了京都洛阳，结交了很多名士、豪侠。此后，他被新兴太守郭颐看中，做了主簿，自此正式开始了为官之路。“八王之乱”开始后，刘聪应付裕如，先是在河间王司马颙手下做赤沙中郎将，之后又投靠了成都王司马颖，做了右积弩将军，率军征战。

刘渊去世后，太子刘和登基为帝，但刘和生性多疑，对执掌着军权的刘聪诸多猜忌，打算除掉刘聪。刘聪便举兵杀死了刘和，自立为帝，将年号改为光兴。刘聪登基后，相继实行了一些改革政策，在政治、军事上也取得了一些成就。刘聪虽不及父亲刘渊那样具有谋略、敏锐果敢，然而他执政期间是匈奴汉国最为繁盛的时候。

正当匈奴汉国强大起来的时候，西晋的统治已日薄西山。306 年，东海王司马越毒死了痴愚的晋惠帝，立晋武帝的第二十五个儿子司马炽为帝，这就是晋怀帝。此时的晋朝，已经是一盘散沙，尽管外临强敌，却仍然内斗不止。虽然几次打退了刘渊的进攻，但也已耗尽了最后的能量。刘聪继位后，又一次向西晋发动进攻。东海王司马越无力回天，抑郁而终。311 年夏，刘聪发兵二万七千人再攻洛阳。晋军连败十二阵，阵亡三万余人。汉军趁势会合各路人马，攻克了洛阳，捉住了准备逃往长安的晋怀帝。刘渊的侄子刘曜带领将士烧毁了宫室庙宇，大肆抢夺金银珠宝，还对洛阳实行了大规模的屠城，杀死王公百官三万余人，史称“永嘉之乱”。

连杀两帝，灭亡西晋

攻占洛阳后，汉军押着晋怀帝司马炽返回了汉国的都城平阳，刘聪封晋怀帝为会稽郡公，接着就软禁了他。在此期间，西晋幸存的大臣将秦王司马邺立为太子，并于长安设立了行宫。313 年新年时，刘聪在平阳的朝堂上宴请群臣，见满朝大臣跪地朝拜自己，想着自己的卓越功绩，不禁沾沾自喜起来。当他看见坐在席间的曾经的君主晋怀帝时，便想侮辱他一番，于是就让晋怀帝身着仆人的青衣衫，为席间的各个臣子斟酒。西晋的旧吏见此情形，不禁悲从中来，当即大哭了起来。刘聪见了这样的场面，认为这些旧吏和晋怀帝的感情依旧很深，他们必定想着有一天能重兴晋朝，因此就动了杀机。他当即命士兵把席间的十几个西晋旧吏拉出去杀了，接着又逼晋怀帝喝毒酒自杀。

长安城得知晋怀帝被杀之事后，便拥立司马邺登基为帝，即晋愍帝。316 年，汉军攻占了长安城，杀了晋愍帝，彻底灭亡了西晋王朝。

刘曜反晋，前赵建立

刘曜是刘渊的侄子，自幼就失去双亲，刘渊称赞他为“吾家千里驹”，认为他会成为曹操那样的人。后来，他果然如刘渊所言，成为刘家的柱石，为埋葬西晋王朝培上了最后一锹土。尽管他最终被石勒所杀，功绩无法和一统北方的曹操相比，却也在这乱世中发出了割据一方的强者的吼声。

人小志大，与众不同

匈奴人刘曜，祖籍新兴(今山西忻州)，字永明。刘曜自幼父母双亡，寄居于族叔刘渊家。他幼时起就聪明机敏，胆识过人。8岁时，他跟着刘渊去山上狩猎，赶上天降大雨，便随众人一齐到大树下躲雨。忽然间电闪雷鸣，其他人都扑倒在树下，只有刘曜从容地立在叔父身旁。刘渊十分惊讶地说道："此吾家千里驹也！"据史书记载，刘曜身材高大，相貌非凡。他非常善于作战，精于骑射，能用一支箭射透一寸厚的铁。

刘曜十分喜好诵读经史典籍，还常常阐释自己对历史事件的看法。他抱负远大，常常以乐毅等良将自比，深得刘渊和刘聪父子的器重。刘曜曾遍游京城洛阳，结交和他志趣相同的人，后因触犯律法被判死刑而逃亡到了朝鲜地区。直到朝廷赦免了天下的囚犯，他才又回到了洛阳。

攻破洛阳，灭晋立功

304年，刘渊创立了匈奴汉国，年号元熙。这时，刘曜已经开始崭露头角。刘渊命他领军作战，他先后占领了泫氏（今山西高平）、屯留（今山西长子）、中都（今山西太原市），为汉国在并州扩大势力铺平了道路。

后来，刘聪即位，命刘曜带领兵马讨伐西晋。刘曜和刘粲领兵打进了洛川，和西晋大军在河南地区激战，占领了晋军碉堡100多处，接着就围攻洛阳。311年，刘曜和大将石勒、王弥的两路大军会师，联手占领了洛阳城。在刘曜的指挥下，汉军血洗了整个洛阳城，屠杀了西晋王公百官三万多人，并大肆掠夺钱财，洗劫了皇宫和所有的民宅。之后，刘曜带着被擒的晋怀帝、羊皇后等人和传国玉玺返回了汉国都城平阳。刘聪大喜，升任刘曜为车骑大将军、开府仪同三司、雍州牧，并封他为中山王。

占领洛阳后，刘曜又奉命征讨关中一带，没多久就占领了长安，擒住了晋愍帝。

讨伐叛贼，建立前赵

318年，刘聪病亡，其子刘粲即帝位。此后，匈奴汉国的局势有了巨大的改变。新帝刘粲不理朝政，沉溺酒色，他宠爱的妃子靳氏之父靳准逐渐执掌了朝政。不久，靳准看准时机发动了政变，先是杀了刘粲，接着又处斩了平阳匈奴刘氏的所有宗亲，甚至将已经去世的刘渊和刘聪的尸体挖出坟墓抛弃在了荒野上。接着他自封为大将军和汉天王，派使臣向东晋称臣。

那时刘曜正驻守长安，听说靳准反叛之事后，率领兵马返回平阳。在赤壁（今山西河津的赤石川），他碰到了逃出来的太保呼延晏和太傅朱纪。他们劝刘曜先自立为帝，再攻打靳准。于是刘曜就立即在赤壁自立为帝，将国号改为赵，史称“前赵”。为了壮大自己的实力，刘曜封驻扎河北的羯族人石勒为大将军，和自己组成犄角之势，联手攻打平阳。不久，靳准的属下靳明杀了靳准，并将玉玺送给了刘曜，自请归降。石勒为此勃然大怒，率军攻占了平阳，公然和刘曜分庭抗礼。

这时，刘曜还没有在关、陇一带站稳脚跟，关中、陇右地区的氐、羌等还常和西晋的残部一起攻打刘曜，严重影响着刘曜的统治。因此他升石勒为太宰、领大将军，以厚礼待之，并以河内的24郡封其为赵王，以为缓兵之计。

稳住了石勒后，刘曜率领一部分士兵大举征讨关陇一带的氐、羌等势力。320年，刘曜剿平了属下长水校尉尹车的叛乱，镇压了巴、氐等的叛乱以及奉州陈安的反叛势力。之后他又带领25万兵马征讨凉州

的张氏势力，并获胜。

其兴也勃，其亡也速

虽然刘曜的势力得以迅速扩张，却也应了荀子“兼并易能也，唯坚凝之难焉”的古语。刘曜占领了关、陇一带后，就盲目骄傲起来。他大兴土木，为双亲修筑陵墓，耗费了大量的财力物力。

而此时，石勒则在积极地扩充自己的实力。325 年，石勒的属下石生领兵攻打新安，正式揭开了战争的序幕。328 年，石勒率领三路兵马攻打刘曜，在洛阳大破刘曜的军队，并活捉了受伤的刘曜。石勒命刘曜给其子刘熙写信，要他归降，刘曜不从，最终死在了石勒手上。第二年，前赵军再次大败于上邦（今甘肃天水)，太子刘熙等人惨死，前赵政权就此退出了历史舞台。

第三章

东晋初兴，南北分立

西晋灭亡后，由西晋皇族司马睿在南方重建晋室，史称“东晋”。由于中原陆沉，东晋的统治就成了一个特殊的形式。它与北方已经陆续建立的十六国政权并存，因此这段时期又称为“东晋十六国”。东晋是门阀政治的鼎盛时期，皇权极其衰微，宗室大族经常互相争权夺利，人民生活相当困苦。可以说，东晋的统治只相对安定了一段时间，便摇摇欲坠了。

门阀政治，王马共存

当初，刘渊起兵后，中原的形势越来越混乱。西晋琅琊王司马睿采用王导的谋略，请求去镇守建邺（今江苏南京），等待时机重兴晋室。在王导、王敦等人的帮助下，他宽待建邺的地方势力，着力平叛，经营了将近十年，终于在江南站稳了脚跟。晋愍帝建兴四年（316），刘曜占领了长安，西晋覆灭。司马睿随即自立为帝，仍以晋为国号，史称“东晋”。由此，中国历史进入了东晋和北方十六国相持的时期。

琅琊避难，窥伺良机

司马睿是司马懿的曾孙、司马觐的儿子，字景文，出生在洛阳。司马觐死后，司马睿承袭了父亲的琅琊王爵，那年他才 15 岁。就在这一年，晋武帝司马炎辞世。即位的司马衷愚笨，不能执掌大权，因此宫廷内为争夺权力展开了激战。

时势险恶，司马睿虽是皇亲，却没有权势，只能为了保住性命尽量不参与政事。偌大的洛阳城，只有王导和他走得最近。王导，字茂弘，是北方贵族琅琊王氏的后人，也是名贯京都的王衍的族弟。王导颇具才识，很有抱负，想借司马睿这个皇室宗亲成就一番事业，因此多次劝说司马睿远离洛阳，返回自己的封地，暗地里扩展势力。可惜司马睿一直没找到好的时机。

晋惠帝永安元年（304），诸王的争斗达到了白热化。成都王司马

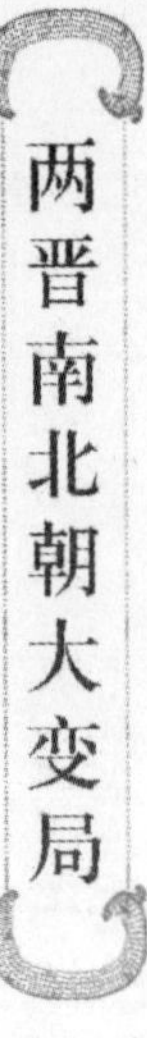

颖逼迫惠帝立他为皇位继任者，随后返回封地邺城，遥控朝政。司马颖残暴独断，遭到了一些权贵的憎恨。时任尚书令的东海王司马越借此时机以惠帝之名发布檄文，召集四方将士讨伐司马颖。29岁的司马睿借机投靠了司马越，参与了这场战斗，任左将军。

双方在荡阴（今河南汤阴）展开激战，最终司马越战败，逃往自己的封地。司马颖胁迫晋惠帝和跟随部队的司马睿等大臣返回了邺城，杀了战前劝自己投降的司马繇。司马睿担心此事会牵连到自己，就寻机逃离了邺城，到洛阳接了自己的家人往琅琊（位于今山东胶南）避难去了。晋怀帝永嘉元年（307），掌握西晋政权的东海王司马越命令司马睿镇守下邳（今江苏睢宁西北）都督扬州、江南诸军事。后来，在王导的建议下，司马睿移镇建邺。

304年，刘渊自立为帝，创立了匈奴汉国，并于次年接连两次征讨洛阳。当时掌权的司马越调集各地人马支援京城，司马睿也奉命抗击汉军。

兴复晋室，建立东晋

313年，被俘的晋怀帝司马炽死于刘聪之手，秦王司马邺在长安登基为帝，即晋愍帝。晋愍帝将年号改为建兴，命司马睿为左丞相、大都督，督察陕东军务；命秦州刺史南阳王司马保为右丞相、大都督，督察陕西军务。

此后，愍帝依“分陕而治，挟辅天子”之说，重新分封司马睿等人，想趁机笼络他们，以此来征调各路大军抵抗入侵的刘聪、石勒军，解除长安被围之困。可是司马睿却以“方平定江东，未暇北伐”为由，拒绝接受愍帝命他攻打洛阳的旨意。316年，刘曜发兵攻打长安。晋愍帝由于势力太弱，只得弃城归降了刘曜。至此，西晋覆灭。

王与马，共天下

西晋末代皇帝，18岁的司马邺被俘虏到匈奴人建立的汉国都城，受尽奚落和侮辱；第二年惨遭杀害。消息传到建康（今江苏南京），当时镇守江南的晋王司马睿悲痛不已。第二年农历三月，司马睿称帝，东晋王朝建立。

登基大典上，北方南渡的山东士族王导，可谓出尽了风头。做了皇帝的司马睿嫌他站在陪列的百官中不够显眼，就硬是要拉他共坐御床，接受百官朝贺。王导推让再三，对皇帝说："天子好比太阳啊！要是太阳下同万物，它又怎么能普照万物呢？"司马睿这才作罢。

西晋·骑马陶俑（两件）

虽然王导没有去坐皇帝的御床，但这件事却反映出他在这个新兴王朝中的特殊地位。当时的民谣说："王与马，共天下。""马"是司马睿的简称，"王"就指王导，意思是说，在东晋朝廷中，王导是坐了半个天下的。

那么，王导的这一地位又是怎样形成的呢？

原来司马睿在晋皇室中要算个远支，祖辈父辈又不曾建立过什么功业，所以地位并不显赫。晋怀帝永嘉元年（307），他受命移镇江南，负责扬州一带的军事防御工作。初来乍到，南方的士族豪强都不把他放在眼里，并骂随他一同南下的北方人是粗鄙的"伧夫"，以至于到任后一个多月，当地官民中的头面人物，谁也不肯前来拜见他。

和司马睿同年、关系也很要好的王导，这时是他的主要助手，看到这种局面，心里十分着急。他明白司马睿要在江南站稳脚跟，没有当地士族出面支持是不行的；而要取得这种支持，最为紧迫的便是必须想方设法，尽快提高司马睿的地位和威望。经过一番精心策划，一场好戏开演了。

每年的农历三月初三，是江南人民的传统节日。这一天，不分男女老幼，都要到附近的河畔水滨去祭祀，祈求神灵降福免灾，保佑风调雨顺，有个好年成。江南人称之为“禊节”。

王导一看，机会来了。这年“禊节”，他让司马睿高坐大轿，由一支威武的仪仗队护送着，浩浩荡荡地前来看热闹了。自己则和一批同是从北方南下的士族，骑着马，恭恭敬敬地尾随其后。江南士族代表人物顾荣、纪瞻等，看到这种盛况，心里十分吃惊。他们从王导这帮北方士族恭谨的态度上，觉得司马睿原来还是受人尊敬的，于是也就对司马睿刮目相看，相约在路边拜见，纷纷表示归顺。

局面一打开，王导便进一步献计说：“古代贤明君主，没有一个不讲究礼待父老乡亲的，何况眼前还是大业初创，得人心实乃当务之急。如果能将顾荣这班南方士族笼络好，江南人民一定会争着为你效劳。”司马睿当即称是，于是让王导出面，回访顾荣等人，延聘他们出来做官。这样一来，司马睿在南方逐渐就有了威望，而王导在他心目中的地位，也就逐步形成了。

值得一提的是，当时随同司马睿南渡的北方士族很多，他们在晋朝疆土遭受匈奴汉国蹂躏的时候，其中的大多数只想苟且偷生，只有部分人希望收复中原。有些名士只会空谈，不会做事，并且一有空闲，总喜欢到江边的新亭聚会，借酒消愁，相对哭泣，抒发一下对故乡的怀念，情绪十分悲观。

西晋最后灭亡的消息传来，这些人又一次在新亭举行宴会。名士周顗面对滚滚东去的长江水，回想起从前经常在洛阳附近的黄河边宴饮的情形，不觉哀声叹息：“风景倒是一样好，可眼前是长江，再不是黄河了！”在座的名士们听了，一个个触动旧情，纷纷哭了起来。王导也参加了这次宴会，见此情景，心情十分沉重。他没有跟着流泪，

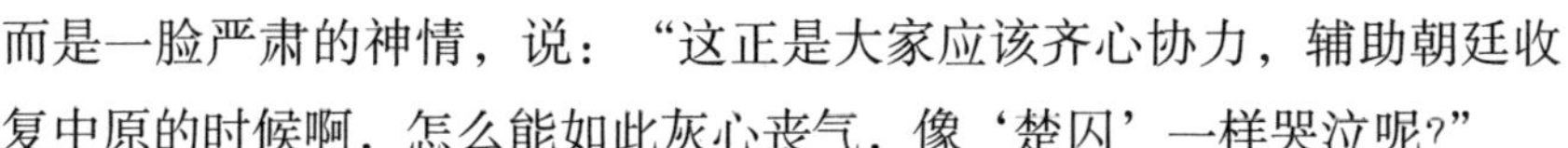

而是一脸严肃的神情，说：“这正是大家应该齐心协力，辅助朝廷收复中原的时候啊，怎么能如此灰心丧气，像‘楚囚’一样哭泣呢？”

《左传·成公九年》（前582年）记载，晋景公视察军府，看到俘虏里有一个戴着楚地的帽子被捆绑着的人，便问道：“这个戴着楚冠被囚禁着的人是谁啊？”左右的人答道：“这是郑国人送来的一个楚国俘虏。”这人名叫钟仪，晋景公后来与他交谈，发现他是一个不背本、不忘旧，忠君、无私的人，就把他释放出来，利用他作为使者，调整齐、楚两国的关系。后来人们常常把保持着较好的人格而又处在窘迫环境中的人称为“楚囚”。王导劝那些悲观失望的南渡士族不要仅仅做“楚囚”对泣，说明他要比其他人有见识；他希望大家鼓起勇气，致力于晋政权在江东的恢复，显然，这对于改变东晋统治集团的精神面貌，促进东晋的兴起，也起了重要作用。

随着北方士族不断南下，他们要重新置办产业，但南方比较富庶的地方早就被当地士族占有了，怎么办？王导采用了“侨寄法”，就是在南方士族势力较为薄弱的地方，设立侨州、侨郡、侨县。这些侨寄行政区的设立，就必然要设侨官，而侨官一设，北方士族便有了政治出路。同时，他们可以利用北方逃难来到江南的劳动力，重新创立产业。这些措施，缓解了南北士族间的矛盾，有利于双方的团结。司马睿要恢复晋政权，也因此而具备了政治基础。

晋怀帝永嘉五年（311）冬天，北方士族桓彝到江南避乱，看到司马睿势力单薄，心里不踏实，对名士周𫖮发牢骚说：“中原战祸连年，我到这里来避乱，是想求得安全的，想不到这里的力量如此薄弱，前途在哪儿呢？”不久，王导接见了他，同他一起讨论江南形势。桓彝觉得王导很有办法，心里的一块石头才落了地。几年后，太原士族温峤受人派遣，来到江南。他找到王导，诉说着西晋覆灭的惨祸，不禁声泪俱下。王导也深表痛心，他对温峤谈了自己对晋室恢复的一些看法，温峤听了，立刻转忧为喜。可见王导在北方士族中是很有影响的，他们高兴地称他是春秋时代的齐相管仲。管仲能使齐桓公成就霸业，他们相信，王导也能帮助晋王司马睿复兴晋室。

说到这里，可以想见东晋王朝的建立是与王导的努力分不开的；由此也不难明白，登基大典的那一天司马睿为什么要拉他共坐御床了。

王导没去坐御床，就做了个一人之下、万人之上的丞相，深得司马睿的信任。

朝堂相争，内乱不止

东晋初年，皇权微弱，皇室凋零。晋元帝司马睿依赖王导、王敦兄弟的扶持，君临江南，但中央和地方的大权主要控制在王氏家族的手中。王导居中为相，身兼都督中外诸军事、领中书监、录尚书事、散骑常侍和扬州刺史等职。

王敦之乱，野心毕现

王敦统领东晋当时实有的江、扬、荆、湘、交、广六州，任都督六州诸军事、江荆二州刺史。王氏家族的从兄弟如王廙、王舒、王彬等人，无不担任中外要职。王敦起初还极力矫饰，雅好清谈，不言财色，装出一副君子面孔，等镇压荆州流民起义后，便原形毕露。他自恃身居强藩，手控强兵，又有大功，不再把元帝放在眼里，擅自委任将军，甚而“欲专制朝廷，有问鼎之心”。

元帝不甘充当傀儡，对王敦的专权跋扈，渐渐不能容忍，对王导也有意疏远。他重用亲信刁协为尚书令、刘隗为侍中掌握朝政，加强皇权，推行“以法御下”、排抑豪强大族的政策。王敦见此，十分不满，愤恨之情溢于言表，乃上书元帝，为王导鸣不平，指责元帝背弃“管鲍之交”。又每每酒后歌咏曹操乐府诗云：“老骥伏枥，志在千里。烈士暮年，壮心不已。”一边歌咏，一边以手中的玉如意打击唾壶为节拍，壶沿被打得尽是缺口。元帝太兴三年（320），湘州刺史甘卓调任梁州，王敦提出由他的部属陈颁为湘州刺史，元帝不从；王敦又建议以宣城内史沈充出任，元帝知沈充是王敦一党，仍然不从，而任命宗室谯王司马承出镇湘州，矛盾由是加深。王敦上书议论古今忠臣受到君主的猜嫌，都是因为有小人如苍蝇从中拨弄是非。元帝读了王敦奏表，内心更加疑忌不安。太兴四年（321）七月，元帝以戴渊为征西将军，都督司兖豫并冀雍六州诸军事、司州刺史，镇合肥；刘隗为镇北将军、都督青徐幽平四州诸军事、青州刺史，镇淮阳，征发扬州百姓的奴客当兵和承担转输之役。这一措置对外声称北伐，实际上用以防备王敦。这时，王敦遣使邀甘卓一起举兵，令沈充还乡里纠集部众，正在加紧进行起兵的准备。

晋元帝永昌元年（322）一月，王敦以诛刘隗为名，从武昌起兵，直指建康。沈充立刻从吴兴起兵响应。王敦叛逆的消息传到建康，朝野的反应不一。元帝大怒，召还戴渊、刘隗护卫京师。刘隗、刁协主张尽诛王氏，元帝不许。王导诚惶诚恐，每天早上率领宗族20余人到台城待罪，但心里却默许王敦之举。大多数士族官僚因征发奴客以充兵吏等“刻碎之政”损害了自身的利益，故反对刘、刁，同情王导，对王敦进逼建康持观望态度。三月，元帝以王导为前锋大都督，派王廙去劝王敦罢兵，王敦不听，留下王廙不遣送回来。于是，元帝始令刁协督率中军，令刘隗守金城、征虏将军周札守石头城，又派太子右卫率周筵统兵讨伐沈充。王敦军至石头城，周札开门接纳。戴渊、刘隗、刁协、周顗等领兵反攻，都被王敦打得大败。元帝见败局已定，给刁、刘人马，让他们各自避难，刁协逃至江乘被杀，刘隗北奔石勒。

王敦控制建康后，杀死戴渊、周顗以立威，元帝授予其丞相、都督中外诸军事、录尚书事、江牧，封武昌郡公。王敦有篡权之意，但是，即使是赞同王敦举兵的士族官僚如谢鲲、王峤、温峤及王敦的从弟王彬等，都反对王敦篡夺东晋政权。王敦只得暂时返回武昌，徐图再举，而设丞相留府于建康，以遥制朝政。是时，王敦暴虐恣睢，作威作福，四方上贡多入其府，将相方镇皆出其门，以沈充、钱凤为谋主，大兴土木，营造府第，夺人田宅，肆意掳掠。此年，元帝忧愤而死，太子司马绍继位，是为明帝。

晋明帝太宁元年（323），王敦移镇姑熟（今安徽当涂），自领扬州牧。为加强王氏的军事实力，削弱帝室，他又任王含为征东将军，都督扬州江西诸军事；王舒为荆州刺史，监荆州沔南诸军事；王彬为江州刺史。当明帝用郗鉴为兖州刺史，都督扬州江西诸军事时，王敦另授以尚书令，郗鉴还京途经姑熟，王敦却久留不遣。次年，王敦以周氏宗族强盛，恐为后患，听从钱凤之计，杀周嵩、周筵，又进兵会稽袭杀周札，周氏宗族死亡殆尽。五月，王敦病重，矫诏拜其子王应为武卫将军、兄王含为骠骑大将军。钱凤问对策，王敦说：“我死之后，归身朝廷，保全门户，是上策；退还武昌，收兵自守，不废贡献，是中策；趁我还活着起兵，万一侥幸而胜是下策。”钱凤以为王敦所说的下策才是上策，积极准备叛乱。

明帝聪明有谋略，能断大事。各方面的消息证明王敦必然再次叛乱，他下决心要讨伐王敦。六月，明帝亲自到于湖（今安徽当涂南）侦察王敦营垒，然后进行周密的布置。以王导为大都督，领扬州刺史；温峤为都督东安北部诸军事，与右将军卞敦守石头城；应詹为护军将军，都督前锋及朱雀桥南诸军事；郗鉴行卫将军，都督从驾诸军事；庾亮领左卫将军，卞壶行中军将军，又征召兖州刺史刘遐、临淮太守苏峻、徐州刺史王邃、豫州刺史祖约等入卫京师。这时，司徒王导听说王敦病危，率子弟发哀，大家以为王敦一定死了，斗志更加旺盛。尚书省转发诏书至王敦军府，历数王敦之罪。王敦见了诏书非常生气，但病重已不能亲自领兵，以王含为元帅，令钱凤、邓岳、周抚等率众进攻建康。七月，王含等领水陆兵众五万，进至秦淮河南岸。温峤退屯北岸，烧朱雀桥阻断敌军前进道路。明帝亲募壮士千人，由将军段秀等带领，乘夜渡河，大破叛军。王敦听到战败的消息，又气又急而死。这时，沈充带领万余人与王含会合，而刘遐、苏峻带领的援军也到达建康。刘遐、苏峻的精兵万人从南塘出击，大破沈充、钱凤军，落水而死的有三千人。接着，刘遐又在青溪大败沈充。第二天，王含等烧营夜遁。明帝命诸军乘胜追击，沈充、钱凤皆被追斩，王含父子逃奔荆州，荆州刺史王舒使人沉之于江。王敦之乱终告平息。

苏峻之乱，再步后尘

晋成帝咸和二年（327），东晋统治阶级内部继王敦之乱又发生苏峻之乱。

苏峻，西晋末年被举为孝廉，北方大乱后纠集数千户，建立豪强武装，周围的豪强武装又推他为共主。当时，青州刺史曹嶷想收苏峻为部属，任之为掖县（今山东莱州）令，但遭到拒绝。曹嶷准备讨伐苏峻，苏峻率领所部数百户泛海南逃，投奔东晋。

苏峻历任淮陵内史、兰陵相。永昌元年（322），王敦首次进逼建康，元帝召苏峻进讨王敦，而他观望形势，迟迟不前。太宁二年（324），王敦再次作乱，所遣王含、钱凤又屯兵建康城下，京城危急。明帝召苏峻、刘遐等率流民入京勤王，苏、刘率精卒万人驰援。当沈充、钱凤夜渡秦淮河、从竹格渚上岸，护军将军应詹领兵拒战失利，叛军已到宣阳门外。这时，苏峻、刘遐统军自南塘横击，大破敌军，敌军落水淹死者三千人。接着，苏峻又随从庾亮追击沈充至于吴兴。平叛后，苏峻因功进位为冠军将军、历阳内史，加散骑常侍，封邵陵公，食邑一千八百户。从此，苏峻威望逐渐提高，手中精兵已达万人，装备优良，实力雄厚，被朝廷委以捍卫江北的重任。但是，苏峻自恃兵强，日益骄横，藐视执政，招纳亡命。朝廷运送给养去历阳的船只首尾相属，而稍不如意，他就破口大骂。

明帝死后，成帝继位。成帝年幼，外戚庾亮执掌朝政。为加强中央集权，庾亮对内压制宗室，对外削夺强藩。咸和元年（326），庾亮诛杀南顿王司马宗，司马宗的亲信卞阐逃到历阳投奔苏峻，庾亮令苏峻交人，而苏峻则藏匿不送。庾亮觉得苏峻在历阳终究是一个祸根，主张把他征调进京，削去他的兵权。此议一出，举朝皆以为不可，但大多不敢吭声，唯有王导、卞壶等人表示反对。卞壶说："苏峻拥有强兵，逼近京城，从历阳至建康，不足一日的路程，一旦发生变乱，后果十分严重，此事应慎重考虑。"庾亮不从。苏峻闻讯，遣司马何仍到京，对庾亮说："只要是外任，无论远近，我唯命是从；至于内任，恕难从命。"庾亮仍然不从。咸和二年（327）十月，庾亮以诏书命征苏峻为大司农，加散骑常侍。苏峻上表声称："昔日明皇帝亲执臣手，委臣北讨胡寇。今日中原尚未平定，臣何敢自安！请补青州界一荒郡，使臣以展鹰犬之用。"但朝廷还是不许。苏峻无奈，整装待发，而心中又犹豫不决，参军任让对他说："将军求补荒郡尚且不许，事到如此，恐无生路，不如拥兵自守。"于是，苏峻遂不奉诏，遣使与镇西将军、豫州刺史祖约联络，祖约因官位不孚所望，颇为怨恨朝廷，所以两人一拍即合，约定以讨庾亮为名，一同起兵。

一场动乱爆发了。十二月，苏峻派部将韩晃、张健袭取了东晋囤积了大量食盐、大米的姑熟，直捣慈湖。苏峻起兵之前，江州刺史温峤请率军下援建康，三吴也请求发兵，庾亮都加以制止，特别写信给温峤说："吾忧西陲（指陶侃），过于历阳，足下不可越过雷池（水名）一步。"苏峻起兵后，徐州刺史郗鉴又请求统兵御敌，同样被拒绝。然而，作为都督征讨诸军事的庾亮并没有很好地部署兵力，抵抗敌人。咸和三年（328）正月，韩晃消灭慈湖守军。苏峻指挥苏、祖联军两万余人从横江渡口抢渡长江，进抵陵口。晋中军抵挡不住，连战皆败北。二月，苏峻占领蒋陵、覆舟山，建康已经近在咫尺，城内惶惶不安。有人建议在小丹杨打伏击战，庾亮不予采纳，而苏峻果真绕道小丹杨，因夜里行军竟迷了路。这样一个歼灭敌人、扭转危局的大好机会又被庾亮贻误了。没过几天，苏峻击败建康城外守军，突破青溪栅。庾亮率领诸将在宣阳门内抵抗，但队伍尚未成形，士众皆弃甲而逃。庾亮与诸弟也匆匆乘船逃往浔阳，把成帝和皇太后都扔在建康。苏峻攻陷宫城后，遂"纵兵大掠，侵逼六宫，穷凶极暴，残酷无道"，

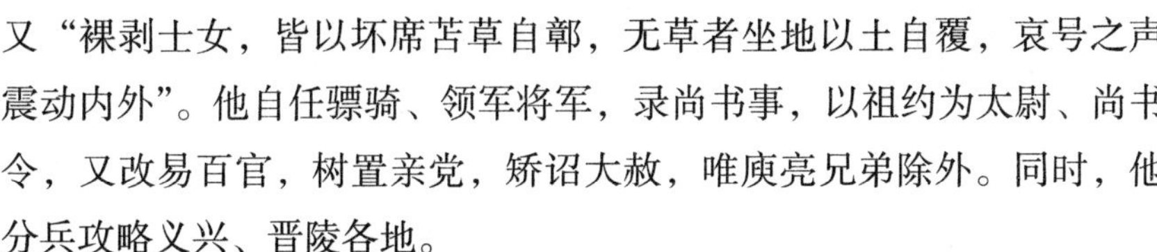

又“裸剥士女，皆以坏席苫草自鄣，无草者坐地以土自覆，哀号之声震动内外”。他自任骠骑、领军将军，录尚书事，以祖约为太尉、尚书令，又改易百官，树置亲党，矫诏大赦，唯庾亮兄弟除外。同时，他分兵攻略义兴、晋陵各地。

庾亮既至浔阳，与温峤共推荆州刺史陶侃为盟主，兴兵讨伐苏峻。“戎卒四万、旌旗七百里，钲鼓之声，震于远近”，浩浩荡荡开往建康。不久，三吴也兴兵讨伐苏峻，会稽内史王舒以庾冰行奋武将军，使他领兵一万，西渡浙江，吴兴、吴国、义兴诸郡起而响应。咸和三年（328）五月，陶侃、温峤驻军于茄子浦，陶侃举王舒监浙东军事、虞潭监浙西军事、郗鉴都督扬州八郡。郗鉴率众渡江，与陶侃会师。接着，诸军进据蔡洲，直逼石头城。苏峻率主力屯守石头城，并把成帝迁入石头城中。双方相持数月，陶侃因敌军兵势甚盛，难与争锋，在石头城西筑白石垒，又在京口一带筑大业等三垒，坚守不战。苏峻攻白石垒不克，乃分遣诸将东西抄掠，多所擒获，兵威更盛。从建康逃出来的官吏都说：“苏峻狡黠多智，其徒党极其骁勇，所向无敌。如果上天惩罚罪人，苏峻终当灭亡；如果依靠人力，则难以取胜。”温峤听了很生气，但累战不捷，也深怀恐惧。

苏峻遣部将张健、韩晃急攻大业垒，垒中乏水，士卒渴极，饮粪汁解渴。守将郭默突围求援，陶侃准备派兵救援。长史殷羡说：“我军不习陆战，如救大业不能取胜，则全盘皆输。不如急攻石头城，大业之围自解。”陶侃听从。于是，陶侃督水军驶向石头城，而庾亮、温峤、赵胤等率步兵万人从白石垒南上挑战。苏峻统领八千人迎战，其子苏硕与将领匡孝分兵冲击赵胤军，将赵胤打败。苏峻见赵胤军溃逃，大叫：“匡孝能破贼，我还不如他吗？”只带领数骑急急追赶，没有赶上。在回马白木陂时，他的马突然被绊倒，又被陶侃部牙门将彭世、李千投过的长矛击中。苏峻坠落下马，立刻被斩首、割肉、焚骨，三军齐呼万岁。苏峻余众退据石头城，任让等立苏峻弟苏逸为主，闭城自守。次年春天，诸军攻破石头城，斩杀苏逸等。祖约败后，率左右数百人投奔后赵，被石勒杀死。

苏峻之乱平定后，东晋进入相对安定时期，是后 70 年无内战乱，社会经济逐渐得以恢复。

三姓相争，权力搏杀

苏峻之乱平定以后，东晋统治阶级内部的斗争仍然很激烈，主要是在王导、陶侃和庾亮之间进行。

晋成帝咸和四年（329）三月，陶侃因功进位太尉、侍中，在原任都督荆、雍、梁、益四州兼荆州刺史外，又加督交、广、宁三州，镇巴陵（今湖南岳阳）。郗鉴亦拜司空、侍中，仍都督徐、兖、青三州，兼徐、兖刺史，镇京口（今江苏镇江）。由于庾亮执政失误，酿成苏峻之乱，不得不出外为都督豫州兼刺史，镇芜湖。司徒王导则独秉中枢，但在王敦死后，东晋政治格局已经大变的情况下，中枢受到陶侃、庾亮的牵制。王导外依靠京口郗鉴的支持，内擢用亲信赵胤、贾宁、匡术等为武官，以保持王、陶、庾之间的平衡，维护自己的地位。

这年十二月，陶侃借口讨伐郭默，向东扩张，夺取江州。当时后将军郭默不服朝廷调遣，拒不入京，又乘江州刺史刘胤因罪免职之机，矫诏杀死刘胤。王导对郭默不仅不加追究，而且任以江州刺史。陶侃送书信责备王导说：“郭默杀方镇刺史便用为方镇刺史，如果害宰相便任为宰相吗？”他不待朝廷下令，就擅自起兵讨斩郭默，朝廷只好让他加督江州兼刺史。陶侃又企图与庾亮、郗鉴进兵废黜王导，夺取中枢大权，但遭到郗鉴反对，庾亮居中斡旋。庾亮与王导有隙，而与陶侃也不睦，他决不能允许寒门出身的将帅陶侃攫取中枢。他对陶侃解释说，王导罪重，应该废黜，不过时艰国危，不是时候，只要方镇联合，可加以节制，目前宜暂且容忍。陶侃只好作罢。陶侃时年已过古稀，后来渐渐不参与朝政，屡请逊位还长沙封地，咸和九年（334）去世。

陶侃死后，庾亮加督江、荆、雍、梁、益诸州，领江、豫、荆刺史，移镇武昌，专制上游。庾亮离开芜湖，王导如释重负，暂时减轻了压力。次年四月，他以石虎大军南下为由，分命刘仕救历阳（今安徽和县）、赵胤戍慈湖（今安徽马鞍山北长江东岸）、路永戍牛渚（今安徽马鞍山南长江东岸）、王允之戍芜湖，控制了原庾亮豫州治所及附近战略要地。这时王导名望日隆，地位稳固。成帝见了王导，每行跪拜之礼，给王导的手诏，称“惶恐言”，中书起草的诏书则称“敬问”。有一次，成帝亲临王导家中，拜见王导及其妻曹氏，侍中孔坦认为有违君臣大礼，又密谏成帝应当“博纳朝臣，谘诹善道”，王导知道后大为恼恨，贬孔坦为廷尉。王导为政以“愦愦”自诩，“愦”，糊涂也。他说：“人家说我愦愦，后人会思念我的愦愦！”他的“愦愦”就是宽纵大族，姑息豪强，以求统治阶级内部的安定。他曾派扬州八位从事去视察属郡，诸从事汇报郡长官的优劣，从事顾和一言不发，王导问他：“卿有何见闻?”顾和说：“明公辅政，宁可宽些，使网漏吞舟之鱼，何必察之过细!”王导对这个回答赞叹不已。有一次，石头城粮仓失盗一百万斛，都是将官们所为，却杀管理粮仓的小吏以掩人耳目。王导的亲信将官赵胤、贾宁等骄横不法。余姚县山遐清查出被大族隐瞒的户口两千，准备绳之以法。大族豪强莫不切齿，反诬告山遐侮辱高士，擅建县舍，结果山遐竟被罢官。王述为宛陵令，州府检查出他贪赃之罪 1300 条，声名狼藉。王导不加惩治，只让人转告他：“你出身名门，岂怕无禄，不宜屈临小县。”而王述无耻地回答：“足够了便自然停止。”庐陵太守羊聃残暴无比，滥杀郡民 200 余人，连婴孤也不能幸免，朝野皆曰可杀，但却被王导宽宥了。这就是王导的所谓“清静”“宽和”，其代价是政烦役重，百姓困苦，奸吏擅威，暴徒肆虐。

晋成帝咸康四年（338）五月，司徒王导迁太傅、都督中外诸军事，司空郗鉴迁太尉，庾亮则进为司空。六月，王导更进为“非寻常人臣之职”的丞相，集政权、军权于一身。然而，王、庾之争并未完结。咸康五年（339）三月，庾亮以北伐为由调整军事部署，表请桓宣任督沔北、司州刺史，镇襄阳；其弟庾怿任监梁、雍，兼梁州刺史，镇魏兴（今陕西安康）；弟庾翼任南蛮校尉，领南郡太守，镇江陵；毛宝任监扬州之江西、豫州刺史，与西阳太守樊峻领精兵万人戍邾城（今湖北黄冈北）。后来，庾亮突然把庾怿所部急急忙忙地调到半洲（今江西九江西），也就在作出这个新的部署的时候，他以王导乱政、篡政为口实，写信给郗鉴，想和他共同起兵罢黜王导，信上说："当日陶公曾想罢黜王导，是你我对他作了解释，但时至今日，王导并无丝毫悔改。主上自八九岁以至成人，入则在宫人之手，出则唯有武官小人。秦朝实行愚民政策，天下尚且以为不可，何况是愚其君主！今主上已经长大成人，应该使之亲政，而王导不归政主上，挟震主之威下临百官，多养无赖小人。明公与下官并受先帝顾托之重，如大奸不除，将来有何面目见先帝于地下！"但是庾亮此举遭到郗鉴的反对，庾亮部属孙盛也进行了劝谏，同时庾亮见王导已加强建康的防御力量，遂不敢轻举妄动。是时陶侃之子陶称把庾亮的阴谋密报王导，有人建议王导宜早做准备，王导故作从容地说："我和元规（庾亮的字）休戚与共，聪明人是不传播流言蜚语的，即便元规真的来了，我就戴上角巾归家，有什么不得了呢！"他又写信给陶称，说"庾公是主上的大舅，你要好好侍奉"。但实际上，他对庾亮居外镇而遥控朝政、据上游而手握强兵，耿耿于怀，心不能平，每遇西风刮起、尘土飞扬之时，就举扇遮身，不耐烦地嘟囔："元规刮来的尘土太玷污人了。"是年七月，王导死，朝廷征庾亮入朝为丞相、扬州刺史，录尚书事，庾亮推辞，便征庾冰入中书监，为扬州刺史，与护军将军何充同录尚书事。八月，郗鉴也死。九月，庾怿迁豫州刺史，监扬州之江西四郡，移镇芜湖，但至次年一月，庾亮也终于寿终正寝，王、庾之争转为暗流。

庾亮死后不久，江州之任落到王氏手中，原监扬州之江西四郡的王导之侄王允之这时出任江州刺史。晋成帝咸康八年（342）春，庾怿送酒给王允之，王允之觉得蹊跷，怀疑酒中有毒，把酒倒给狗喝，狗果然中毒而死，于是密奏成帝。成帝很不高兴地说："大舅扰乱过天下，小舅也要这样吗！"庾怿听说事发，遂饮毒酒自杀，但庾氏仍不罢休，王导之子王恬除去丧服后，执政庾冰授以豫章太守，王允之对此甚为不满，要求辞江州之任，庾冰转王恬为吴郡内史，又顺水推舟转王允之为会稽内史，最终把王氏势力挤出江州。八月，王允之死。次年十月，庾冰出为都督荆、江、司、雍、益、梁六州，兼江州刺史，但一年后庾冰也死了，王、庾之争至此了结。

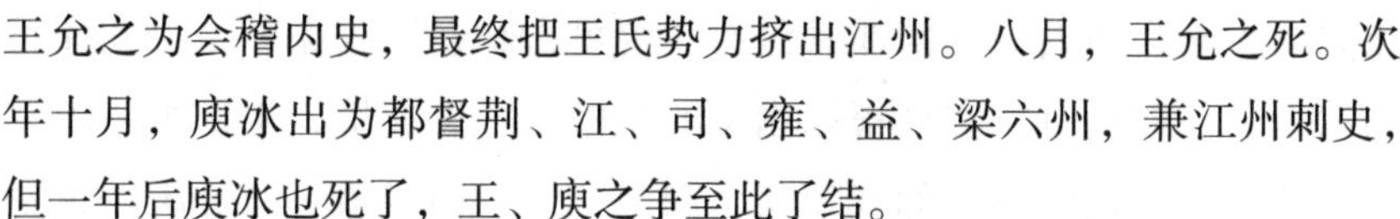
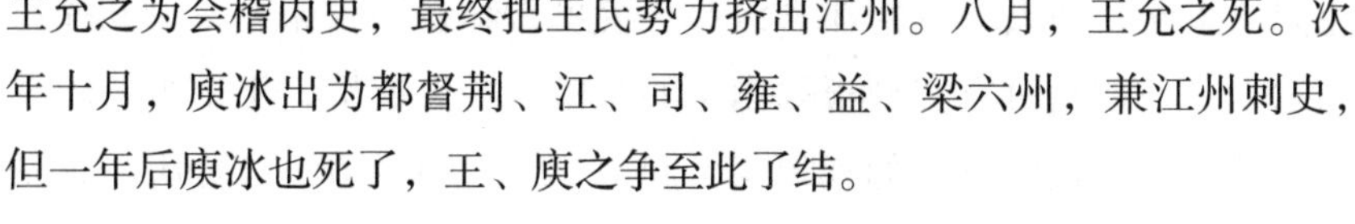

中流击楫，祖逖遗恨

晋元帝司马睿在江南登基后，许多仁人志士一直希望能够征讨北方，夺回故土，祖逖就是其中的一个。年轻时，祖逖闻鸡起舞以励志，到了江南后，他更想实现北伐的愿望。可惜，司马睿是个昏庸的君主，贪享安逸，根本就不想北征。在这种形势下，祖逖自己组织了一支军队，浴血奋战，收复了许多失地。

满腔热忱，发誓报国

西晋后期，战事纷起，国力衰弱，北方少数民族趁机入侵中原。一些仁人志士眼见国家混乱不堪，民众无家可归，立誓要报效朝廷，收复失地，祖逖就是其中比较杰出的代表。

祖逖，字士稚，祖籍范阳遒县（今河北涞水）。祖逖出身于范阳郡的大户，西晋时，其父祖武曾做过上谷太守。祖逖个性豪爽，喜好结识一些豪侠贤士。尽管他生于官宦之家，却未被世俗的礼节所约束。他重视情义，轻视钱财，经常拿出家里的布、米来接济贫苦之人，深受百姓的敬重。

刘琨是祖逖的同窗挚友，他们同在司州担任主簿一职。因为有着

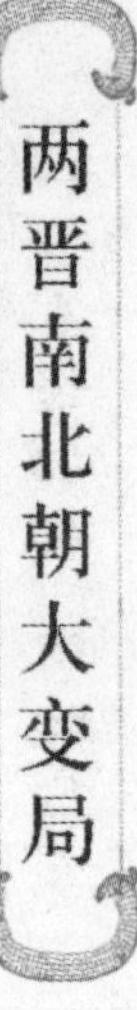

相同的志向，两人的友情非常深厚，夜里常睡在一张床上，一同探讨国家大事，鼓励对方实现报效国家的愿望。一天夜里，祖逖被一阵鸡叫声吵醒了，他将身旁的刘琨叫了起来，并对他说道：“你听，这是在催我们奋进呢!”于是，两个满腔热忱的年轻人取下挂在墙上的宝剑，走出房门，借着月光操练了起来。从此以后，他们更加勤奋地练习武功，探究兵法，一天也没有放松过，希望有朝一日能在战场上奋勇杀敌，为国家建功，创立流芳百代的功业。他们这种富有朝气、力争上游的精神时刻鼓舞着后人，成语“闻鸡起舞”就是由此而来的。

中流击楫，北上中原

西晋末年，北方一些少数民族贵族开始称王称帝，攻打中原。晋宗室司马睿逃到建邺，执掌着江南地区的军政大权。西晋北方的官吏、百姓纷纷逃往江南躲避战乱，祖逖也率领亲党数百家迁到南方。一路之上，祖逖把自己的车马让给老弱病人乘坐，自己却与大家一直徒步行走，药物、衣服、粮食也和大伙共用，深受大家的爱戴。东晋王朝建立以后，许多逃难到江南来的人都希望朝廷能收复失地，以便重返家园。北方的汉族人民在各少数民族贵族的暴虐统治下，处于水深火热之中，也盼望江南出兵北伐，推翻他们的统治。可是，以司马睿为首的皇室和大官僚们却满足于偏安江左，把主要精力放在巩固自己的南方的统治上面。祖逖眼看国家危难，对司马睿等人的苟且偏安非常

西晋·司马炎·谯王帖

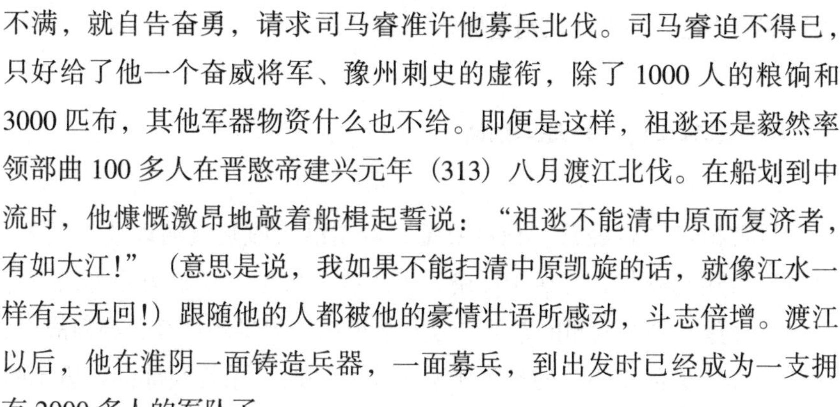

不满，就自告奋勇，请求司马睿准许他募兵北伐。司马睿迫不得已，只好给了他一个奋威将军、豫州刺史的虚衔，除了1000人的粮饷和3000匹布，其他军器物资什么也不给。即便是这样，祖逖还是毅然率领部曲100多人在晋愍帝建兴元年（313）八月渡江北伐。在船划到中流时，他慷慨激昂地敲着船楫起誓说：“祖逖不能清中原而复济者，有如大江！”（意思是说，我如果不能扫清中原凯旋的话，就像江水一样有去无回！）跟随他的人都被他的豪情壮语所感动，斗志倍增。渡江以后，他在淮阴一面铸造兵器，一面募兵，到出发时已经成为一支拥有2000多人的军队了。

祖逖的军队由于得到北方人民的支持，迅速占领了安徽北部和河南南部地区。当时，长江以北还有不少汉族豪强地主盘踞的坞堡，这些人各自为政，互相之间矛盾也很多。祖逖分别情况，有的加以调解使他们听从自己的号令参加北伐，有的背叛了晋朝就坚决打击。东晋元帝大兴二年（319），陈留地方的豪强地主陈川叛降后赵石勒，祖逖决定发起对陈川的进攻。石勒派石虎领兵五万援救陈川，被祖逖打得大败。经过几年的艰苦斗争，军队在祖逖领导下基本上收复了黄河以南的全部领土。这一大好形势的出现，固然反映了当时的人心所向，同时，同祖逖的雄才大略和善于团结人也是分不开的。

祖逖在收复的地区内，目睹了经受战乱灾祸后人民的悲惨生活，就带头在生活上严格约束自己，过着俭朴的日子，不为自己占据田产。他亲自劝督军民种地植桑，要求自己的子弟都去参加耕作，挑担砍柴。他还能“爱人下士，虽疏交贱隶，皆恩礼遇之”，对所部军民立有功劳的，哪怕功劳再小，也都立即给予奖赏。对于黄河两岸一些被迫接受少数民族政权官职的人，祖逖也讲究策略，允许他们在表面上继续担任旧职，还不时派出巡逻兵到这些地方去假装偷袭，制造他们并未归附东晋的假象。通过这种途径，祖逖常常能够得到后赵的各种情报，便于及时采取对策。祖逖的这些措施，深受各阶层军民的拥护。一次，祖逖置酒大会当地父老，人们感动得热泪盈眶，且歌且舞，赞扬祖逖和他所部将士的功绩。石勒看到祖逖军这样深得人心，不敢再渡河进犯。

壮志未酬，中原遗恨

尽管祖逖辛苦经营，积极筹备，希望继续收复黄河以北的国土，可晋元帝司马睿却甘心居于江南，不想收复失地，还封戴渊为征西将军，都督豫、冀等六州的军务，以监督祖逖。祖逖竭尽全力夺回故土，朝廷却怀疑他的用心，使得他十分失望。同时，东晋内部的矛盾不断地激化，随时会引发又一次的内斗。祖逖见此，不由得更加愤懑和担忧，竟因此一病不起。

晋元帝大兴四年（321），时年56岁的祖逖饮恨离开了人世，世间又多了一位“出师未捷身先死”的慷慨之士。尽管祖逖没能实现征讨北方、收复失地的愿望，但历史却记住了他的一腔热血和赤胆忠心。

雄浑意气，桓温北伐

桓温是晋明帝司马绍的女婿，他凭借皇帝的倚重，平步青云，在东晋官场上翻云覆雨十几年。后赵政权灭亡的时候，桓温向晋穆帝司马聃（东晋的第五个皇帝）上书，要求带兵北伐。桓温先后进行了三次北伐，但都以失败告终。尽管北伐没有成功，可他对权力的占有欲却越来越强，甚至开始觊觎皇位了。

侠胆英豪，乘龙快婿

桓温，字元子，祖籍谯国龙亢（今安徽怀远）。他出身名门，父亲桓彝年轻时跟随司马睿南下渡过长江，是创立东晋的元勋，之后又在铲除王敦反叛集团的过程中立下大功，被晋元帝升为宣城内史。晋成帝咸和三年（328），历阳内史苏峻起兵反叛。桓彝在平定叛乱时死在了苏峻的属下韩晃的手上。那时，桓温16岁，听说父亲被杀，悲痛不已，发誓要为父报仇。后来，他得知杀害桓彝的主谋之一——泾县县令江播去世了，就以吊丧之名去参加了江播的丧礼，公然在灵堂上用预先备好的利刃杀死了江播之子江彪，为父亲报了仇。

大臣庾翼听说了这事后，十分钦佩桓温的胆识和豪气，便对明帝说："桓温这个青年人非比寻常，胆量、才识兼具，若能加以培养，以后一定会为国家效力的。如果您能招他为婿，他更会竭尽全力为国尽忠。"明帝于是将自己的大女儿南康公主嫁给了桓温。此后，桓温就仗着皇帝的看重，平步青云。曾举荐他的庾翼病逝后，他便被封为安西将军，接替庾翼督察六州的军务，同时担任荆州刺史，执掌长江防线的部分兵权。那时，桓温才33岁。

灭掉成汉，树立威信

桓温的平步青云招致了一些人的嫉妒，朝中的众多大臣都觉得他不应在短期内连续升迁，十分怀疑他是否有能力担任荆州刺史一职。为了让别人心悦诚服，也为了提升自己的威望，桓温于晋穆帝司马聃永和三年（347）带领一万人马去讨伐巴蜀地区的成汉王朝，没多久就彻底地摧毁了成汉政权。此次获胜后，桓温便开始着手筹备进攻中原了。

当时，北方的局面非常动荡，政权换了一个又一个。后赵皇帝石虎去世后不久，大将冉闵发动政变，登基为帝，创立了魏国，史称冉魏；此后，前燕又灭了冉魏；352年，混乱的关中地区又成了前秦的领地。而此时，东晋已经是第五个皇帝——晋穆帝司马聃在位了。

执意北伐，接连失利

晋穆帝永和十年（354），桓温的第一次北伐开始了。他率领四万兵马自江陵出发，兵分三路，攻打前秦。晋军击溃了前秦皇帝苻健派来的五万大军，苻健率领数千名伤残的士兵逃往了长安。后来，桓温的粮草为苻健所截。由于没有军粮，桓温最终被苻健打退。首次北伐以桓温失败而告终。

晋哀帝司马丕兴宁二年（364），桓温开始了第二次北伐，攻打羌族姚襄的势力。晋军非常骁勇，击败了姚襄，占领了洛阳。桓温立即奏请皇帝，期望朝廷能将都城迁回洛阳，重兴晋室。但东晋的司马氏宗室却贪恋江南的安逸，不想大动干戈地将都城迁回北方的洛阳。桓温苦劝了很久都没能说服皇帝，只得领兵返回了江南。第二次北伐再次无功而返。

桓温返回江南后，因在北伐中立下了大功而被加封为南郡公，其他的桓氏族人也得升职封赏，成为朝中的重臣。东晋朝廷的军政大权就这样被桓氏执掌了。尽管前两次北伐都失败了，可桓温并没有放弃。他作好了作战部署，打算再次北伐。桓温的属下劝他先休养生息，等有了足够的粮草和兵器再发兵，但此时桓温已经听不进任何劝告了。

三战三败，帝王梦断

晋废帝司马奕太和四年（369），桓温带领将近五万的步骑军第三次出征北伐，征讨鲜卑族的前燕势力。双方刚开始激战时，晋军的优势非常明显，连战连胜，还擒获了前燕的宁东将军慕容忠。后来，大军一路推进，到了枋头（今河南浚县西南），距离前燕的都城邺城仅有200多里。前燕派勇猛善战的良将慕容垂迎战，晋军大败，桓温只得慌忙撤回了江南。第三次北伐也以失败告终。

尽管桓温没能实现收复中原的愿望，可他对权力的欲望却越来越大，甚至觊觎起皇帝的宝座来了。太和五年（370），桓温废了晋废帝司马奕，改立会稽公司马昱，即晋简文帝。这时，他距离垂涎多年的皇帝之位只差一步之遥。两年后，晋简文帝病重，留下遗诏命太子司马曜继位。桓温本以为简文帝会把皇位传给他，听到这个消息很是失望，就率重兵气势汹汹地开进都城建康。文武百官害怕发生动乱，吓得面无人色。

后来，桓温会见了当地名士谢安、王坦之。谢安出身于士族大家，他不卑不亢，语带机锋，使得桓温觉察到建康反对他的士族势力不小，于是不敢再轻举妄动。373年，桓温病逝，终未能一偿做皇帝的夙愿。

桓玄篡晋，终为逆贼

桓温死后，其子桓玄继承了他的爵位。桓温晚年的称帝欲望使得东晋朝廷对桓氏家族有了防范，桓玄因此受到排挤。但桓玄并没有沉沦，他来到荆州，韬光养晦，静待良机，准备东山再起。最后桓玄终于攻入建康，废去晋安帝司马德宗，自己登上了皇位。但在强敌环伺之下，他宝座尚未坐稳，便成了他人的刀下之鬼。

豪门大族，杰出少年

自东晋建国起，桓氏便是望族，桓玄之父桓温更是声名显赫，先后担任大司马并被封为南郡公，掌握军权多年。作为权臣桓温之子，桓玄从小便尊荣无比，与父亲在一起的时间却并不多。桓温晚年时，阴谋代晋自立，但是由于种种原因，他至死都未能实现这个愿望。桓温死后，官职由其弟桓冲接替，爵位则由当时只有 5 岁的桓玄继承。

经过叔父桓冲的悉心调教，桓玄逐渐成为一个气质出众、文武兼备的少年。桓玄常常以自己是名门之后、桓温之子而忘乎所以，并自称为英雄豪杰。然而，东晋皇室始终都在防范桓氏，并对桓温晚年的篡位之念怀恨在心，会稽王司马道子便是其中一个。

一天，桓玄到司马道子府上拜访。当时司马道子家里正在宴请宾客，喝得酩酊大醉的司马道子看到桓玄站在堂下，便瞪眼说道："想当年，你父桓温欲篡权夺位，是否有此事？"桓玄听后，十分惶恐，急忙跪地谢罪。其他宾客急忙过来解围，说："桓温曾为国家立下过汗马功劳，何况如今他已仙逝，我们万不可听信他人谣言。"司马道子听后沉默不语，挥手让桓玄起身。此事令桓玄倍感耻辱，对司马道子和司马氏皇族恼恨不已。

返回荆州，等待时机

桓玄不仅为皇族所猜疑，也受到重臣的排挤，始终无法得到朝廷的重用，为此，他十分惆怅。但是，他不愿消极等待，不久便返回了荆州，韬光养晦，静待良机，准备东山再起。桓氏在荆州为官数十年，社会关系网非常庞大，势力非同小可，就是荆州刺史殷仲堪也不敢得罪桓家。

殷仲堪很欣赏桓玄的才干，将他视为自己的左膀右臂。朝廷大将胡藩经过江陵府时，曾对殷仲堪说：“虽然桓玄不为朝廷重用，但是此人的野心极大，希望你多加注意。”但殷仲堪并未在意，最终吞下了自己种下的苦果。晋安帝司马德宗隆安三年（399），桓玄的势力已经壮大了，他认为时机已到，于是果断起兵杀死殷仲堪，迅速占据了荆州。

举兵造反，建康称帝

正当桓玄对殷仲堪痛下杀手之时，孙恩起兵反叛朝廷。把持朝政的司马道子听到了这个消息，不得已加封桓玄为后将军，并任命其为荆州刺史，负责攻打叛军。看到司马道子主动封官，桓玄极为高兴，他明白此时的司马道子正处于焦头烂额之际，没有时间对付自己，于是趁机向司马道子索要更大的权力。为了全力对付孙恩的叛军，司马道子无奈地同意了桓玄的请求，将桓玄兄弟及其子侄全部封官加爵。

面对司马道子的让步，桓玄的贪欲日盛。实际上，桓玄最终的目的只有一个，那就是皇权，他根本不在乎这些官职。在朝廷派兵征讨孙恩时，桓玄便开始秘密地招兵买马，准备武器。随后，他派人将长江航运彻底切断，阻断了建康的粮食供应。此计一出，建康城里的米价急速飙升，许多百姓无钱买粮，不得不以野菜、糠皮充饥。

402 年，忍无可忍的司马道子命令其子司马元显率领朝廷大军攻打桓玄。司马道子父子由于以权谋私，败坏朝纲，欺压群臣，早已激起了许多人的愤慨。桓玄便利用民愤，将司马道子父子的罪行一一列举，然后率领大军征讨司马道子父子，将司马氏的部将打得大败。司马元显看到桓玄军气势大盛，根本就不敢与桓玄正面交锋，只得率军逃回了建康。桓玄率军一路追击，很快便攻进了建康，处死了司马道子父子，彻底掌控了东晋皇室的命运。

不久，桓玄强迫晋安帝让自己担任丞相之职，并掌管全国军务。接着，他又逼迫晋安帝加封自己为楚王。403 年，桓玄废黜晋安帝，改封其为平固王，自己则登上皇位，建立了楚国。

桓氏败亡，昙花一现

桓玄登基之初，一度采取了唯才是举、铲除奸臣的措施，但是不久他便过上了荒淫糜烂的生活。404 年，北府兵将领刘裕率兵攻入建康。桓玄自从登上皇位后，早已失去了当年勇猛无畏的气概，见刘裕军气势汹汹，便挟持司马德宗逃到了荆州。荆州是桓玄的老巢，他来到此地后，又忘乎所以起来。然而刘裕率军一路追到荆州，再次大败桓玄军。桓玄抛下平固王，独自向西逃去，在路上被益州刺史毛璩的部将所杀，年仅 36 岁。桓玄登上帝位不到半年时间便被攻杀，由此可见，没有民众支持的政权必然会像流星一般一闪而逝。

第四章

此起彼伏，政权林立

匈奴、羯、鲜卑、氐、羌等少数民族世代居住在中国北部，因为对抗晋王室的腐败和暴政而叛变。然而他们所建立的政权都各自征战，导致民不聊生，最终灭亡，堪称短命王朝。十六国的兴替历史相当复杂混乱，这个时期也出现了一批让世人铭记的英雄豪杰：奴隶皇帝石勒，武悼天王冉闵，大秦天王苻坚等。

石勒逆天，奴隶称帝

公元 318 年，刘曜建立前赵政权。大将石勒在灭西晋及平定反叛的过程中立有大功，因此被刘曜封为赵王。石勒是一个目不识丁的羯族人，但却十分有心计。在刘曜被胜利冲昏头脑、开始麻痹起来时，他却在积极地扩充自己的实力，最终打败了刘曜，灭了前赵，建立了后赵。

卖身为奴，趁乱而起

石勒本名訇勒，字世龙，羯族人，先辈是部落中的小首领。石勒继承了羯族人勇猛无畏的传统，自幼便长得十分强壮，骑射武艺更是一时无二。石勒 20 岁时，故乡发生了饥荒，部落里的人都四散逃荒。在逃荒的路上，他与族人失去了联系。

那时，有军队正在抓捕、贩卖胡人，以补贴军费。石勒也被抓住，与其他胡人一起被卖到了冀州，成了师欢家的奴隶。石勒身高力壮，干活儿卖力。师欢见他长相不俗，精于骑射，认为他绝非凡人，便将他释放了。

当时，西晋皇室的“八王之乱”依然在继续，石勒不得不四处漂泊，为地主帮工。在此期间，他结识了许多与他遭遇相同的流民，从而组建了一支骑兵队。由于他精于骑射，还会相马，因此深受当地豪强汲桑的青睐。

后来，汲桑为他取了“石勒”这个汉名。在汲桑的大力帮助下，石勒势力日益壮大，逐渐拥有了一支战斗力超群的军队。

不久，汲桑自封为大将军，封石勒为扫虏将军，率军攻破邺城，斩杀了新蔡王司马腾。当时大权在握的东海王司马越得知这一消息后惊诧不已，马上命苟晞等人率军征讨。汲桑、石勒不敌，汲桑被杀，石勒则率领残余部队逃往他处。

投奔刘渊，中原发迹

刘渊反叛朝廷后，石勒率众前去归附，负责征讨山东的军事行动。石勒率军南征北战，很快便将魏郡、赵郡、巨鹿、常山等地攻破。在此过程中，他不仅帮助刘渊逐步扩充了势力，同时也壮大了自己的实力。此外，他还将辖地内知识渊博的汉族文人集聚在一起，为其出谋划策。可见石勒并不甘心充当刘渊的先锋官，他也在秘密发展自己的势力。

东海王司马越看到石勒的势力日益壮大，严重地威胁着西晋朝廷的安危，便亲率大军攻打石勒，却在出征途中病逝了。司马越一死，晋军顿时失去方寸，乱作一团。太尉王衍临危受命，却无力应付石勒大军的攻势，被杀得大败。战后，石勒处死了襄阳王司马范、任城王司马济以及太尉王衍等高官显贵。311 年，石勒与刘曜、王弥联兵攻破洛阳。

312 年，石勒下令修建壁垒，建造船只，准备攻打镇守建邺（今江苏南京）的琅琊王司马睿。司马睿将全部兵力集聚于寿春（今安徽寿县），任命镇东长史纪瞻为帅，全权负责抵御石勒大军。正当石勒下令渡河时，突然天降大雨，雨水将道路冲断，淹没了军营，更在军中引发了瘟疫。一时间，石勒军中粮草匮乏，许多士卒病倒。石勒便采纳张宾的建议班师北还，到了河北。

在以后的数年间，石勒先后攻占了冀州、幽州、并州和青州，势力日渐壮大。318 年，匈奴汉国皇室发生政变，刘曜登基称帝，改国号汉为赵，史称“前赵”。当时，为了平叛，刘曜极力拉拢石勒。石勒在平叛过程中立有大功，因此被刘曜封为赵王。然而此时，石勒的实力已经足够强大，他不愿屈居刘曜之下，考虑到刘曜对他也深怀戒心，他便产生了拥兵自立的想法。

目不识丁，贤王早逝

319 年，石勒宣称建立赵国，史称“后赵”，与刘曜建立的前赵政权针锋相对。此后两国之间攻伐不休，战争不断。329 年，石勒终于将前赵政权一举歼灭，由于他曾经做过奴隶，所以后人便称他为“奴隶皇帝”。

石勒自幼不识字，没有多少文化，但是他却十分看重文人。石勒登上皇位后，便传下诏令：俘虏若是读书人，就不准杀害，要将其送到都城，由他亲自处理。

后来他又接受张宾的建议，下令设立学堂，并让所有部将之子都去读书。除此之外，石勒还建立了保举和考试制度，规定被保举人通过了考核就能做官。正是由于他如此重视教育，唯才是举，才使得后赵很快出现了繁盛的局面。

石勒虽然不通文墨，却非常喜欢学习。他经常请博学之士为其读书，并总是即兴表达自己的看法。有一次，当听到《汉书》中有大臣劝刘邦赐封六国贵族后代为王的历史时，他当即说：“这样做非常不应该，刘邦靠这种方法怎么能保住天下呢?”讲书人连忙解释说，后来在张良的劝谏下，刘邦并没有赐封六国贵族后代为王。石勒听了叹道：“幸亏有这个人啊。”

公元 333 年，石勒病逝。在遗嘱中，他要求丧事一切从简，万不可奢靡浪费，并叮嘱太子石弘和侄子石虎要融洽相处，切勿像晋朝司马氏兄弟那样自相残杀。然而，石勒丧事刚过，其侄石虎便起兵杀死石弘，篡位称帝。

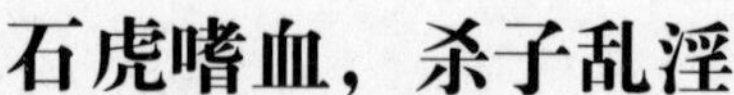

石虎嗜血，杀子乱淫

石虎（295—349），字季龙，羯族人，上党武乡县（山西榆社北）人，十六国时后赵皇帝。

石虎生于西晋惠帝元康五年（295）。石虎的父亲早逝，从小随母亲生活，由后赵皇帝石勒的父亲抚养，故有人称石虎是石勒之弟。

满手鲜血，夺位野心

石虎性格残忍，好驰猎，尤其好以弹弓射人，军中颇以为患。石勒想杀了他，母亲王氏劝说："快牛为犊子时，多能破车，你暂时忍耐一下。"后来石虎渐渐长大，18岁的时候，稍稍折节事人。他身长七尺五寸，英勇矫捷，弓马娴熟，勇冠当时，军中莫不忌惮，石勒对他十分器重，拜为征虏将军。

石勒为他聘征北将军郭荣的妹妹为妻。但石虎对优童（男宠）郑樱桃十分宠幸（唐朝李颀《郑樱桃歌》有"石季龙，僭天禄，擅雄豪，美人姓郑名樱桃。樱桃美颜香且泽，娥娥侍寝专宫掖。后庭卷衣三万人，翠眉清镜不得亲……"等句子，诗里误以为郑樱桃是一个女子）。

石虎好男色，郑樱桃为人又轻佻淫妒，使出种种柔媚的手段将石虎笼络住。他每夜在枕边想方设法诋毁石虎的妻子郭氏，并且时常当着石虎的面讥讽嘲笑，不留一点儿情面。郭氏渐渐不堪忍受，一次她也反唇相讥，谁知石虎却袒护郑樱桃，不让郭氏插嘴。郭氏憋了许多天的闷气，实在忍无可忍，加上石虎如此偏心男宠，于是和石虎起了争执。石虎性似烈火，一顿拳打脚踢，将郭氏当场打死。

后来石虎又娶清河崔氏女为继室，相处一年有余，郑樱桃又加以诋毁。石虎大怒，取来弓箭，急召崔氏问话。崔氏光着脚来到石虎跟前，边哭边哀求："大王不要杀妾，先听妾一言！"石虎狞笑说："你若心无歹意，何必这样慌张。你先坐下，我给你时间慢慢说。"于是崔氏转身入座，却听见背后弓弦声响，她急欲闪避，但已来不及，一支箭从后背穿入，立刻倒地毙命。

太和三年（330），石勒自称大赵皇帝，史称"后赵"，封自己的儿子石弘为大单于，统领胡部；封石虎为中山王、尚书令。大单于是胡人的最高称谓，仅次于汉人的皇帝，是一人之下万人之上的位置，石虎一直以为大单于非自己莫属，因此为自己未能成为大单于而恨得咬牙切齿。他对儿子石邃说："自从石勒占据襄国（今河北邢台）以来，我南擒刘岳，北追索头，东平齐鲁，西定秦雍，攻克了13个州，立下了汗马功劳。大单于之位理应属于我，却给了石弘，每想起这些就气得我吃不下饭、睡不着觉。等石勒死后，我要让他断子绝孙！"三年之后石勒死去，大权在握的石虎立即行动，先将右光禄大夫程还、中书令徐光逮捕下狱，然后逼迫太子石弘继位。石弘害怕石虎，痛哭流涕地以软弱无能为借口，一再要求把帝位让给石虎，石虎训斥他说："我也知道你不能胜任，不过你先当着，过些日子自然有人换你，再不要吵嚷了！"石弘即位，第二年改元延熙。

后赵延熙元年（334）十月，石弘捧着印绶颤抖着走到石虎身边，请求禅位给石虎。不料石虎板起面孔对他说：

"谁来当帝王，大家心里都很明白，何必由你来说！"石弘流着眼泪回宫后，对母亲说："父亲的亲生骨肉不会再留在世上了。"这时，有一个尚书揣摸着石虎想自己当皇帝，便上奏石虎请求让石弘禅位，石虎没好气地说："石弘应当废掉，还讲什么禅位！"于是自称赵天王，改元建武，立儿子石邃为太子，把石弘废为海阳王。不久，石虎就把石弘、石弘之母程氏、秦王石宏、南阳王石恢等石勒的子孙全部杀掉，总算发泄了心头之恨。

奢侈荒淫，父子相残

石虎做了皇帝之后，开始大兴土木，在襄国造太武殿，在邺城造东西宫。太武殿的地基高二丈八尺，东西 75 步，以彩色的碎石头做成，下面有密室，里边安置五百卫士。漆瓦、金铛、银楹、金柱、珠帘、玉壁，穷极技巧。所用柱、帘、壁全用金银玉珠。又在显阳殿后造了灵风台九殿，选数万美女充斥其间。石虎造猎车千乘，车辕长三丈，高一丈八尺，同时造格兽车 40 乘，车上加建二层楼，令犯人在车里和猛兽格斗。滥增女官二十四等，东宫设官十二等。民间 20 岁以下、13 岁以上的三万多女子被征，分为三等之第按第分派给官吏。石虎糟蹋民妇，日夜不休。

石虎的长子是天王太子石邃，小名叫阿铁。次子叫石宣。石邃秉性阴鸷，膂力过人，类似石虎。石虎立石邃为天王太子，命他参决尚书奏事。

太子石邃恃宠生骄，性情极为残暴，比石虎有过之而无不及。他酗酒好色，纵欲无度，有时终日游畋，深夜才回来，有时深夜出宫去大臣家，见凡有姿色的妇女，就强迫交欢。有时他将宫女先浓妆艳抹，然后割下头，将头放在盘上，传示四座。石邃还从庵里掠来美貌的尼姑，大白天里宣淫，狎弄之后，便视女尼如猪羊一般，洗剥宰割，与猪羊肉合起来煮熟了吃，有剩下的就赐给左右，让他们也分一杯人肉羹。

石虎最宠爱的儿子是河间公石宣、乐安公石韬，都是石邃的弟弟，石邃因此而怨恨二人，一直想把这两个弟弟除掉。为了巩固自己的太子之位，石邃竭力讨石虎的欢心，暴躁的石虎对此却反应漠然。石邃以太子身份总理一应政务，将大小事一律上奏石虎，石虎怒喝："这些小事也要进呈?"石邃于是不进奏小事，石虎又呵斥："朝中小事如何不进奏?"石虎还动不动就杖责石邃，一个月起码有两三次。

受尽了石虎虐待的石邃自然对这个残暴的父亲恨之入骨，他恨恨地对侍从无穷、长生和中庶子李颜说：“皇上实在太难侍候，我要杀了他，你们敢跟我一起造反吗？”言下之意是要弑父自立，随从、侍臣除了立刻跪拜，谁敢言语，众人吓得浑身哆嗦。石邃见无人响应，也不敢贸然行事，于是称病不上朝，暗中却带领宫僚，共计500余骑，去李颜家饮酒。酒至半酣，回头对李颜说：“我去杀河间公。”李颜说：“今天先饮酒，且从缓图。”石邃又狂饮数觥，因酒使气，勃然离座上马，对众人说：“快随我杀河间公，不从者便当斩首！”众人都吓走了。李颜叩头苦谏，石邃醉不能支，踉跄而归。石邃的母亲郑氏听说这件事，悄悄地遣宦官责问石邃，石邃却一怒之下杀了那个宦官。

石虎听说石邃有病，打算亲自去探视，刚命人驾车，忽然见一人叩马谏阻说：“陛下不宜前往东宫。”石虎见是僧人佛图澄，就请他入座，停车不再去石邃那里。原来佛图澄的话很多奇验，被石虎所崇信。不一会儿佛图澄告辞而去，石虎又不禁怀疑，瞋目大声说：“我是天下主，难道亲如父子，反倒不信任么？”便派了一个最信任的女尚书，以慰问为借口前去探察真伪。石邃心中正没好气，他微笑着把女尚书叫到面前说话，乘其不备，一剑砍下头来。石虎正在宫中饮酒作乐等候回音，结果，回来的不是花枝招展的女尚书，而是一颗血淋淋的人头。石虎勃然大怒，马上派人把石邃监禁起来。

不久，石虎怒气渐消，赦免了石邃，父子重归于好。他下了一道赦令，并召石邃到太武东堂觐见。但石邃心中仍充满怨毒之气，见到石虎一言不发，照了一下面扭头就走。石虎按捺住性子，还想缓

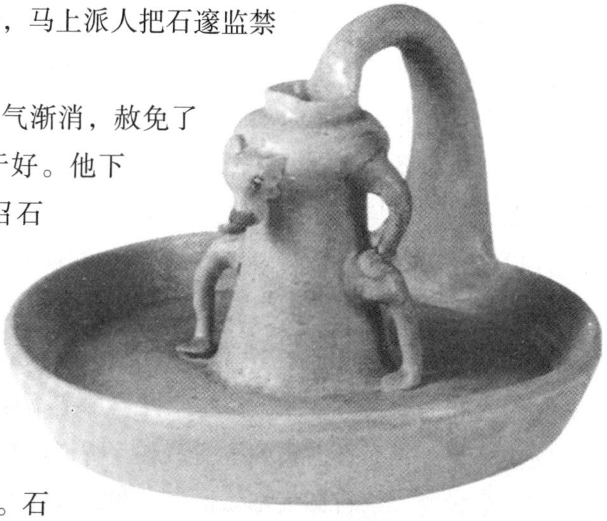

东晋·瓯窑牛形灯盏

和局面，派人追上去问石邃：还没有朝见皇后，怎么就匆忙走了？石邃却毫不理会，扬长而去。石虎顿时大怒，暴戾的性格不可遏制地发作，马上下旨将石邃废为庶人，当天晚上又派人诛杀了石邃及其妻妾子女 26 人，同埋在一口棺材里。并杀东宫僚属 200 余人，然后，又杀掉宫中石邃党羽 200 多人，并废石邃的母亲郑皇后为东海王妃，另立儿子石宣为天王皇太子，石宣母亲杜氏为天王皇后。

石虎派太子石宣与石宣之弟石韬轮流审阅尚书奏事、审决生杀之事和任免官吏事项，不必启奏。司徒申钟劝谏石虎，认为任免官吏、决定刑罚是国家的重大决策，不该委托他人，太子虽为国家皇储，也不应干涉政治，而且二政分权，祸必从中来。石虎不予理会，仍用石宣、石韬轮流视政。石宣出入立天子旌旗，前呼后拥，好不气派。建武十三年（347）九月，石虎让太子石宣到名山大川为他祈福。石宣率领 18 万大军浩浩荡荡走出金明门时，石虎笑着说："看我儿子的架势，不是天崩地裂，没有任何值得忧虑的事情。我只是抱子弄孙安度晚年就行了。"不久，石虎又命儿子石韬到秦、雍一带祈福。石韬出行的规模丝毫不亚于石宣，这令石宣极为恼怒。

石宣也同样是个暴虐成性的人。有一次，侍中崔豹嘲笑他的属官孙珍眼窝深可以存尿，却不料犯了石宣的大忌，马上派人杀了崔豹父子。原来，石宣有羯族相貌的遗传特征，鼻子高，眼窝深，连鬓大胡子，所以他最忌讳有关此类的言谈。

石宣性情暴戾，即使在石虎面前，也有倨傲之色，石虎后悔未立石韬为太子。石宣与石韬虽是同母兄弟，但因为石虎偏爱石韬，石宣对此嫉恨在心。石宣手下有个宦官，平时对石韬不满，经常向石宣散布石韬有野心之类的坏话。恰巧，石韬要在府中建一座大殿，准备用九丈长的殿梁，这超过了亲王宫殿的礼制，在那个时代是大逆不道的行为。石宣知道后大怒，派人杀了工匠，并把梁截去一段。石韬很生气，又换了新梁，而且增长到十丈。石宣听说后怒不可遏，对他的心腹杨柸、牟成说："石韬太不像话了，胆敢这样对抗我，你们如果能杀掉石韬，我即位后马上把石韬的国土分封给你们。你们杀了石韬，

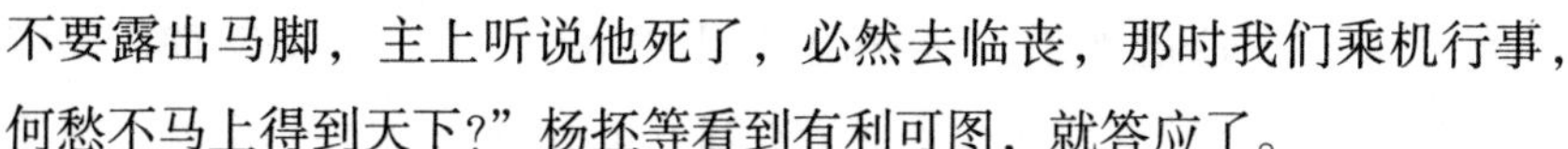

不要露出马脚，主上听说他死了，必然去临丧，那时我们乘机行事，何愁不马上得到天下?”杨抷等看到有利可图，就答应了。

当天晚上，石韬喝醉了酒，在佛精舍中过夜。杨抷、牟皮、牟成、赵生等几个石宣的心腹偷偷爬进院去，杀死了石韬，并把他的眼睛戳烂、肚子戳破，弄得血肉模糊，惨不忍睹。第二天早晨上朝时石宣第一个去报告。石虎听说自己最心爱的儿子惨死，惊得昏倒在地，半天才缓过气来。他想前往临丧，被别人劝住了，于是便派石宣去临丧。石宣带领1000多名东宫兵，去看石韬收殓，他让人揭开盖在石韬身上的被衾，慢慢欣赏石韬血肉模糊的尸体，看完后呵呵大笑，掉头而去。

石虎这才知道爱子是被太子石宣杀死的，恨得咬牙切齿，立刻派人从皇后宫中把石宣捉来软禁了起来，等到进一步得知石宣伺机谋杀自己密谋夺权的事后，更加怒不可遏，命人剥了石宣的衣服，反绑起来，用铁环穿透他的下巴，像牲口一样锁在铁柱上。又命人抬来一个大木槽，把残汤剩饭全倒进槽里，让石宣像猪一样去舔食。他命手下不分白天黑夜用鞭子抽打石宣，抽得他像狼一样地哀号。石虎甚至亲自指挥手下折磨石宣，又取来杀石韬的刀箭，让石宣伸舌吮舐上面的血痕。

接着石虎命人拔光石宣的头发，割断他的舌头，砍去他的手脚，挖去他的眼睛，剖开肚腹，弄得像石韬死时一样血肉模糊。最后，命人用绳拴住石宣的下巴，用辘轳吊到柱子顶端，四面放火，活活烧死了石宣。石虎看到石宣被残忍地烧死后，仍不解心头之恨，又命令把尸体烧成的灰分撒在各十字路口，让万人践踏，任随风扬散。随后，石虎派人把石宣的妻子、随从、亲信、宦官等300多人全部车裂肢解后丢到漳河里，又命人把东宫拆毁，改成养猪养牛的场所。

石宣的小儿子年幼可爱，石虎不忍杀，抱在膝上说：“小儿无罪。”石韬的属吏定要斩草除根，向石虎膝上抢夺。小孩儿拉住石虎的衣服，狂叫痛哭，石虎咬牙将他猛掷出去，摔死了事。

石虎又打算立小儿石世为太子，他对群臣说：“朕欲以纯灰三斛洗腹，此腹秽恶，何故屡生凶子，年20余便欲杀父。今石世方10岁，

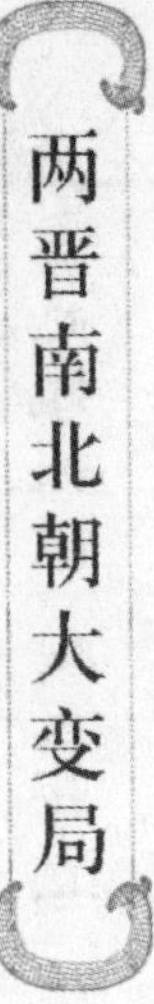

当他 20 岁时，朕已老了。”环顾子孙死亡殆尽，石虎悲悔交加，以致饮食无味，渐渐形销骨立。晋穆帝永和五年（349）因愁恐而死，终年 54 岁，在位 15 年。这时离后赵灭亡也不远了。

冉闵杀胡，冉魏政权

东晋王朝南迁之后，北方便成为少数民族的英雄豪杰竞相称霸的战场，先后有 10 多个王朝建立起来，又转瞬而灭。在这 10 多个短命的王朝中，冉闵是其中仅有的几个汉族政权的建立者之一。他以“杀胡令”来解救汉族百姓，却加深了汉人和胡人之间的仇恨。

长于胡室，汉人血脉

“八王之乱”发生后，西晋内部四分五裂，钩心斗角，国力日渐衰弱。长期遭受压迫的北方少数民族贵族便乘机起兵，进军中原，从而宣告了中国历史上长达 100 多年的“五胡十六国”的开始。此后，中原地区出现了许许多多的割据势力，它们互相攻伐，混战不休。

少数民族进入中原后，汉人为了保家活命，便自发地组成了“乞活军”，以对抗异族的侵略。

有一个名叫陈午的统帅，手下有一名年仅十二三岁的勇将，名叫冉瞻。310 年，匈奴汉国大将石勒率军进击河内时，在两军阵前见冉瞻精于骑射、勇悍无比，不禁赞道：“这个少年的勇武精神实在是值得赞叹啊！”后来，石勒击败陈午，生擒了冉瞻，让侄子石虎将他认为义子。冉瞻英年早逝，其子冉闵便成为石虎的义孙。

石虎为人相当残暴，但却非常喜欢年幼丧父的冉闵，将冉闵当成自己的亲孙子。冉闵长大后，身高八尺，力大无穷，而且足智多谋，逐渐成长为一员猛将。石虎率军攻打慕容鲜卑受挫时，手下20多万大军溃不成军，只有冉闵所部井然有序，安然撤退，自此以后，冉闵威名日盛。

后赵内讧，冉闵掌权

349年，石虎去世。为了争夺皇位，朝廷内部纷争顿起。皇后刘氏联合吏部尚书张豹害死了本该即位的燕王石斌，拥立自己的儿子石世登上了帝位。当时，石虎之子彭城王石遵在外带兵，听说朝廷发生政变后，马上带领冉闵等部众回到邺城，并将皇后刘氏、张豹和新帝石世一并斩杀，然后自己登基称帝。由于冉闵立有大功，石遵便封其为辅国大将军，统领国内全部兵马。

沛王石冲听说石遵登基称帝后，亲率5万大军进攻邺城，石遵让冉闵率军前去迎战。冉闵是久经沙场的老将，而石冲只是一个不懂军事的纨绔子弟。两军一交战，石冲的军队便溃不成军，石冲死于阵前。

这下石遵彻底放心了，认为自己的皇位应该稳固了。但他怎么也不会想到，他的祸患才刚刚开始。原来石遵当初为了笼络冉闵，让其为自己效力，曾对冉闵说以后让他继承皇位。冉闵闻听此言，便舍生忘死地为石遵南征北战。然而，当政局稳定后，石遵却将当初的诺言忘得一干二净，将儿子石衍立为太子。此事发生后，冉闵大怒，但是他表面上没有任何气愤的神色，暗地里则开始秘密地扩充自己的势力。通过笼络军心，冉闵领导的将士全都成为他坚定的支持者。

举杀胡令，驱异族人

冉闵势力日渐强大，石遵疑心渐起，秘密策划剪除冉闵。但石遵之母亲自抚养冉闵成人，不忍心看到他身首异处，便苦劝石遵不要杀害他。石遵便将此事搁置了起来。谁知此事被奸臣石鉴得知，告诉了冉闵。冉闵听后大怒，随即便杀了石遵等人，然后将石鉴推上帝位。此后，朝廷里的羯族大臣不满冉闵掌权，冉闵便率领部众主动出击，消灭了他们。此事过后，冉闵明白自己无法再得到羯人的支持，于是试探性地发布了“与官同心者留，不同者各所任之”的诏令。诏令一经发布，许多汉人争先恐后地进入邺城，而数十万羯族人则携家逃出城外。接着，冉闵又发布了一道“杀胡令”，令汉人斩杀“胡人”。由于汉人对石虎的残暴统治早已不满，再加上中原地区长期被外族占据，民族矛盾深重，因此汉族百姓纷纷响应“杀胡令”，仅几天时间就有数万少数民族人民被杀，当地的少数民族人民日渐减少。

西晋·青瓷骑兽烛台

350年，冉闵将石鉴与石虎之孙统统斩杀，尽灭石氏。不久，他在邺城登基称帝，国号大魏，史称“冉魏”。在十六国时期，“冉魏”政权是北方罕见的汉族政权之一。冉闵登基后，马上派人出使东晋，希望东晋抓住时机，一统华夏。然而，此时的东晋已经衰弱不堪，统治者只想偏安一隅，因此未予回应。

同年六月，冉闵率军队攻石祗于邯郸（在今河北省），大破之，又与后赵大将张贺度等会战，取得胜利，斩首近3万级，尽俘其众而归。当时，冉闵军队有部卒30余万人，旌旗钟鼓，连绵100

多里，声势极壮，后赵极盛之时也无此气象。冉闵又恢复九品中正制，“清定九流”，视才委任，儒学世家的子弟多被重用。当时人大多认为可以同魏晋初期的兴盛气象相比。

同年十一月，冉闵以其子冉胤为大单于、骠骑大将军，配备1000名投降的少数民族人为其部下，冉魏光禄大夫韦谀进谏，请诛杀驱逐投降的“胡人”，取消单于的称号。但冉闵此时的民族政策已有所改变，正想抚慰羯族等少数民族为己所用，因而杀死韦谀及其儿子。次年二月，冉闵率军队围攻石祗于襄国，已达100多天，羌族姚襄及前燕救兵到达，合攻魏军，冉闵大败，仅带10余骑返回邺城，大臣石谌、石璞等及将士死于是役者有10多万人。当时，后赵衰亡，少数民族、汉族流民数百万人流徙还乡，途中互相攻掠，侥幸不死而归家者仅有十分之二三。中原地区大饥，疾疫流行，活人相食。

冉闵在襄国城下失利后，石祗派大将刘显率7万军队乘胜进攻邺城。冉闵出战，大败刘显，斩首3万余级。刘显秘密投降，回军杀死石祗及其大臣10多人。冉闵以刘显为上大将军、大单于、冀州牧。不久，刘显又背叛冉闵，率军攻邺城。

武悼天王，遗恨廉台

晋穆帝永和八年（352）正月，冉闵击败刘显，追击至襄国，攻克城池，擒杀刘显及后赵公卿大臣百余人，迁其民于邺城。后赵残余势力至此基本被消灭。但前燕军队攻势日急。同年四月，前燕与冉魏会战于魏昌（在今河北省无极西），冉闵恃勇冲锋，十战皆胜。前燕军队设伏诱冉闵深入，魏军大败，冉闵单骑奔逃，马死被俘，送住龙城（今辽宁省朝阳）杀死。前燕乘胜进攻邺城，魏太子冉智等固守。七月，城陷，冉魏亡。原后赵将领在中原地区据城自守者大多投降了前燕。冉魏立国仅两年。

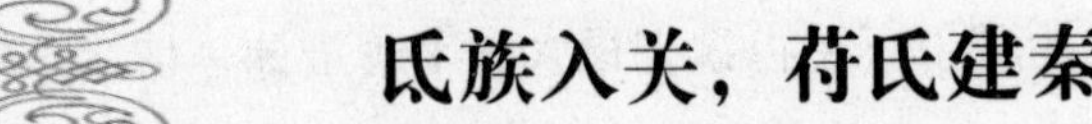

氐族入关，苻氏建秦

在北方建立起来的16个政权之中，氐族建立的前秦政权是比较重要的一个。氐族人苻洪为前秦的建立立下了汗马功劳，苻洪死后，他的儿子苻健继承了父位。此时，石勒所建立的后赵政权正处于崩溃的边缘，于是苻健趁此时机，率兵进入关中。351年，苻健自称天王、大单于，翌年称帝，国号秦，定都长安，史称“前秦”。

中原飘摇，分裂混乱

自汉朝开始，北方少数民族就陆续向内地迁移，实力渐渐强大。西晋时，他们已经发展到了关中和泾水、渭水地区，晋朝的都城洛阳也被其势力合围。后来，北方少数民族贵族趁“八王之乱”后晋国政权分裂、国衰民敝的机会，发动暴乱，企图从中获利。

西晋灭亡后，司马睿在江南建立了政权，历史上称为“东晋”。此时，北方民族政权互相争战，中原地区四分五裂，这种在我国历史上极为少见的割据局面共持续了136年（304—439），历史学家称这段时期为“五胡十六国”。

所谓“五胡”，指羯、氐、羌、匈奴和鲜卑五个少数民族；十六国是指成汉、前赵、后赵、前秦、后秦、西秦、前燕、后燕、南燕、北燕、前凉、后凉、南凉、北凉、西凉、夏。“五胡十六国”不过是一个大概的说法，仅代表了这个时期的主要政权，此外还有一些政权因为实力弱小、存在的时间不长而没有算进去，如西燕、冉魏、代国等。

在这动荡的100多年中，前秦曾让人看到了统一的曙光，可它最后还是令人遗憾地覆灭了。

一代英杰，莫问出处

前秦是十六国时期北方最强大的政权之一，其奠基者原名蒲洪，堪称一代英杰。蒲洪（285—350），字广世，略阳临渭（今甘肃秦安东南）氐族人。他的父亲是氐族部落的小首领。蒲家世代为西戎酋长，本无姓氏。后来因为他家地里长了一种香蒲，枝条很高，根也扎得很深，茎节就像竹子，非常特别，所以附近的人家都管他家叫“蒲家”，如此渐传渐广，他们就干脆将“蒲”作为自家的姓氏。

据史书描述，蒲洪是一个“爱好施舍，多有权谋，善于骑射”的人，他的善行及才能为他赢得了良好的人缘，使他在族人之中威信很高。

永嘉之乱后，在族人拥护下，蒲洪成为监主，他自封为秦州刺史、略阳公。刘曜建立前赵政权后，为解决略阳复杂的民族问题，命蒲洪带族人从略阳转移到京兆，这样一来就有利于他对这支氐人的掌控和利用。后来，石勒打败了刘曜，蒲洪就趁机带部族回到略阳。不久，石虎进入关内，进攻陇右上邦，蒲洪就带领军众归顺了他。

蒲洪多次为石虎出奇计，因此石虎非常相信他，任命他为冠军将军。之后蒲洪又因不断立功相继担任龙骧将军、流人都督等，最终成为西平郡公。他手下多人受封，氐族的权势得到了快速增长。后赵末期，蒲洪统帅的氐族军队已成为关东最强的军事力量之一。石遵即位后听信谗言，疑忌蒲洪，罢免了他。蒲洪心中气愤，就投靠了东晋。晋穆帝永和年间（345—356），冉闵下“杀胡令”，中原的氐、羌等族群逃归故土，蒲洪加以收聚，兵力迅速增到10万多人。

后来，蒲洪受晋穆帝之封，任征北大将军、冀州刺史、广川郡公。因为谶文中说“草付应王”，蒲洪就改姓“苻”，并萌生了争夺中原王

权的野心。然而不久，从石虎处投奔过来的麻秋把他毒杀了。他留下遗言，让儿子苻健赶快入关。

入据长安，苻健建秦

苻健遵从父亲的遗教，先为父报仇，将麻秋杀了，然后带领父亲经营的军队西进入关。此时的关中为后赵官员杜洪、张琚占据，他们声称自己是东晋的征北将军、雍州刺史，因此得到了关中人民的拥护，颇有势力。

苻健带着军队过了黄河急取关中，突破了杜洪的防御，关中的许多城邑和部族都归降于他，杜洪一行人迫不得已而退守长安。苻健在渭北破了杜洪之军以后，三秦之地的郡县都归顺于他，于是他率军直攻孤城长安。杜洪和张琚不敌，弃城而逃，奔至司竹，关中就此落入苻健之手。351 年，苻健自称天王、大单于，翌年称帝，国号秦，定都长安，史称“前秦”。

苻健称帝之后，关东的军事势力并没有积极拥护，许多人想取而代之。354 年，东晋的桓温领军北进，所到之处，郡县陆续归顺，关中的形势极不安稳。苻健沉着应战，让管辖地及早收粮，坚壁清野以待敌人。东晋军队因为粮草不济，尽管进军灞上，却最终被苻健击败，桓温率队南去。之后，苻健亲自率军拿下西凉，前秦的疆域延至陇东。

苻健在位期间，勤理国事，爱民如子，并注意与各族领袖处理好关系，使得前秦政权渐趋稳定。同时，受尽战乱之苦的关中之地也逐渐稳定，为后来苻坚统一北方打下了根基。

天王苻坚，治国有方

苻健之侄苻坚不仅学识渊博，而且足智多谋。357 年，苻坚在氐、汉两族豪强的拥护下，将暴虐的堂兄苻生杀死，自任大秦天王。他任用贤能，励精图治。在他的治理下，前秦国内相对安定，呈现一派欣欣向荣的景象。在此基础上，前秦势力逐渐强大，于是苻坚集中氐族武装力量，开始了统一黄河流域的征战。382 年，前秦统一整个北方，与东晋形成南北对峙的局面。

有德者昌，无德者亡

苻坚（338—385），字永固。他是前秦建国先驱苻洪之孙、建国者苻健之侄。苻坚的父亲是苻雄，苻雄辅佐兄长苻健登上帝位，为了赏其功劳，苻健封他为东海王。苻雄去世后，苻坚继承了爵位。

355 年，苻健因病去世，他的儿子苻生即位。苻生性情暴虐，视人命如草芥。他自小失去一只眼，不愿别人在自己面前说“缺”“残”等字眼，即使有人无意说出也不能免于责罚，苻生要么将其处死，要么断其手脚，因此朝中伤残之人倍增。苻生性情怪异，有一次他问大臣：“天下之人认为我怎样？”谁说实话，用心规劝，谁就被以诽谤罪杀掉；可谁谄谀奉承，说好话给他听，他又觉得这人献媚，也同样杀掉。朝中大臣个个心惊胆战，苻生若因病或耽于玩乐而不上朝，他们往往兴奋得如遇大赦，觉得又可侥幸多活一天。

在这样的统治下，人人惶惶不可终日，都盼着君位换一个人坐，而众望所归的人选正是苻坚。苻坚一直在暗中准备，等候时机。后来，他觉得时机成熟，便集合下属，乘夜闯进了苻生的宫殿。烂醉如泥的苻生在迷梦中被结束了生命。在众臣的拥护下，苻坚成为新君，号称大秦天王，改元永兴。

继承大统，励精图治

残暴昏庸的苻生使前秦国内一片混乱，加上时而袭来的水旱之灾，百姓生活在水深火热之中，苦状难言。苻坚即位后立志稳定形势，改变现状。

苻坚虽是氐人，但受汉族文化影响很深，他渴望前秦成为一个各民族友好共处、统一富强的国家。在这种观念的影响下，他用人不偏不倚，既起用鲜卑、羯、羌等族之士，也努力同汉族权贵搞好关系。他广泛招揽贤才，任用了一批德智双全的汉族官员，其中就有出身低贱的王猛。

当时前秦形势混乱不堪，长时间的战争耗费了大量物力、财力，国内经济衰落，各种冲突不断，形势十分严峻。面对这种局势，王猛给苻坚提了诸多应对策略。例如，打压氐族权贵，巩固中央集权；严惩违法的氐族权贵，保证皇权的权威。

推行教化，任人唯贤

在苻坚的治理下，前秦的国内形势渐渐好转，长安城中“路不拾遗，风化大行”，民风民俗大大改善，社会也比较安定。在解决了官员收受贿赂等问题后，苻坚又开始大力兴办教育。他从小学习汉族文化，十分尊崇儒家经典，先后建立了太学及地方学校，令公卿以下官吏的子孙入学读书。他还亲任太学主考，奖励优秀学生。

此外，苻坚让地方的上下官员都举荐贤才，分派到各层权力机关。对于推举者，苻坚也是多举荐多奖赏，若被举荐者无才无能，举荐者还要受罚。他还下令说，官俸百石以上者必“学通一经，才成一艺”，达不到要求就免职。在苻坚的提倡下，前秦出现了争先学习、修身养德的风气。此时的前秦“士皆自勉，才贤众多”。

关中良相，王猛辅政

王猛是前秦皇帝苻坚的要臣，他帮助苻坚处理军国大事，使得前秦一度繁荣。他曾经与桓温扪虱论天下，被后世传为佳话。不过王猛年仅 50 岁就去世了，给苻坚留下了“不可攻晋”的遗言。但苻坚没有听从王猛的话，最终在淝水之战中惨败，前秦从此一蹶不振。

贫而有志，扪虱清谈

王猛，字景略，是十六国时期著名的政治家、军事家。他幼时家中贫困，曾以卖簸箕为生，但他十分好学，因此学问很深。王猛为人谨严，很有气度，那时关中士族中的一些虚荣之人因他出身卑微而看不起他，他也不愿与这些人为伍，一点儿也不在乎他们的轻视。后来他隐居在华阴山，等候识才之人的到来。

此时的北方战争很多，氐族的头领苻洪趁乱称王，但不久就遭到暗害。之后他的儿子苻健不违父志，在 351 年攻下关中，以长安为国都，建立秦国，次年称帝，实力不断壮大。晋穆帝永和十年（354），

桓温率军北征，曾驻扎在灞上，王猛听得此信，便去桓温处求见。

桓温对这位衣衫褴褛、神态严肃的人感到好奇，他想知道王猛的才学如何，就让他分析一下当前的天下大势。王猛侃侃而谈，论说南北双方的政治、军事得失，十分精辟，可谓见识不凡，令桓温惊叹不已。王猛一面论说国家大事，一面伸手捉身上的虱子，桓温身边的卫士见到了，忍俊不禁，王猛则毫不在乎，继续谈论。桓温问王猛："我受了天子之命，统率大军讨伐夷族，解救百姓于水火，这是顺应民心之事，可关中豪强为什么没有人应声而起呢?"

王猛神色泰然，回答说："您率军深入，远来不易，可现在长安城就在近处，您却不立刻渡灞水击敌，百姓都不知您打算干什么，所以无人响应啊!"王猛的话就是说桓温不是真心为民而来，而是想立功扬名，向晋帝请功受赏。

桓温被王猛说中了心事，不知如何回应，他想了很久，终未作出正面回应。后来桓温缺少粮草，加上前秦军队不肯出战，只得率军回去。桓温欣赏王猛的才干，就请他一同南归。王猛不知如何抉择，就回去问老师，他老师说："你愿和桓温之类的掌权之臣同朝为官吗?还是留下吧，在此就可显达，不用去那么远的地方。"于是王猛就谢绝了桓温的好意，仍隐于山中。

出仕前秦，一展奇才

前秦皇始五年（355），苻健因病去世，苻生继承父位。苻生生性暴虐，毫无怜悯之心，多行杀罚，尽失人心，仅两年时间就让前秦动乱不堪。苻健有个侄儿名叫苻坚，此人颇有才气，且到处寻觅贤人能士，心存取代苻生之意，以期好好整顿国家。于是，尚书吕婆楼将王猛举荐给了苻坚，他称赞此人的文韬武略极为难得，不过现在隐居不仕。苻坚就让吕婆楼去拜见王猛，请他出仕。苻坚和王猛一见如故，他们谈论国家兴亡，极为默契，彼此心中都暗暗称奇。

前秦寿光三年（357），苻坚开始行动，将苻生杀死，自称皇帝，号大秦天王。他拜王猛为中书侍郎，掌管政治、军事机密。当时，前秦的氐族权贵势力很大，始平县的氐族豪贵仗着功劳多而不顾法纪，到处惹是生非。始平县邻近长安，地理位置十分重要，苻坚就把王猛调到那里做县令，让他治理此地。王猛一上任就用一整套法律来管束那些权贵，他为官公正，严格执法，不讲私情，得罪了很多氐族权贵。王猛还处死了一个罪大恶极的恶吏，这使氐族权贵大怒，他们共同向朝廷上书，请求严惩王猛。苻坚亲审王猛，王猛据理力争，将整件事情的来龙去脉说得一清二楚，还分析了自己判决的依据。苻坚就此明白了治国必须德威并用，不可只偏用德治，于是马上放了王猛。从此，苻坚更加倚重王猛。

身居高位，惹人怨恨

王猛后来又接连被升迁为咸阳内史、京兆尹，不久又被任命为吏部尚书和太子詹事等，在一年中升官五次。此时他才 30 多岁，手掌大权的他用心为国效力，以此回报苻坚的知遇之恩。

王猛如此年轻就手握重权，身居高位，而且还是个汉人，很自然地引起了朝中那些旧臣贵戚们的不满。

樊世曾跟随苻健征战，为前秦的建立立过功，他出身于氐族将门，很瞧不起王猛这样柔弱穷酸的文人。他觉得王猛是个碰上好机会的小人，曾在众目睽睽之下指着王猛骂道：“我们费尽心血帮主公打下江山，现在却让你这个无功小人来管国家大事，这岂不是我们耕地而你吃白食!”王猛也不客气，回敬他说：“岂止耕地，你们还得为我做饭呢!”樊世怒气冲天地说：“我要是不将你的头割下来挂在长安城门之上，我就去自杀!”

过了几天，他俩在苻坚跟前又吵了起来，樊世当面就想打王猛，还以恶言相向。苻坚看樊世太不像话，同时他也早就想给氐族的贵戚一点儿颜色看看，于是将樊世定了死罪。苻坚杀鸡给猴看，氐族贵戚的气焰从此被压制了下去，他们再也不敢明目张胆地表示异议和造谣生事了。

君臣相得，英年早逝

王猛治国谨严，赏罚分明，前秦的推举赏罚制度和官吏考核标准就是他制定的；他还着力发展教育，为国家储备人才；同时，修建水利工程，鼓励农业发展。他的一系列政策让前秦逐渐崛起，成为那时最富强的国家。他还是一个优秀将领，曾多次领军征战，消灭了前燕、代国和前凉，占据了黄河流域，为前秦打下了一统北方的基础。

因为劳累过度，王猛在前秦建元十一年（375）病倒。他临终前劝苻坚说：“尽管晋偏安江南，可它继承了晋朝的正统，君臣和睦。我死之后，陛下切不可攻晋。秦国的主要敌人是鲜卑人和羌人，要将精力放在消灭他们上，以免留下后患，如此才可使大秦国泰民安。”不久，王猛在长安病逝。

淝水之战，再度分裂

苻坚统一北方后过于自大，忘记了王猛“切勿进攻晋朝”的遗言，一意孤行，举兵南征。结果，他引以为傲的百万雄兵在淝水之战中溃不成军，被 8 万晋军打得落荒而逃。此战之后，前秦实力大减，各族将领纷纷自立，刚刚统一的北方再次分裂。

不听劝阻，执意南征

苻坚勤理国政，任用贤能，用20年的时间使前秦强盛了起来，基本上统一了北方。然而，东晋此时尚偏安南方。前秦建元十五年（379），攻下东晋的襄阳后，苻坚觉得消灭东晋、统一天下的时机已经成熟，于是决定出兵攻打东晋。王猛去世前曾告诫苻坚不要攻打东晋，专心对付鲜卑人和羌人，因为这两个民族才是前秦最主要的敌人。可苻坚早已被胜利冲昏了头脑，哪里还记得王猛的嘱咐。他不但一意孤行，还十分信任鲜卑贵族慕容垂和羌族贵族姚苌，这无异于自掘坟墓。

前秦建元十八年（382）秋，苻坚召开御前会议。他说：“我治国已经近30年了。如今别的地方都已归服，只余下偏居东南的晋。现在我想发动国内的百万精兵，亲自讨伐晋，你们觉得如何？”大臣权舆说：“晋的国势虽然弱小，可晋君较为清明，并无什么过失；再说晋现在有谢安、桓冲等人辅政，他们上下同心，又有长江天险的护持，恐怕如今还不是灭晋的时候。”苻坚的脸顿时沉了下来，大声说道：“长江算什么，我们有百万雄师，每人把自己的马鞭扔到江中，都能将江水截断，晋还有什么险可凭！”群臣争论了很久都没有达成共识，苻坚十分不满，怀怒离座。大臣们走后，苻坚对他的弟弟苻融说：“古往今来，决定国家大事的不过是一两个人，这件事还是你我来决策吧。”苻融诚恳地说：“陛下，我们争战多年，兵马疲惫，士兵们都不愿出去征战了。刚才劝陛下不要出兵的都是国家的忠臣，还望您能采纳他们的意见。”

苻坚没有料到自己的弟弟也不与他同心，沉下脸说：“你也说这种丧气话，我该同谁来定天下大事啊！我秦国有百万之师，粮草充足如山，我就不信攻克不了弱小的晋国！”苻融垂泪而谏：“如今真的不是伐晋的时候啊，都城中有这么多的异族势力，他们都是不安因素。您远征在外之时，他们若乘机作乱，后果将不堪设想！您难道忘了王猛的遗言吗？”苻坚还是没有听进去。前燕降将慕容垂和羌族首领姚苌心怀鬼胎，想趁苻坚南征之机重兴故国。二人竭力劝说苻坚伐晋，声言“独断”正是霸君的作为。最终，苻坚于前秦建元十九年（383）下诏出兵伐晋。

轻敌遭败，草木皆兵

建元十九年（383）夏，苻坚下了征兵令，命百姓中每10名男子出一人为兵，富贵之家20岁以下的健壮子孙则都编进了御林军，如此一来，一共集合了90万兵力，号称百万，相继进攻江南。军队蜿蜒千里，颇为壮观。苻坚想凭着具有压倒性优势的兵力，一举拿下东晋。大军压境，东晋朝廷十分惊恐，而丞相谢安则神态如常，力主抗战。他用心经营，做了全面的准备，令弟弟谢石为征讨大都督，侄子谢玄为先锋，带领极具战斗力的精兵“北府兵”顺着淮河西上，对阵秦军主力。

东晋军队虽仅8万人，可军势甚盛，毫不逊于前秦大军。大将胡彬带着5000水军支援战略要地寿阳（今安徽寿县），桓冲则带军据于荆州，防止秦军渡江。同年冬，谢玄令猛将刘牢之领5000精兵突袭洛涧（今安徽怀远西南洛水入淮处），前秦将领梁成率5万部卒迎战晋军，淝水之战正式开始。刘牢之分兵绕至秦军之后，切断其归路；自己则领兵强行渡过洛水，攻击秦军。秦军不敌，只一会儿工夫就散乱不成阵形，统帅梁成和弟弟梁云战死，秦军争渡淮河保命，此战中共损失一万多人。洛涧之战的胜利使晋军士气大振。谢石带军水陆并进，一直到达淝水（今安徽寿县南瓦埠湖一带）东岸，在八公山山脚下安营扎寨，同驻扎在对岸的秦军相持。苻坚登上寿阳城楼，放眼一望，只见对岸的晋军队列严整，杀气甚盛。连八公山上的草木也被他看成晋兵，此情此景让他心中慌乱。“草木皆兵”这一典故即由此而来。

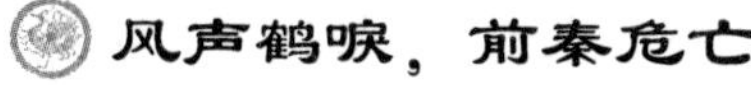

风声鹤唳，前秦危亡

秦军紧靠淝水西岸列阵，晋军过河不能立足，两军只能隔河相峙。谢玄让使者过去见苻融，使用激将法，问他敢不敢先让秦军后退，待晋军过河后再决一死战。秦军将领都不同意，可苻坚决定将计就计。他认为先让自己的军队后退，等晋军渡河渡到一半时再用骑兵冲击，就能取胜。苻融十分赞成，于是同意后撤。可秦军士气不高，一后撤就乱了阵脚。于是，谢玄带着 8 万东晋骑兵抢渡淝水，进击秦军，苻融战死。

秦军乱了方寸，前锋的退败让后面的军队也惊慌失措，四处逃亡。秦国败兵不敢稍加停留，听到风声及鹤叫也恐慌不已，以为是晋军追上来了。晋军乘胜追杀，秦军人马乱踩，死伤无数，尸横遍野，血流成河。苻坚在战乱中中箭受伤，单骑奔回洛阳。

东晋取得了淝水之战的胜利。这场战争是十六国时期规模最大的一次战争，苻坚一统天下的梦想在这次失败中彻底破灭，刚刚统一的北方再次分裂，鲜卑族的慕容垂和羌族的姚苌集结了势力，各自重建了政权。淝水之战两年后，苻坚被姚苌杀害，前秦政权随之灭亡。

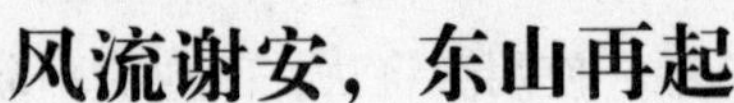

风流谢安，东山再起

谢安出身于东晋的大族，身世显赫，但却不愿为官，而是隐居于会稽（今浙江绍兴），整日吟诗作赋。当时的士大夫中有这样一句话："谢安不仕，天下百姓该怎么办呢？"由此可见他的名望与才能。40多岁时，谢安才"东山再起"，出山为官，并且凭借他卓越的才能和气度在历史上留下了光辉的一笔。

隐居东山，无意仕途

谢安（320—385）是陈郡阳夏（今河南太康）人，字安石。陈郡谢家是当时有名的大家族，在永嘉之乱中跟随晋元帝司马睿过江东迁。谢安小时候就很聪明，在这样的家庭中，他又受到了极好的教育，长大后越来越显示出非凡的气度，颇有名家风采。时任尚书吏部郎的桓彝（桓温的父亲）赞叹说："这孩子风骨清俊，以后的地位定能与王承相比。"王承是东晋初期的大名士，桓彝拿谢安与他比，自然是对谢安异常看重。

谢安虽然出身名门，可成年后的他不愿置身于争名夺利、尔虞我诈的官场，更不愿意借家庭的威望入仕，于是他整日闲居于会稽东山地区。会稽有山有水，山明水秀，如此去处，自然少不了文人雅士。谢安在此与王羲之、许询、孙绰、李充等名士同游山水，或作诗或作画，逍遥自在。谢安才华出众，又声名远播，虽隐居于此，也还有不少人来请他出山为官，不过都被他拒绝了。

那时，谢氏族中人才辈出，谢安的堂兄谢尚已当上了荆州刺史，谢安的兄弟也纷纷出任高官，谢家门楣甚是光辉，而谢安却整日与文士游山玩水，不愿当官。许多有才识的人都为他感到可惜，有人还说："安石不出仕，如天下百姓何？"不过也有人认为谢安太清高狂妄，竟无视皇权的存在，他们还上书请求治他的罪。

谢安对别人的议论不屑一顾，不过他没能一直隐居下去，他弟弟谢万出事后，他的人生就此改变。

出山做官，力挽狂澜

谢万官居西中郎将，管理青、豫、冀、并四州的军事，位高权重，可是他高傲自大，不知道善待下属。谢安经常劝他，可他就是不听。晋穆帝升平三年（359），谢万率军北征，结果惨败，他因此被罢官，谢氏家族在朝中的权势受到极大削弱。

谢安在弟弟被罢官后只得出山，以维护谢家的声望。他先是当了征西大将军桓温的司马，在谢万因病去世后，他又改任吴兴太守。

东晋朝廷在晋简文帝司马昱咸安年间（371—372）政局动荡，桓温领军进行了第三次北征，攻打前燕，不料被前燕名将慕容垂打得大败而归。桓温回来后不久就废黜了晋废帝司马奕，拥立会稽王司马昱为帝，即简文帝。谢安发觉了桓温觊觎皇位之心，决定帮助朝廷，不让桓温得逞。

简文帝在位不到两年就抑郁而逝，他将皇位传给了太子司马曜，是为孝武帝。而桓温一直想让简文帝逊位给自己，此时他大失所望，于是带军至建康，阴谋以武力争夺皇位。谢安沉着应对，以妙计解除了这场危机。回军途中，桓温染上重病，仍心系皇位，他给朝廷上书请求恩赐他九锡之礼。谢安从中机智地斡旋，延迟赐封的时间，使桓温至死也没见到朝廷的赐封文书。谢安后来又当上了尚书仆射兼吏部尚书，东晋的朝政已被他握在手中。

虽然桓温篡位的危机已经化解，可东晋政权仍然不稳。朝廷内部，皇族与公卿士族间的矛盾、公卿士族之间的矛盾一直没有消除过；而外部又受到实力不断壮大且已统一了北方的前秦的威胁。内忧外患，一时并起。

镇静自若，决胜千里

一场危机于东晋孝武帝太元八年（383）悄然降临，前秦皇帝苻坚决心统一南北，他统领百万之师南下灭晋。闻知消息的东晋朝野皆乱，人人都认为抵挡不了前秦的进攻，而谢安在这紧急关头表现出了宰相气量，他举止不乱，神色如常。朝廷任命他为征讨大都督，掌握军权。他令弟弟谢石、侄子谢玄、儿子谢琰等人领 8 万晋军迎敌。行军之前，谢玄想知道叔父如何打算，就请他明示，谢安神色自若地说："到时我会下命令的，你先去吧。"之后就不再言语了。

荆州的守将桓冲心中也是焦躁万分，他特意派了 3000 精兵过来援助朝廷，不过却被谢安拒绝了。众人对谢安能否使东晋转危为安疑虑

淝水之战

重重。实际上，谢安怎能不着急呢，只是他身为东晋宰相，身系国家安危，他若表露出焦躁之情，那么整个国家就会方寸大乱，因此他只得隐忍心中的烦乱，定下心来安排大局。他一面稳定人心，一面从容地准备战事。后来，谢安与客人在府中下棋时，淝水之战的捷报传了过来。他接过看后就扔在了一边，不动声色地继续下棋。客人却忍不住了，问他情况如何，谢安平静地说："小儿辈已经破敌。"可是棋终送走客人后，谢安再也无法控制自己的喜悦之情，回内室之时，他竟忘了抬脚跨门槛，结果把鞋底的木齿都撞断了。

无辜遭忌，贤臣离世

淝水一战让谢安的名望如日中天，不过同时他也受到会稽王司马道子的疑忌，司马道子时不时地在孝武帝面前进谗言诋毁谢安。谢安也察觉到自己的处境不妙，想伺机离开朝廷。

晋孝武帝太元十年（385），前秦国内起了内乱，苻坚派人求东晋出兵帮助平定。谢安请求自己前去，然而他尚未出发就身染重病，不久就去世了。孝武帝觉得很惭愧，为他举行了庄严的悼念仪式，还追封他为太傅，百姓们将他尊称为"东山贤人"，史书上还称他为"江左第一风流丞相"。

短命帝国，大夏兴起

十六国时期，匈奴人在纷争中建立了几个政权，赫连勃勃建立的夏国就是其中的一个。夏国的都城统万城固若金汤，但这也没能让夏国摆脱灭亡的命运。

家族败亡，侥幸存活

赫连勃勃是匈奴部落铁弗部人，东汉南匈奴左贤王去卑的后代，原姓刘，名刘勃勃，和汉国皇帝刘渊同族。刘勃勃的曾祖刘武曾为前赵的楼烦公，很有实力，不过后来败在代王猗卢手下，就带领部族来到塞外。后来，刘勃勃的祖父刘豹子聚合族众，招兵买马，实力渐渐壮大，铁弗部开始兴起，而刘豹子也被推举为首领。后赵的石虎封他为平北将军、左贤王、丁零单于，以此笼络他。刘勃勃的父亲刘卫辰后来又带着铁弗部返回关内，前秦皇帝苻坚册封刘卫辰为西单于，让他驻扎在代来城，负责监视管理河西地区的匈奴各部。

淝水之战后，趁着前秦走向覆亡之机，刘卫辰夺取了朔方（今内蒙古西北地区），军事实力不断攀升。匈奴的铁弗部和鲜卑的拓跋部素为仇敌，拓跋珪建了北魏，不久就举兵攻打刘卫辰。刘卫辰兵败身亡，刘勃勃逃至匈奴的另一个部落吒干部，吒干部的首领他斗伏想将他送到拓跋珪那里去请赏。此时，驻扎在大洛川的他斗伏的侄子阿利得知他斗伏的想法后，派手下人去他斗伏那里传话说：“鸟雀投靠了人，人尚且应该给予庇护，何况刘勃勃今日家国陨亡，而来投奔于我。就算不能容纳他，也该让他自己离去。将他拿下送给他的仇人，不是仁者之举。”然而，他斗伏很忌惮北魏，没有勇气放人。阿利就让人将刘勃勃救了，送他到后秦君主姚兴的属下高平公没奕于家中。没奕于很欣赏刘勃勃，就将自己的女儿嫁给了他。

再度兴起，胡夏称雄

史书中描述刘勃勃：“身长八尺五寸，腰带十围，性辩慧，美风仪。”后秦的君主姚兴觉得他内外兼修，很有才能，因此对他礼遇有

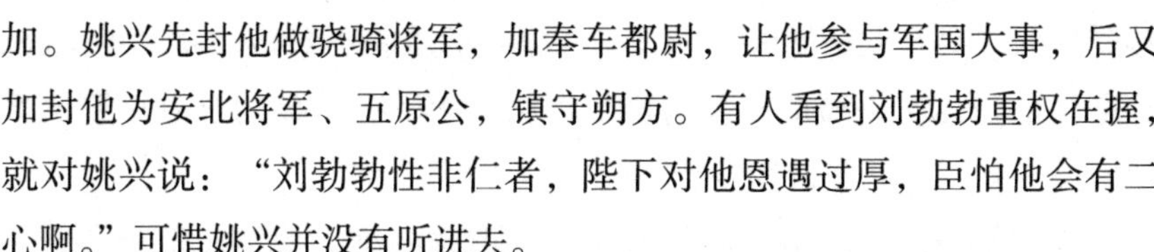

加。姚兴先封他做骁骑将军，加奉车都尉，让他参与军国大事，后又加封他为安北将军、五原公，镇守朔方。有人看到刘勃勃重权在握，就对姚兴说：“刘勃勃性非仁者，陛下对他恩遇过厚，臣怕他会有二心啊。”可惜姚兴并没有听进去。

刘勃勃确实有才能，可他没有忠诚之心，如今有了重权显位，他就开始图谋不轨，想要单独为政。他先将河西之地的鲜卑人准备献给姚兴的八千匹战马抢了，后来还以怨报德地将岳父没奕于杀了，并将他的数万人马“借”走。如此一来，他的实力壮大了，开始公然不服姚兴。

公元 407 年，刘勃勃建立夏国，史称“夏”，刘勃勃自称大夏天王，年号龙升，后来他改姓赫连。建国后，赫连勃勃开始向外拓展国土，把目标定在了对自己恩遇有加的姚兴身上。

赫连勃勃足智多谋，他明白自己现在实力不济，难与后秦正面对抗。因此手下劝他进攻长安时，他没有心血来潮立马出兵，而是平静地说：“长安是好，可我现在还没有实力去进攻姚兴，贸然前去只是自取灭亡。姚兴的城池很多，长安之外还有不少，我们可以发挥长处，四处骚扰他的城池，弄得他手忙脚乱，伤其元气。过不了几年，他的那些城池就归我所有了。等姚兴死了，他儿子姚泓哪有什么本事，那时我再去攻长安，岂不易如反掌？”

事情果然如赫连勃勃所说，他四处进攻后秦，占据城池，迫使姚兴舍弃了关中，全面退军至河南。

筑统万城，固若金汤

赫连勃勃在扩张了自己的版图后，于夏国凤翔元年（413）开始关注国内事务的管理。他先是动工兴建国都，夏国的国都在统万城（今内蒙古乌审南白城子），地处偏远，也十分荒凉，没有像样的建筑。赫连勃勃在国内征了十万苦力来修城，让大臣阿利负责督察此事。赫连勃勃建城的要求就是牢固。垒城墙用的都是蒸过的土，墙筑好后还得接受检验，要是铁锥能够扎进去一寸，筑的墙就不合格，就杀了工匠，并把他的尸体筑进城墙。在这样的严格要求下，筑成的统万城坚固无比，赫连勃勃对此非常满意。

除了筑城之外，他对制作武器亦有严格标准。他给所造兵器定下的标准是：弓箭不能射透铠甲，则杀造弓箭的工匠；射穿铠甲，则杀造铠甲的工匠。成千上万的匠人因此而殒命。在这样的苛刻要求下，夏国制造的兵器都很精良。

兴也匆匆，亡也匆匆

晋安帝司马德宗义熙十三年（417），东晋大将刘裕灭亡后秦，后率军返回江南。赫连勃勃借机领军袭入长安，并将那里的东晋俘虏全部杀死。他知道长安繁华且历史上多次成为都城，可他忘不了旧都，就带军回了统万城。之后，赫连勃勃开始在统万城修建宫室，并且将统万城的东南西北四门各定名为“招魏”“朝宋”“服凉”“平朔”，以此显示席卷天下的志向。

赫连勃勃生性残酷，滥用杀伐，用杀戮来威胁百姓归顺。朝中斜眼看他的，就剜其目；无端发笑的，就削其唇；进言劝谏的，就割其舌而后砍头。这些恶行使他丧失人心，夏国面临覆亡的危险。425年，赫连勃勃去世，其子赫连昌即位。两年后，国力雄厚的北魏攻克了统万城。431年，夏国灭亡于北魏属国吐谷浑之手。

“姚兴睹之而醉心，宋祖闻之而动色。……虽雄略过人，而凶暴未革……灭亡之祸，宜在厥身”（《晋书》），赫连勃勃的才能见识于此可见。而这段话也道出了夏国灭亡的根本原因，再坚固的城池也不能保护暴君，夏国的灭亡是必然的。

门阀士族，南朝政权

门阀制度是两晋时期最重要的时代特征，它的发展经历了一个由盛而衰的过程。东晋时期，门阀制度更是发展到最为严重而完整的阶段，可以说，当时的东晋由司马氏皇权、北方士族和南方士族联合执政，长达一个世纪之久，这种政治格局一直延续到东晋末年。我们可以看出，门阀政治最终结束的过程，就是司马氏东晋政权彻底败落的过程。自 420 年东晋灭亡至 589 年间，南方先后出现了宋、齐、梁、陈四个政权，史称“南朝”。

乱世枭雄，刘裕登位

皇位自古以来就不易得，生于皇室之中必得经历一番明争暗斗，生于普通人家，登上皇位更是困难重重。刘裕就是生活在乱世之中的一个普通人，然而这个普通人却通过自己的努力登上了皇位。他所建立的刘宋政权。虽不像西汉那样强盛绵长，可也在纷争之世铸就了一段辉煌。

穷苦出身，军营发迹

刘裕是丹徒县京口（今江苏镇江）人，与汉高祖刘邦有远亲，是刘邦的弟弟刘交的后代，先祖世代为官，不过后来渐渐失了势。刘裕的父亲刘翘青年时是郡中的功曹，专职抄写文书，职位很低，俸禄不高，因此家境艰难。刘裕的母亲在他出生后就死了，刘翘没钱抚养他，就想抛弃他。幸好刘裕的姨母即同郡刘怀敬的母亲听说了此事，忙赶过来阻拦，并把刘裕接到家中，用自己的乳汁喂养他，因此刘裕的小名就叫“寄奴”。

不久，刘翘又迎娶了一位大家闺秀萧文寿，她的祖父萧亮曾任御史，父亲萧卓曾任洮阳县令。

然而作为世家小姐，萧文寿没有一丝骄矜之气。她成亲后，很快说服丈夫将刘裕接回家中，并真心实意地关爱这个身世凄凉的孩子。

长大后的刘裕气度不凡，而且他勤奉继母，因孝顺闻名于世。由于家中贫穷，他没受过什么教育，也没什么靠山，因此就在集市上卖草席养家。他也曾耕田务农，伐薪砍柴，还因欠赌债被人追打，可以说吃尽了苦头，历尽了人世沧桑。

刘裕不是一个向困难妥协的懦弱之人，他有勇气，而且很聪明。后来，他投身军营，军旅生涯让他有了刚强的意志。他多次立下大功，逐渐从不知名的小卒升到大将军之职。由于出身寒微，他很理解百姓的苦难，因此他以身作则，治下的军队纪律严明，深得民心。

复晋有功，大权在握

刘裕是以镇压孙恩起义起家的。在镇压孙恩起义中，他得到统治阶级的赏识，从一个普通军官起步，逐步掌握了东晋兵权。在他之前，不少出身高门大族的野心家，均觊觎过司马氏的皇位，远一点儿的像王敦，近一点儿的像桓温，都失败了。403 年，桓温的儿子桓玄取代司马氏做了皇帝，只不过 100 天，就被刘裕打败了。

东晋偏安，祖逖、庾亮、殷浩、桓温都曾北伐。他们不是得不到士族的支持，便是坐失良机，都没有成功。这时，北方的南燕和东晋接壤，经常侵扰东晋的边境。南燕政权是鲜卑慕容氏建立的政权，占有现在山东南部和江苏北部一部分地方。羌族在关中建立的后秦政权，统治着现在陕西、山西西南部和河南黄河以南的地方，也和东晋为敌。晋安帝义熙五年（409），刘裕北伐南燕，长驱过了大岘（现在山东沂县北），攻下南燕都城广固（现在山东青州西北），俘获南燕主慕容超，取得了青州。义熙十二年（416），他分兵五路，水陆并进，举行了一次北伐。不到一年，汉魏（曹魏）以来的名都——洛阳和长安，都被他打下了。长安自 316 年被匈奴人刘曜攻陷，盼望着汉族的旌旗，已经 101 年了。后秦主姚泓被俘后送到了建康（现在江苏南京市，东晋的都城，后来南朝也在这里建都）。北伐的成就，提高了刘裕的威望。

在消灭南方割据势力方面，刘裕也做得很出色。从义熙七年（411）起，五年当中，他先后打败了卢循、刘毅、谯纵和司马休之，南方出现了100多年来没有过的统一。当鲜卑拓跋部征服了黄河流域，继续向南发展的时候，统一而较强盛的宋朝把它阻止在长江以北，使比较发达的江南经济和文化免受破坏，得以继续发展。

灭晋建宋，成就帝业

刘裕此时大权在握，风光无限，他再也不安于做晋朝的臣子，而想取代无能怯弱的晋安帝司马德宗。然而安帝虽无功但也无过，刘裕找不出理由起兵。不久，不愿再等的刘裕竟然把心一横，让人潜入宫里勒死了安帝，之后他立安帝的弟弟司马德文为帝，是为晋恭帝。这样做，不过是想在夺位良机出现之前遮人耳目罢了。

一年后，刘裕指使中书令傅亮去劝说恭帝逊位。恭帝对刘裕的心思早已心知肚明，他也不想再当傀儡了，于是下诏退位，让刘裕继任。

420年，刘裕率群臣祭告天地，登上太极殿，建立刘宋政权，史称“宋武帝”，改元永初。至此，统治江东100多年的东晋王朝灭亡了。此后160年间，南方先后经历了宋、齐、梁、陈四个朝代，历史上总称为南朝。

刘裕像

刘裕身为南朝第一个朝代刘宋的开国之君，仍不改勤俭之风。他着力消除魏晋时遗留下来的奢靡之风，不准装饰皇室驾乘，外出时不要仪仗队，后宫不奏乐取乐，内府也不存任何财宝。他得知琥珀能够治疗伤痛，就让人把臣下送的琥珀枕打碎发给将士。退朝后，他就脱掉皇袍，穿上粗衣，脚穿连齿木屐。女儿嫁人时，他也从俭办理，没有赐什么绫罗绸缎、金银财宝。他还在宫中挂了自己小时候用过的农具、穿过的破棉衣等物，以此教育后人不要浪费。刘裕自己节约，也在朝廷上下力倡节俭。此后，刘裕采取一系列政策来整治国家，使宋国初年出现了政通人和的局面。

乱伦皇帝，当属刘骏

宋孝武帝（430—464），即刘骏，字休龙，小字道人。文帝第三子，南朝宋皇帝，453—464 年在位。

宋文帝刘义隆算是一位有为的君主，但他在册立太子问题上却犯了一个难以挽回的错误。嫡长子刘劭早年被立为太子，但他品行恶劣，为了能早当皇帝，竟私下求助于巫术，诅咒父亲文帝早死。事发后，文帝准备废黜他，但因为走漏了消息，刘劭先发制人发动政变，于公元 453 年二月派人弑杀文帝，并大杀政敌，于同月自行篡位称帝。

残杀至亲，昏庸奢侈

刘劭这样有悖天理的行为当然会遭到宗室和大臣的反抗，刘劭在位仅三个月就被人杀死。刘劭的三弟、武陵王刘骏被部下推举为帝，史称“孝武帝”。刘骏当上皇帝的时候，只有 24 岁，实际上他并不比哥哥好多少，也是个荒淫腐朽的昏君。他一登上皇位，立即原形毕露，做出了令世人和史家都瞠目结舌的事情来。

刘骏担心手握大权的兄弟藩王会对自己不利，于是抢先下手，大开杀戒，先后将宗室南郡王刘义宣、南平王刘铄、竟陵王刘诞、武昌王刘浑、海陵王刘休茂等杀害，刘氏宗室惨遭大劫，刘宋王朝的势力更加削弱。

宋孝武帝刘骏生前奢侈无度。他大修宫室，极尽奢华之能事；任意赏赐，把国库掏光了也在所不惜；他拆毁了祖父刘裕简朴的宫殿，在原址上修建了豪华的“玉烛”新宫。新宫未盖之前，刘骏和群臣一起去观看刘裕生前住的房屋，只见床头土砌屏障，墙上挂着纸糊的灯笼和麻绳搓的拂尘。于是大臣在他面前盛赞刘裕的俭朴和美德，他却认为祖父本来就是个“田舍公”，能混到这步，就算不错了，住那样的房屋已是过分。至于他自己，这个“田舍公”的孙子，可不打算再那么寒碜下去了。

荒淫出格，乱伦无度

刘骏除了奢侈无度，还有一个最大的毛病，那就是“闺门无礼”。

刘骏是历史上首屈一指的好色皇帝，略有几分姿色的女人他都不肯放过，而且老少咸宜。尤其出奇的是此人有“吃窝边草”的特殊爱好。

刘骏的母亲名叫路惠男，丹阳建康人，以色貌出众选入后宫，被孝文帝册封为淑媛。一开始宋文帝对她还是非常宠爱的，随着年岁的增长，生下儿子刘骏不久，文帝就对路淑媛渐渐失去了兴趣。刘骏5岁时，循例被封为武陵王。路淑媛不忍心儿子小小年纪一个人在外面，就请求文帝让她陪儿子一起去。因为此时路惠男已经失宠，在不在宫廷里也没有多大的意义，于是文帝同意了她的请求。这一年她24岁。刘骏母子在封地相依为命。直到刘骏当了皇帝之后，路惠男才再一次回到了皇宫，被刘骏封为皇太后。《宋书·后妃列传》说：“上于闺房之内，礼敬甚寡，有所御幸，或留止太后房内，故民间喧然，咸有丑声。宫掖事秘，莫能辨也。”似乎刘骏与自己的母亲路太后之间有染，所谓“民间喧然”的不是皇帝临幸什么妃子，而是有时在太后的房内

做那种事。至于到底实情如何？《宋书》语言模糊。但是《魏书》上提供了十分明确的评论：“骏淫乱无度，烝其母路氏，秽污之声，布于欧越。”以及“四年，猎于乌江之傍口，又游湖县之满山，并与母同行，宣淫肆意”。话说得再明白不过了。

路太后住在显阳殿中，朝廷内外的命妇以及宗室的女儿，免不了时常进去朝谒太后。刘骏往往在这个时候闯进去，只要看见哪个女子有几分姿色，无论亲疏贵贱，凡是自己看上的就引她入宫侍寝。有时竟在太后的房内一番云雨。路太后过于溺爱自己的儿子，也不加禁止劝阻。好事不出门，坏事传千里。因此刘氏宫闱里的丑事不久传遍了都城。

刘骏的叔父荆州刺史刘义宣的 4 个女儿自小养在宫里，个个生得花容月貌，刘骏看上了叔父的这几个女儿，就趁她们入宫朝见太后的机会，把她们强留在宫中，那时他自己的父亲才死了几个月，丧服还不曾除去。

刘义宣十分痛恨，以“清君侧”的名义起兵 10 万反对刘骏。刘骏害怕刘义宣兵力强盛自己不能抵挡，打算让位给他。竟陵王刘诞劝阻了刘骏，刘骏这才派兵去攻打刘义宣。不料刘义宣只是虚张声势，几次交锋后便溃不成军，刘义宣和他的 16 个儿子全部被杀。

灭了刘义宣后，刘骏开始觉得自己不可一世，他每天在后宫宴饮狎亵。以前与刘义宣的几个女儿还偷偷摸摸，此时干脆将她们册封为嫔妃。这四个姊妹中的第二个楚江郡主姿色超出了众人，丽色巧笑，看一眼就让人失魂丧魄，因此宠冠后宫。后来怀孕生下一个男婴，取名叫刘子鸾，在刘骏的众多儿子中排行第八。刘骏非常喜欢这个孩子，在刘子鸾刚刚 6 岁的时候，就封他为新安王，领南徐州刺史。刘骏对刘氏更加宠爱，册封她为淑仪。但毕竟是自己的堂妹，说出去不好听，于是冒充是殷琰家的女儿，封号殷淑仪。

殷淑仪宠擅专房，只可惜红颜命薄，宋孝武帝大明六年（462）四月得病身亡。刘骏好像丧了双亲一样悲痛得吃不下饭，他追册殷淑仪为贵妃，并在皇都立庙。出葬时特别用辒辌车载奉灵柩，周围陈列着銮辂、九旒、黄屋、左纛、羽葆、鼓吹、班剑、虎贲等各种仪仗，前后部羽葆鼓吹比皇后的葬礼还要煊赫。送丧的人数多至几千，公卿百官与嫔御六宫都穿着白衣服排队跟在灵柩后面。

刘骏多次领着后妃及群臣到殷贵妃的坟墓前痛哭，并以哭得悲痛与否作为朝臣忠不忠心的表现。秦郡太守刘德愿哭得撕心裂肺，全身的衣服都被泪水湿透了，甚至差点儿昏死过去。刘骏十分高兴，立刻封刘德愿为豫州刺史。还有个叫羊志的御医滑稽谐谑。刘骏让他哭殷贵妃，并说："只要你哭得悲痛，会有重赏。"羊志就泪如雨下，悲不自胜地痛哭起来，有几次还几乎哭得背过气去。刘骏便赏赐给羊志许多金银珍宝。事后有人问羊志："你哪得此副急泪?"当时羊志的爱妾刚刚死去，他说："那天我自哭亡妾罢了。"

刘骏悲不自胜，让执事中谢庄作一篇哀悼文。谢庄一向富于文采，他援笔立就千言，辞赋的内容哀艳可泣。刘骏躺在深宫里看了不到两行泪水便潸潸而下，等看完全篇坐起来长叹说："天底下还有这样的人才!"说着自己也效仿汉武帝给李夫人写悼赋，写了一篇悼念殷贵妃的文章《伤宣贵妃拟汉武帝李夫人赋》，其中有"流律有终，心情无歇。徙倚云日，徘徊风月"等句子，可以说字字悱恻缠绵抑扬尽致，但自己觉得好像还比不上谢庄的哀文，当下命令将谢庄的辞赋刻在墓石上。京城里的人都私下传抄，一时纸墨的价格飞涨。其中最得意的莫过于谢庄，他的才名因此闻名遐迩了。

后宫的佳丽虽多，但自殷贵妃死后，刘骏再也找不到一个合心意的，渐渐地因愁生病，不能再亲理政事。大明八年（464）夏天，35 岁的刘骏在玉烛殿去世。16 岁的太子刘子业即位，这就是刘宋最昏庸残暴的宋废帝。

残暴变态，宋末废帝

刘子业是南朝刘宋政权的第五位皇帝，他登上皇位后，不顾伦理纲常，胡作非为，种种无德无道之行最终使他走上绝路。465 年，将军柳光世、寿寂之等合谋将刘子业杀死，这个残暴无德之君最终得到了应有的下场。

不肖子孙，难成帝业

大明八年（464）五月，南朝宋孝武帝刘骏因病去世，16 岁的太子刘子业登基即位。刘子业生性狂暴急躁，再加上其父荒淫且心狠手辣的不良熏陶，使他成为历史上不多见的昏暴之君。刘子业登上了皇位之后，便开始无恶不作，为所欲为，将人世间的法制规章、伦理纲常视如粪土，任意践踏。他的种种淫暴行为，令人匪夷所思：他在父亲的陵墓上倾倒大粪；将叔祖剖腹挖心，挑出眼睛泡在蜜里做“鬼目粽”；与亲姐姐私通，把亲姑姑纳入后宫；将叔父湘东王刘彧裸体养于坑中，要他从木槽取食，称呼他为“猪王”……诸多恶行终于引来杀身之祸，刘子业在位时间尚不到一年，刘彧与皇帝的左右亲信合谋，将他弑杀，谥号“废帝”，史称“宋前废帝”。

刘子业小时候聪明伶俐，本来很受孝武帝刘骏的喜爱，但随着年岁长大，顽劣的本性越来越引起刘骏和王皇后的不满。后来刘骏最宠爱的殷淑仪的儿子刘子鸾出世后，就对刘子业更增厌恶之情。

一次，刘骏西巡，刘子业写信问候时字迹潦草，刘骏便狠狠地责骂刘子业，刘子业伏地请罪，刘骏训斥他：“你不大长进，这实在让人失望。听说你平常懒散懈怠，脾气暴躁无常，怎么这样顽冥不化！”刘子业吓得浑身哆嗦，心里却恨死了父亲。孝武帝刘骏想废掉刘子业，立小儿子刘子鸾为太子，侍中袁觊坚决反对，说轻易易储，于江山社稷十分不利。刘骏心中犹豫，便搁下此事，但一颗戾狠和仇恨的种子，早已经在刘子业心中生根、发芽。

等刘骏死后，刘子业高兴地说：“这下好了，不会再死于非命了！”刘骏的灵柩还停放在宫中，刘子业便迫不及待地奔进武帝的后宫，任意临幸武帝后宫中的妃嫔美人，从此就泡在美人充栋的后宫，终日饮酒作乐，追逐声色之娱，和年轻的侍从玩闹鬼混，什么禁酒肉、禁房事、禁娱乐等礼制根本不放在心上。吏部尚书蔡兴宗亲自奉上皇帝的玺绶，刘子业就懒洋洋地接在手中，毫无庄重之态。于是蔡兴宗忧心忡忡，私下对人说：“看今日的情景，国家之祸不远了。”

背祖离德，恶贯满盈

王皇后在儿子刘子业即皇帝位的同时，被尊为皇太后。王太后对武帝刘骏很有感情，刘骏去世对她打击很大，终日神思恍惚，因忧伤过度，卧病不起。几天后，王太后病势沉重，奄奄一息。虚弱不堪的王太后让心腹侍从立即传召刘子业，刘子业此时玩兴正浓，哪里管得上这些，于是他就对太后的侍从说：“病人的房间里有很多鬼，太可怕了，哪能说去就去！”病中的太后听到这句话，悲愤交集，一下就给气死了，临死前捶床喊道：“快给我取刀来！待我剖了肚子看看，看看我怎么会生下这样的好儿子！”

刘子业刚一登基，就立刻派人去赐死了年仅 7 岁的新安王刘子鸾。可怜的孩子临死前对左右说：“愿后身不再生帝王家！”除去了刘子鸾，刘子业又迁怒于他的母亲殷淑仪，下令把她的坟挖了。他还觉得不解恨，又想把自己父亲的景宁陵也一起挖了，只是太史说掘景宁陵对他不利，他才罢休。但这口恶气还是要出，于是指使手下到景宁陵倾倒粪便，自己也亲临现场，肆意辱骂。

刘子业当上皇帝后仅仅一年时间，便收拾了权臣收回皇权，亲理政务。无人约束、无法无天的刘子业纵乐宫中，无人敢谏阻。深宫纵酒、纵欲没有刺激了，刘子业便带着侍从出宫寻乐，见到有姿色的女人就占有，凡高门大户就闯入，闹得京师和近郊乌烟瘴气。刘子业的父亲刘骏曾荒淫无耻地把他的几个堂姐妹统统占为己有，刘子业却比他的父亲更为荒淫无耻，居然和自己同父同母的亲姐姐大肆淫乱。

荒淫无伦，众叛亲离

山阴公主名刘楚玉，与刘子业乃是一母所生，长得眉清目秀，美貌绝伦。她生性淫荡，想占尽天下男人。山阴公主没有出嫁时，就和弟弟刘子业关系暧昧。长大成人后，山阴公主嫁给了驸马都尉何戢，其实，山阴公主这个驸马何戢还是不错的，没有一点儿配不上她。他本是官员，又是世家子弟，家业富盛，服饰奢丽，还是个美男子，风度翩翩。走在外头，街上的人都羡慕得不得了。但淫荡的山阴公主却瞧不上这个驸马，一心想着她的弟弟刘子业，姐弟俩关系一直十分密切。王太后去世以后，身为皇帝的刘子业立即召山阴公主入宫，姐弟重叙恩爱，颠鸾倒凤，同吃同睡，俨然夫妇，形影不离，出双入对。宫里纵欲够了，姐弟俩又招摇过市，出宫同辇玩乐，同车出游。刘子业和刘楚玉就这样纵情享乐，花天酒地，夜以继日。皇帝龙心大悦之余，也给了山阴公主优厚待遇，给她进爵位为会稽郡长公主，秩同郡王，食汤沐邑 2000 户，给鼓吹一部，加剑班 20 人。不久，山阴公主的丈夫何戢发现了他们姐弟乱伦，一怒之下便进宫兴师问罪。但还不等他开口，他的人头就落地了。公主料理完丧事，翩然入宫，从此便不再回府第了。

山阴公主的淫荡无耻比她的皇帝弟弟更有过之而无不及，她看到刘子业后宫美女如云，忽然有一天就对刘子业说："我和陛下虽然有男女的区别，但都是先帝生的，陛下有后宫美女上万，供陛下享受，而我只有驸马一人，这样不公平，真有天壤之别！”刘子业听了姐姐这番委屈的话，不禁开怀大笑，说这好办。刘子业立即吩咐选 30 名美貌魁伟的少年送给刘楚玉，随侍左右，称为“面首”。公主得到这些“面首”，果然芳心大悦，天天和他们朝欢暮乐，云雨无时，倒把皇帝弟弟忘到一边去了。刘子业对此十分不满，却也管不了自己的姐姐，只好由她去了。

吏部侍郎褚渊，伟岸英俊，风仪高雅，不但是个美男子，还有上佳的风度。不管在什么场合，只要他一出场，就成为众人瞩目的焦点。每次退朝的时候，朝廷百官甚至于那些外国的使节，都伸着脖子目送他远去，一副恋恋不舍看不够的样子，直到他越走越远，看不见了，众人才心满意足而散。可即使在这样严重的注目下，褚渊还能保持泰然自若，步履如常。山阴公主听说之后，就对褚渊产生了兴趣，觉得他一定俊美得举世无双，不禁绮思连连，居然向皇帝要求，要褚渊到自己府上去“陪伴”。这个褚渊此时已经娶了一位南郡公主，论辈分应该算是山阴公主的姑父，但山阴公主和自己的亲弟弟都能乱伦，和姑父乱伦又算什么？刘子业倒也不吃醋，就下令让褚渊去见公主。

这位褚渊到了公主府，也把他的这份“风度”保持了过去。任凭公主打扮得花枝招展，在他面前逞娇献媚，使尽招数，百般挑逗，褚渊依旧无动于衷。公主生起气来，责备他说：“你看起来倒是仪表堂堂的男子汉，怎么一点儿阳刚之气都没有！”褚渊就斯斯文文地回答说：“在下虽然不才，但如此违反情理的事却是不做的。”后来公主逼得急了，他就声称：“你再这样逼我，我就自杀！”山阴公主又急又恼，却也无可奈何，留了他十几天后只好把他放了回去。

刘子业后宫媵妾虽多，却少千娇百媚的美人。山阴公主多了 30 个“面首”，刘子业反不能够时时与公主淫乐，便对公主说：“姊由弟设法，遂了你的心愿，如今后宫佳丽没一个胜过姊，我欲与姊交欢，每无虚席，你也得替我寻一个代替的，凭我寻乐才好。”山阴公主便向弟弟推荐了宁朔将军何迈的妻子新蔡公主。

新蔡公主名叫刘英媚，是刘子业的亲姑姑，宋文帝刘义隆第十女，生得杏脸桃腮，千娇百媚。这位长公主刘英媚当时在宫中所有公主中，是最美最迷人的一个。刘子业从很小的时候就垂涎姑母刘英媚。刘英媚早已嫁给了宁朔将军何迈，成为他人之妻。由于新蔡公主和刘子业的妃子路氏是远亲，不时到宫中探望。刘子业见她虽然年近三十，却风韵犹存，十分动人，就动了觊觎之心。一次他借路妃的名义，又把新蔡公主召进宫来。何迈听说刘子业要召公主入宫，心中暗暗吃惊。新蔡公主欲整装应召，何迈说："今上每做失德的事情，此次独召入宫，恐他不怀好意，还是诈称有病，不去为妙。"

公主听了何迈的话，好生不悦："你也太多疑了！今上与妾有姑侄的名分，他虽荒淫，终究不会对我无礼。就是他果有此心，难道我也会忘了廉耻，和他苟且不成!"何迈见娇妻发怒，慌得不敢多言，只说去去就回，不必久留，新蔡公主始回嗔作喜，应召入宫。

新蔡公主进得宫来，却不见路妃的踪影，只有皇帝刘子业坐在那里，不禁起了疑心。刘子业留宴后宫，亲自陪饮，对新蔡公主说："你是我的姑姑，今天你一来，足令六宫无色，怎么办?"新蔡公主羞涩地低下头。刘子业此时也顾不得姑侄名分了，顺手牵扯，拥入床帏。新蔡公主开始不从，但后来缠不过他，也就只好认了。刘子业得到新蔡公主，对她十分迷恋，想把这位姑母长期占为己有，不肯轻易放她回去。这时，新蔡公主的小儿子生了急病，驸马何迈爱子心切，连连催促公主回府。刘子业担心何迈将军来找麻烦，索性一不做，二不休，使用了李代桃僵之计，吩咐将一位宫女赐死，把宫女的尸体装入棺材，收殓好后抬到将军何迈家中，假说长公主突然暴病身亡，猝死皇宫，在宫中装殓好了，要立即下葬。又派人劝说何迈人死不能复生，要他节哀顺变。何迈见抬回一口棺材来，肝肠寸断，又心存疑惑，还以为是刘子业调戏公主，公主却不从其愿，才被刘子业所害，因此越发悲伤。等太监们都走了，他才开棺验尸。棺材里有一具女尸，衣服仿佛是新蔡公主穿过的，可是面目已经划乱，无法辨认了。而这时皇家已经预备好了葬礼，何迈只好先把那身份不明的女尸按公

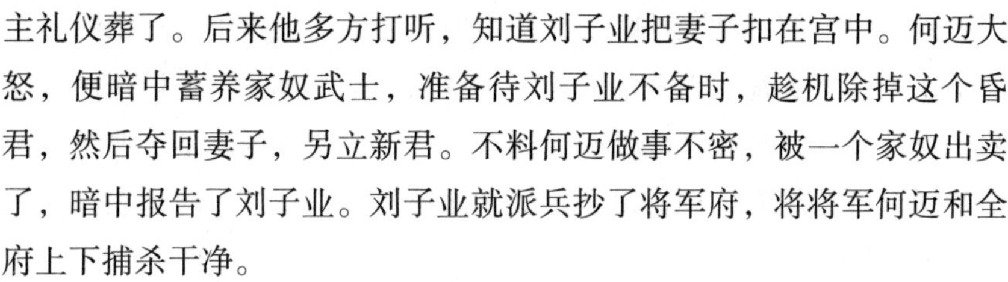

主礼仪葬了。后来他多方打听，知道刘子业把妻子扣在宫中。何迈大怒，便暗中蓄养家奴武士，准备待刘子业不备时，趁机除掉这个昏君，然后夺回妻子，另立新君。不料何迈做事不密，被一个家奴出卖了，暗中报告了刘子业。刘子业就派兵抄了将军府，将将军何迈和全府上下捕杀干净。

杀了何迈之后，刘子业更心安理得地让新蔡公主常住宫中了。他封新蔡公主为贵嫔，为了掩人耳目，还让她改姓谢，后来又要封她做皇后。但这位谢贵嫔到底没他脸皮那么厚，总觉得心存羞愧，便苦苦拒绝。刘子业只好立了路妃做皇后，但仍一直宠爱谢贵嫔。

刘子业的荒淫无耻还不止于此。他对他的几个叔叔十分猜忌，总想找个借口把他们杀掉，于是想出了一个令人瞠目结舌的法子来。建安王刘休仁的母亲陈太妃，年近不惑，而容颜却显得十分年轻。刘子业就命令右卫将军刘道隆逼淫陈太妃，还让她的儿子刘休仁在一边看，并告诉左右侍卫，如果刘休仁有什么惊恐愤怒的表情，就立刻把他杀掉。陈太妃为了儿子的性命，只得含恨受辱。刘道隆为了迎合皇帝，也十分尽力，气喘吁吁地“操劳”了半天。刘子业十分高兴，下令赏他酒喝。而那个刘休仁竟是定力非常，整个过程一直目不斜视，脸上的表情也一平如水。刘子业见他这个样子，也只好放了他。

这还不算，刘子业还有更加令人瞠目结舌的表演。

一天，他下令召集诸王的妃嫔、公主入宫，大摆筵席。酒酣耳热之际，刘子业突然下令关上宫门，又下令左右侍卫幸臣一起脱去衣服，选一个自己可意的王妃、公主，就地淫乐，结成夫妻。这些女子都吓得花容失色，四散奔逃，却哪里能跑得过那些如狼似虎的侍卫，顿时响起一片惨呼之声，有些虚弱不堪的王妃、公主昏死了过去。刘子业早就看上了美艳绝伦的南平王刘铄的王妃江氏。江氏丰满美丽，迷人的程度不亚于刘英媚。刘子业垂涎三尺，扑过去就要逼淫江氏，但江氏拒不从命。刘子业软硬兼施，江氏说什么也不肯做这样淫乱的事情，斥责刘子业说，这些女眷都是陛下的亲戚，怎么能如此凌辱。刘子业大怒，就威胁她要是再不从，就把她的三个儿子杀掉。江氏仍然不依，于是刘子业就打了她100鞭子，并当即派人到江氏家中，把她的三个儿子抓来，当着她的面全部杀死了。这么一来，那些女子谁还敢违抗刘子业的命令，只好含恨受辱，让那些侍卫为所欲为。刘子业对着这个荒淫惨烈的场面，扬扬得意，细细地欣赏起来，还不时地在一旁拍手大笑。

意犹未尽的刘子业花样百出，又想出了一个刺激的主意。刘子业命侍从选出宫中婢妾几十人，编成一队，带入后苑华林园中，又将自己的亲信编为一队，把他们带进华林园，让他们在华林园竹林堂和宫女追逐寻乐。凡是有宫女不堪这种公然被辱，至死不从的，最后都被杀死。

到了晚上，他一边回忆着白天的精彩场面，一边心满意足地上床睡觉。一会儿，却做了一个梦，梦见有一个女子披发大叫："皇帝这么荒淫无道，马上就该死了！"醒来之后，刘子业很不高兴，就在宫女中搜寻，找到一个看上去和他梦中女子相貌相似的杀掉了。可没想到晚上又做了一个梦，梦见这个被他杀掉的女子骂他："你枉杀了我，我已经上告了上帝，你逃不掉的！"刘子业这回感到有点儿害怕，就找了几个巫师来给看看。巫师们看了以后，说："陛下的后花园里有鬼啊。"皇帝一听，就率领姐姐山阴公主、六宫的嫔妃宫女，再加上那些巫师们，浩浩荡荡地进驻竹林堂捉起鬼来。但转悠了半天依然一无所获。皇帝很不高兴，可觉得又不能这么白来，就命令那些巫师们用稻草扎成人形，高高地挂起来，然后皇帝向这个稻草人连放数箭，就算是把鬼射死了。

射死了鬼，皇帝很有成就感，当然要好好庆祝一番，于是在竹林堂大摆宴席，左拥右抱，饮酒听歌，玩得不亦乐乎。这时，突然有一群人持刀闯入，为首的是他最亲信的近侍寿寂之。皇帝察觉来势有些不对，便拿出弓箭打算射他。也不知道是他过于慌乱，还是真有鬼在作祟，他一连放了好几箭都没有射中。此时他的一群宫女早就吓得四散奔逃，于是皇帝也开始逃跑。皇帝一跑，寿寂之就开始追，皇帝没想到自己的亲信会来杀他，一边跑，一边惊恐地叫着："寂！寂！"但寿寂之却不管那么多，追来追去，终于追上了皇帝，于是手起刀落，17 岁的皇帝就“驾崩”了。此时距他即位还不到两年。

定鼎天下，萧齐建政

历史上总有一些惊人的巧合：相传刘裕是刘邦之弟楚元王刘交的子孙，而后来取代了刘宋政权的萧道成则是刘邦重臣萧何的嫡传后代。萧道成建国之后，鉴于刘宋王朝覆灭的教训，相应采取了一些应对措施，以宽厚为本，提倡节俭。不过，他仅在位四年就去世了。

平叛有功，身为四贵

萧道成，字绍伯，乳名斗将，祖籍东海兰陵（今山东枣庄峄城东），东晋初年迁到侨郡兰陵（今江苏镇江东南）。萧道成的父亲是萧承之，在刘宋朝廷中担任过济南太守、龙骧将军、右将军等职。

萧道成 13 岁时师从名儒雷次宗，15 岁时因骁勇善战而受到宋文帝刘义隆的赏识。后来，他因战功显赫，不断受到提拔、重用，终于当上了武烈将军。宋明帝刘彧登上皇位后，不行善政，性嗜虐杀，将恩人刘休仁与刘休佑杀害后，又开始疑忌其他的皇室贵戚，大挥屠刀。因此，掌权者内部的斗争越来越厉害。

后来，宋明帝也怀疑萧道成。此时的萧道成早已将名在外，官位显赫，被明帝怀疑是必然之事。不过萧道成处世谨慎，又善于伪饰，因此没有引祸上身，逃过了灾祸。后来，宋明帝因病去世，皇位由他年仅10岁的儿子刘昱继承，是为宋后废帝，改元元徽。消息传出后，桂阳王刘休范兴兵叛乱，想要逼刘昱退位，自己登基称帝。平南将军萧道成假装投降于刘休范，并渐渐得到刘休范的信任，后来他乘机将刘休范杀死，平定了叛乱。朝廷加封萧道成为中领军，让他掌管禁卫军，监察五州军事。萧道成同袁粲、褚渊、刘秉三位大臣被合称为“四贵”。他们共同执掌朝政，权力无人可比。

刘昱暴虐，萧道成怒

然而，刘昱长大后，喜怒无常，爱好杀伐，谁触怒了他，他就杀谁。坐车出去时，在街上遇见行人就拿矛来刺，使得白天里各家各户家门紧闭，路上也没有人行走。比起刘子业的残暴，刘昱丝毫不逊色，甚至更过分，这两个废帝的暴虐令人难以想象。

皇太后也无法忍受刘昱的行为，数次训诫他，刘昱因此十分恼恨。端午节时，太后按例给了他一把羽扇。他嫌扇子不华丽，加上厌烦太后的唠叨，竟命太医用药毒死太后。他的亲信劝他说：“陛下万不可如此，太后要是出了什么事，陛下就得守灵服丧，不能再任意游玩了！”刘昱觉得他说得有理，就打消了这个念头。

一天，他不让人通报就进入了领军府。那时天气酷热难耐，萧道成正光着上身躺在床上睡觉。刘昱觉得萧道成的肚子又肥又大，非常好玩，就让人在上面画了标记，之后拉弓要射。萧道成吓得连忙说：“老臣无罪！”刘昱的侍从王天恩也忙阻止他说：“萧将军的肚子大，确实是个好靶子，可若一箭把将军射死了，那就扫兴了，还是用草箭好，射不死，想射几回就射几回。”刘昱觉得也是，就换了草箭，开弓就射中了萧道成的肚脐，众人都赞他箭法好，刘昱哈哈大笑，起身离开。

萧道成怒火冲天，于是私下联络别的朝臣，共谋杀死刘昱。可他还没开始行动，后废帝就一命呜呼了。原来，刘昱有个叫杨玉夫的侍卫，这侍卫不知怎么让刘昱心中不悦了，刘昱声称要杀他。杨玉夫寝食难安，最后决定铤而走险，就与其他侍卫在晚上将烂醉如泥的刘昱杀了。之后，禁卫军统领和杨玉夫提着刘昱的人头来找萧道成，商议后事。萧道成入宫后，与太后经过一番密谈，决定立宋明帝的第三子刘准为帝，是为宋顺帝。

扫除异己，夺得帝位

刘准不过 9 岁，太后怕萧道成图谋不轨，为了拉拢他，就任命他为司空、骠骑大将军等，萧道成一跃成为“四贵”的领军人物。他位高权重，使得朝中的一些大臣心中不平，尤其是沈攸之和袁粲。时任荆州刺史的沈攸之不久就举兵讨伐萧道成，而袁粲、刘秉等人则在朝中接应。萧道成已有防备，他让心腹之人领军包围了叛军，叛军力战不能突围，沈攸之无奈自杀，袁粲父子也被萧道成的手下杀死。之后，萧道成完全掌握了刘宋大权。

479 年，萧道成迫使刘准逊位于他，刘准不敢违拗，就下诏书让出皇位，刘宋王朝就此结束。

萧道成荣登帝位，改宋为齐，年号建元，是为齐高帝。

南齐废帝，淫乱宫闱

齐郁林王（473—494），即萧昭业，字元尚，南朝齐皇帝，493—494 年在位。齐武帝萧赜即位之初，就把长子萧长懋立为太子，作为自己的继承人。太子忠厚仁孝，处世练达，很受朝野爱戴。十余年来，

从未出过差错。不幸的是，太子萧长懋因病早逝了。本来，武帝尚有次子萧子良可立为太子，但齐武帝痛惜长子早死，加之长懋的长子萧昭业深为他喜爱，故不立儿子立孙子。太子去世后三个月，齐武帝立太子的长子萧昭业为皇长孙，作为皇储居住在东宫，命太子属官改隶皇太孙。

生性好色，放荡不羁

萧昭业身材颀长，容貌俊美，自幼便性情聪慧，举止得体，又写得一手好字，待人接物也颇知礼节，谈吐风雅，在朝廷的名声很好。当时诸王侯每五天去向皇帝问安一次，武帝经常单独留下萧昭业抚问，对他十分钟爱，有意以他为皇位继承人。然而，他的种种良好表现都是假象，都是为了骗取齐武帝和他父亲的信任而假装出来的。萧昭业骨子里异常奸刁阴险，为了骗取祖父的好感与信任，他表面装成恭谨有德，暗里却淫乐好色，胡作非为。他父亲萧长懋在世时，对萧昭业管束比较严格，经常派人去他的封地西州考察他的起居及开支情况，不许他胡乱花钱，不许他奢靡浪费。萧昭业背地里就对豫章王妃庾氏抱怨说："阿婆，佛法说有福德的人才出生在帝王家。现在我觉得纯粹是受罪，街上的屠酤富儿也比我强百倍。"

欺瞒先父，信使巫女

萧昭业表面上装得很规矩，暗地里却私配钥匙，每天夜晚，便打开后门，偷偷带了童仆出王府，混迹于酒楼妓院。秘密往还许久，竟无人知晓。对受其宠爱的左右侍从，他都封官拜爵，将官号书于黄纸之上，让他们自行携带，许诺将来当了皇帝，再实授官职。没有钱用，就向当地富户借，从不偿还，这些富户也不敢上门讨债。

后来，萧长懋得了重病，召他入宫侍疾。他在东宫见到父亲时，

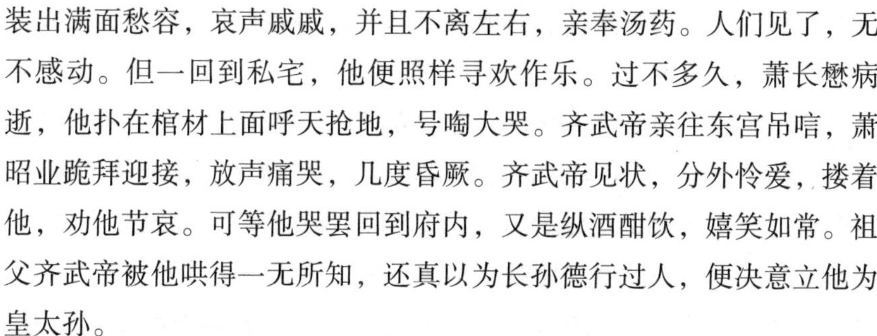

装出满面愁容，哀声戚戚，并且不离左右，亲奉汤药。人们见了，无不感动。但一回到私宅，他便照样寻欢作乐。过不多久，萧长懋病逝，他扑在棺材上面呼天抢地，号啕大哭。齐武帝亲往东宫吊唁，萧昭业跪拜迎接，放声痛哭，几度昏厥。齐武帝见状，分外怜爱，搂着他，劝他节哀。可等他哭罢回到府内，又是纵酒酣饮，嬉笑如常。祖父齐武帝被他哄得一无所知，还真以为长孙德行过人，便决意立他为皇太孙。

为了使自己早登大宝，萧昭业请了一个姓杨的女巫为他日夜祈祷。父亲的病死，他认为这是杨姓女巫祈祷之力，对其倍加敬信，呼为“杨婆”。后来，齐武帝也染上重病，他又请杨姓女巫用法术诅咒祖父早死，以便自己能提前当上皇帝。齐武帝病重，命在旦夕，萧昭业闻讯，喜不自胜，暗中修书一封，送到住在西州的王妃何婧英那里，信中不写别的事，只在中央画了一个特大“喜”字，周围又写了 36 个小喜字，表明大庆的意思。但在奄奄一息的祖父面前，他却愁容满面，未曾开口，便先流下眼泪。齐武帝深为感动，以为后继有人。临死前，他拉着爱孙的手，叮咛道：“你若是想念朕的话，就好自为之，当一个英明的皇帝，以慰朕在天之灵。”可是，齐武帝的葬礼刚举行完，萧昭业就喜气洋洋地穿上龙袍，登殿接受群臣朝拜，尊母亲王氏为皇太后，册王妃何婧英为皇后。他还把他的乐师全部找来，命令他们演奏乐器，为自己助兴。乐师们虽迫于淫威，不得不进行表演，但却无不哽咽流涕。

萧昭业即位以后，一点儿正经事也不干。他经常与左右侍从微服出游，躲在他父亲的陵墓中，玩些荒唐的游戏。他又常在宫殿内赤身裸体地与阉竖嬉戏，斗鸡走狗，无所不为。他挥霍无度，每次赏赐亲信，都在百万钱以上。他常指着钱狠狠地说：“我从前想你的时候，连十个都得不到，今天要你还有什么用！”齐武帝在位时，社会安定，生产发展，皇室用度也很节省，国库积蓄充盈，金银布帛也不可胜计。萧昭业即位后，只一年多的时间就把国库积蓄挥霍得一干二净。他还经常同何皇后及众姬妾一起，以击碎珍宝玉器为乐事；有时高兴起来，打开库藏，令群阉宵小任意搬取，看着他们一个个手提怀揣、狼狈不堪的样子，便开怀大笑。

萧昭业宠幸中书舍人綦母珍之、朱隆之、直阁将军曹道刚、周奉叔、宦官徐龙驹等人。其中，尤以綦母珍之最受宠幸。他所提的建议，萧昭业没有不采纳的。他公开卖官鬻爵，内外要职，都定好了价钱，谁给的价钱高，他就给谁肥缺。他担任中书舍人一个多月，搜刮来的财富就达千金之多。他甚至不通过皇帝，擅自将宫内财物据为己有。由于他权势熏天，所以一些官吏私下互相告诫："宁拒至尊（皇帝）敕，不可违舍人命！"萧昭业又以宦官徐龙驹为后阁舍人，让他日夜陪伴自己。有时，徐龙驹头戴黄纶帽，身披貂裘，南面而坐，代萧昭业批阅奏章，左右侍从恭恭敬敬地侍候着。看他那得意扬扬的样子，简直和皇帝没有什么两样。

迷恋床笫，夫妻蓄宠

萧昭业的皇后叫何婧英，是庐江郡潜水县人，抚军将军何戢的女儿，母亲就是以淫荡乱伦著称的山阴公主。当初萧昭业要将何婧英聘为王妃时，父亲萧长懋嫌何戢没有儿子，门孤势单，不愿与他结亲。后来在别人的劝说下才同意了这门婚事。

何婧英虽然出身名门大族，但却继承了母亲淫荡的性格。萧昭业狎昵无赖之徒，她从中挑选长得俊美的，设法与其交欢苟合。萧昭业有个名叫马澄的书童年少色美，何婧英对他十分宠爱。马澄是萧昭业的弄童，也就是说他好男色。马澄出身于剡县一个寒门家庭，但却是一个游手好闲的无赖之徒。因为长得俊美，天生淫荡的何婧英嫁给萧昭业之前就与他有染。马澄曾经在南岸地方威逼掠夺民家女子，被秣陵县逮捕。萧昭业命令县令释放了他，并纳入府中。何婧英非常喜欢马澄，便借口说马澄有巧思，让他随意出入后宫。马澄穿着轻丝履、紫绨裘，与皇后睡在一张床上。二人渐渐没有了顾忌，何婧英经常同马澄掰腕子斗力气，萧昭业看到后竟抚掌以为笑乐。萧昭业去建康为父亲侍疾的时候，何婧英公然与马澄搬到了一起，俨然一对伉俪。

当年为萧昭业诅咒齐武帝早死有功的杨姓女巫，有一个儿子名叫杨珉之，年纪只有 15 岁，生得唇红齿白，面容姣好如美女，而且身材魁梧，身体某方面的功能异乎常人，很得萧昭业欢心。何婧英见杨珉之年轻标致，便百般挑逗。很快，两人勾搭成奸。这何婧英色胆包天，公然和杨珉之同寝一室，如同夫妇一般。何婧英私下对宫婢说："与杨郎睡一次，胜过与其他人睡十次。"有一天萧昭业去了后宫，何婧英正与杨珉之折腾了一夜搂抱着还没有起来，宫女急忙叩门说皇帝来了，何婧英连忙将杨珉之藏到了床底下，然后起来接驾。萧昭业见何婧英冠发散乱，四体倦若无力的样子便问她："为什么大白天睡觉?"何婧英笑着说："我在梦里梦见与陛下取乐，不料陛下就来了，弄得妾余欢未尽。"萧昭业笑说："阻了你梦中的兴致，还你实在的快乐怎么样?"于是脱了衣服与何婧英恣意淫乐，唯独苦了床底下的杨珉之。

何婧英既淫乱，但又与萧昭业相爱恋，很会讨萧昭业的欢心，因此萧昭业任凭她恣意妄为。萧昭业还将何皇后的亲戚迎进皇宫，对每人的赏赐都不下百数十万，还让他们住在齐武帝原来所住的曜灵殿。

萧昭业的父亲萧长懋有一宠姬霍氏，生得很美，萧昭业垂涎已久，做了皇帝后，便想占为己有。但是霍氏毕竟是父亲的妃子，传出去不好听，阉宦徐龙驹出了一个主意，先派心腹内侍禀告太后，说霍氏愿削发为尼，得到太后的批准，然后"暗度陈仓"，将霍氏从庵中接入自己宫内，充为姬妾，改姓徐氏。从此萧昭业对霍氏十分宠爱，日夜不离。

萧昭业留恋霍氏，何婧英正好与杨珉之昼夜取乐。一时间秽声狼藉，朝野上下，对此事的议论沸沸扬扬。萧鸾见他们闹得太不像话，就与几个大臣联名上书，请求诛杀杨珉之。见萧昭业不理，萧鸾便派萧谌、萧坦之二人到宫中固请。何婧英听说他们要求除掉自己的心上人，顿时泪流满面。她对萧坦之说："杨郎是个好人，并没有什么罪过，为什么非要杀掉他不可呢?"萧坦之不理她，上前附在萧昭业的耳边轻声说："此时还有别的一层关节，不可让他人知道。"萧昭业回过身子，轻轻地叫着何婧英的昵称，对她摆摆手说："阿奴暂且回避一下。"看到何婧英的背影消失后，萧坦之方才说道："外面到处都在传说杨珉之与皇后有私情，丑声四布，彰闻遐迩。再不诛杀杨珉之，恐怕对陛下不利。"萧昭业不得已，只好下令诛杀杨珉之。萧坦之领旨，丝毫不敢怠慢，飞马报与萧鸾，立即命建康府行刑。后来，萧昭业又下诏赦免杨珉之，但为时已晚，杨珉之早已身首异处了。

之后萧昭业的宠臣周奉叔、綦母珍之、徐龙驹也先后被萧鸾杀死。何婧英因为杨珉之的死日夜切齿涕泣，劝萧昭业杀了萧鸾。话传到了萧鸾的耳朵里，他十分恐惧，便决心废掉萧昭业。萧鸾亲自率兵攻入内宫，萧昭业正在寿昌殿裸身与霍氏相对而坐，听到外面有变，赶紧关闭内殿的房门。萧昭业跑到爱姬徐氏房里，拔剑自刺没有死，用帛缠住颈上的伤口出了延德殿，刚走出来就被乱军一刀杀死。萧昭业时年只有 21 岁。霍氏及其他宠妾都被斩杀。萧鸾废萧昭业为郁林王，用王礼安葬，废皇后何婧英为王妃，不久将她杀死。

小而弥淫，昏侯荒暴

东昏侯（483—501），即萧宝卷，字智藏，南朝齐皇帝，498—501年在位。

齐朝皇帝自高帝、武帝之后，就一代不如一代。帝位传到了萧宝卷这里，就更是有过之而无不及。萧宝卷在位时间只有短短的三年零五个月。但在这短短的三年多时间里，他却做尽了一个皇帝所能做的坏事，其荒诞残暴达到了无以复加的地步，使他成为魏晋南北朝时期最坏的小皇帝之一。他的倒行逆施，更加激化了本已十分尖锐的社会矛盾，也为萧梁代齐带来了可乘之机。

荒暴少帝，滥杀朝臣

萧宝卷是齐明帝萧鸾的第二个儿子，按照古代的嫡长子继承制，次子本没有当皇帝的资格，但由于萧宝卷的哥哥萧宝义从小残疾，所以萧鸾刚当上皇帝时就册立萧宝卷为太子。等萧鸾死后，他也就名正言顺地当上了皇帝。

萧宝卷自幼口吃，又不爱学习，整天只知道玩闹。他喜欢在宫中捕鼠，常命令宦官和他一起，在宫中大挖洞穴，一玩就是一夜，以这种奇特的娱乐方式来充实他枯燥的宫中生活。齐明帝萧鸾是靠篡位才当上皇帝的，他对高帝、武帝的子孙大肆诛戮，对自己的儿子却非常溺爱。萧宝卷不学无术和贪玩胡闹，他不仅不严加管束，反而还教萧宝卷如何作假。有一次他让萧宝卷上表要求一日两次入朝，自己故意下诏不许。萧宝卷有父亲的纵容，结果连一日一入朝的礼节都不遵守了，两三天才上朝一次。萧鸾临死前，担心萧宝卷心机不够，将来驾驭不了那些宗室叔伯兄弟们，于是给他留下了这样的遗言："作事不可在人后。"要他敢于诛杀，不能先被别人算计杀掉。萧宝卷果然秉承父训，登基之后，对宰辅大臣，只要稍不如意，他就立即加以诛杀。登基不到一年，父亲为他安排的六个顾命大臣就全部被他杀掉。逼得文官告退，武将造反，京城几度岌岌可危。

倒行逆施，残暴变态

萧宝卷登基时才 16 岁。按照当时的礼法，皇帝死后要在太极殿中停尸三个月才能下葬。萧宝卷觉得时间太长了，影响他玩乐，齐明帝断气不久就要将其埋掉。大臣们以为这样做不合礼法，纷纷入朝谏诤，萧宝卷才勉强让停尸一个月。按照礼法，在守丧期间，他应该每天哭丧，但他借口喉痛，总是设法躲过去，或者在一旁站立装装样子。有一次，太中大夫羊阐到灵堂吊唁，哭得十分悲痛，叩首时把帽子都碰掉了。萧宝卷见羊阐是个秃顶，觉得他的样子十分可笑，就在灵堂上大笑不止，并对身旁的官员说："这只大秃鹫也来号丧!"

周围大臣听了都不禁连连摇头叹气。

萧宝卷因为口吃的毛病，性格比较内向，很少说话。他不喜欢和大臣们接触，只愿意和亲信宦官及左右侍从们在一起胡闹。他非常喜欢骑马，没日没夜地和左右侍从在宫中骑马为乐。他经常晚上玩耍，白天则用来睡觉。每天傍晚，他便命令太监们和一些戏子在宫中击鼓大叫，尽情地发泄，把庄严肃穆的皇宫搞得乌烟瘴气，鸡飞狗跳。等玩累了后就蒙头大睡，一直睡到次日天昏时分，醒后再闹，而且越玩越上瘾。王公大臣们早起入朝奏事，常常要到天黑时才能见到他的面。有时等上一整天，也见不到他的影子。即使是被召入问事，也常常是说不上几句话便被赶了出来。朝臣和地方官送来的公文奏折，常常被搁置一个多月也不处理。萧宝卷根本不把这些公文奏折当作一回事，有时高兴了拿起来随便翻翻，看完便信手扔在一边，到用的时候又找不到放在哪里。当时宫中侍从经常从御膳房拿一些鱼、肉回家，用的包装纸全是公文奏折。

萧宝卷又爱玩"担幢"的游戏，做的白虎幢高七丈五尺，左臂右臂来回担玩还嫌不过瘾，又把几十斤重的白虎幢移到牙上担玩，折掉了好几颗牙齿，仍旧担玩不已。

萧宝卷在宫中玩腻了，就开始骑马到宫外出游。萧宝卷出游时头戴金薄帽，着锦绣衣裤，手执七宝槊，随从数百，呼啸飞奔，不避雨雪。驰骋间若是感觉口渴，就下马解取腰边水舀，从水洼里舀出些脏水喝下，解渴后又上马驰去，过后也从未得痢疾什么的，有个真正的好身体。他所用的马鞍全都要缀有珍宝，用锦缎缝制，穷工极巧。他还怕用珍宝做的马鞍子被雨淋湿，便用绸缎套在马身上。萧宝卷每个月都要这样出游 20 多次，而且方向不定，忽南忽北，忽东忽西。萧宝

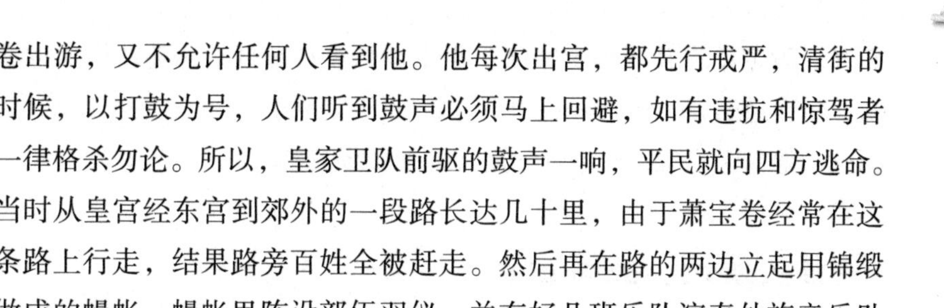

卷出游，又不允许任何人看到他。他每次出宫，都先行戒严，清街的时候，以打鼓为号，人们听到鼓声必须马上回避，如有违抗和惊驾者一律格杀勿论。所以，皇家卫队前驱的鼓声一响，平民就向四方逃命。当时从皇宫经东宫到郊外的一段路长达几十里，由于萧宝卷经常在这条路上行走，结果路旁百姓全被赶走。然后再在路的两边立起用锦缎做成的幔帐。幔帐里陈设部伍羽仪，并有好几班乐队演奏外族音乐助兴。萧宝卷特别喜欢夜游，每次夜游，都是三四更天出宫。霎时间，鼓声动地，烛光冲天，卫士们手执戟矛，清除道路。百姓从梦中惊醒，出奔躲避，偏又处处戒严，不能通行。男女老幼，左奔右跑，人心惶惶，哭号相应。那些家有孕妇或者有婚丧大事的人家，如果被萧宝卷出游时撞上，遭遇可就太悲惨了。有一次，几个人抬着一个病人在路上走，正碰到皇帝出巡，于是那几个人吓得扔下病人一哄而散。负责给皇帝清道的官吏看到那个病人躺在那里走不了路，怕给皇帝看到，竟把他推入水中，活活淹死了，后来更是连骸骨都没有找到。又一次，萧宝卷游走至沈公城，有一个妇人正临盆没来得及跑掉，他就命人剖开妇人肚子，下刀前打赌婴儿是男是女；还有一次到定林寺，一个老和尚生病未及走避，躺在草丛中想躲过一劫，他下令左右侍卫发箭，把老和尚射得像刺猬一样遍体是箭。

萧宝卷不仅对普通百姓残暴无比，连为其效力的官吏也不放过。魏兴太守王敬宾因病死在家中，正办丧事时，遇萧宝卷出游，家人全被赶走。等到家人返回，尸体早已被老鼠咬得残破不全。长秋卿王儇病危，因其家正处在萧宝卷出游经过的街道上，也不许在家中停留。有病的人经不起折腾，结果死在路上。丹阳尹王志被驱逐出户，无处可去，在建康城外的一个酒店里孤坐了半宿，身感风寒，几天后不治而死。可怜这些人为萧家天下奔劳半生，到头来却落得如此下场。

萧宝卷自小爱玩，身体强壮无比，弯弓能至三斛五斗。他还特别喜欢打猎，仅建康周边就有射雉场 296 处（南朝都城建康附近多雉，故君主多以射雉为猎），而且把场地装饰得华丽无比，用红绿锦缎做成帷帐及步障。所用的弓箭也十分华贵，都用金银玳瑁之类的珍宝加以装饰。萧宝卷在其间奔走往来，很少休息。每次打猎，都动用大批军队，封锁道路，驱散行人，更不许百姓擅入猎场一步，违者格杀勿论。因此，他每次出猎，对老百姓而言都是一场灾难。

独宠潘妃，无暇国事

小皇帝登基任意胡闹，自然也少不了广选美人，大肆宣淫。他的两个宠臣茹法珍和梅虫儿给他在境内大选美人，搅得民间鸡犬不宁。后来选中了一个美女让他一见钟情，立刻封她为贵妃，这个女子就是潘玉儿。

潘玉儿本姓俞，艺妓出身，以一双状似春笋般的美足而名传千古。她美艳动人，妖冶风流，乌发如缎，有着雪一样洁白和婴儿般柔嫩的肌肤。最让人销魂的妙处，便是裙下一双美足，柔弱无骨，不盈一握。萧宝卷荒淫无度，到民间广选美女，往往始乱终弃。但自从碰上潘玉儿，萧宝卷对她相见恨晚，宠爱有加，时刻都离不了她。当年，宋文帝在位30年，有一个潘姓妃子很受宠爱。为了讨个吉利，萧宝卷也让自己的宠妃改姓潘。为了讨好潘玉儿，这位游戏人间的皇帝做下了很多荒唐之事，痴情得一塌糊涂。

萧宝卷非常喜欢潘玉儿的一双美足，得空便握住她的足踝，连连把弄，有时更毫不避忌地咬上几口。偶尔咬痛了潘玉儿的脚趾，潘玉儿就不客气地用杖怒击其背，萧宝卷反而愈加觉得刺激。不仅不发火，还总是一副顺从样儿，乖乖地受罚。

萧宝卷为了讨好潘玉儿，在内廷之中，时常以奴仆自居，小心翼翼地侍候他的“太上皇妃”，端茶送水，捏脚捶背都做得心甘情愿。

潘玉儿所有的服御，极选珍宝，无论价值多少，只要得到她的欢心，千万亿亦在所不惜。相传潘玉儿的一个琥珀钏，就价值170万钱。潘玉儿宫中的器皿，皆纯用金银。内库所贮的金银不够取用，就向民间收买。一时间金银宝物，价昂数倍。萧宝卷令京邑的酒租折钱为金。潘玉儿也任情挥霍，不知节省，今天要这宝，明天要那珍，驿道上供

使络绎不绝。

每逢出游，潘贵妃都喜欢路旁绿树成荫，青草盖地。萧宝卷便命令百姓于出游前在路旁植树栽草。尽管过后必死，亦不厌其烦，在所不惜。有时树木不够，便向老百姓强行征取。看到树便拔，甚至毁墙拆屋，运送树木。他们出外游玩时，他总是让潘玉儿坐在可以躺下睡觉的舒适的轿子上，自己却骑着马，像个随从似的跟在后头，即使众人议论纷纷，他也毫不在意。

潘贵妃恃宠而骄，萧宝卷每有过失，她便加以杖打。对此，萧宝卷竟甘心忍受。为使自己不致被打得太重，他下令将宫中竹杖全部藏起，只留一些荆条供潘贵妃使用。

潘妃的父亲俞宝庆本是个市井小人，此时一步登天，成为皇帝的岳丈。他得意之余，竟然把自己的姓氏也改了，从此便唤作潘宝庆。萧宝卷平素称呼潘宝庆和茹法珍为阿丈，呼梅虫儿为阿兄，这些人常在小皇帝左右捉刀应敕，时人谓之“刀敕”。萧宝卷常戎服骑马前往诸刀敕家中游宴，婚丧嫁娶无不参加。每次到潘宝庆家里，小皇帝便自己跑到井边打水，给厨子做饭打杂，一群人嬉笑互骂，倒是没有一点儿帝王架子，与奴同乐。饭菜做好之后，萧宝卷便与潘玉儿并肩坐在一起，茹法珍、梅虫儿等依次列席，不分男女上下，恣意欢谑。还有一个小宦官王宝孙，年龄只有 10 多岁，生得眉目清秀，好像处女一般，萧宝卷给他起了个绰号叫“伥子”，非常宠爱。潘玉儿也对他另眼相看。王宝孙小巧玲珑，常坐在潘玉儿膝上，一同饮酒。到了夜深回到宫里，王宝孙在御榻旁留寝，因此恃宠生骄，渐得干预政事，甚至矫诏控制大臣，如梅虫儿、王咺之等幸臣，对他也有惧意。王宝孙有时甚至直接骑马进入宫殿，对萧宝卷动不动就大声呵斥，百官在一旁都屏息低头，不敢仰视。萧宝卷也不以为意，依旧日夕留侍。

潘玉儿原本是商贩的女儿，对于市集买卖之事觉得很有趣，时常心向往之。为了使她重温旧梦，萧宝卷就特地命人在御花园中搭建了一条小型街道，仿照民间市集模样，由宫人分别设置日用杂货及酒肉等店铺，所有六宫的日常用品都在此处购买。潘玉儿则担任“市令”，萧宝卷自任“市魁”。如果发现市场里有人不守规矩，或发生争执，就由“市魁”派人拘束听候“市令”发落，具体再由“市魁”执行。萧宝卷若有小过错，潘玉儿辄上座审讯，罚萧宝卷长跪，甚至加杖。萧宝卷乐受如饴，只是暗中吩咐从人不能在潘妃发怒时用大荆棍对他施刑。

这件事传出宫去以后，大臣们群情哗然；老百姓听到后也大为不满，简直成了天下人的笑柄。百姓为此编了个民间小调：“阅武堂，种杨柳，至尊屠肉，潘妃酤酒。”

后来，潘玉儿给皇帝生了个女儿，可只过了100天，孩子就死了。当年皇帝的爹死了，萧宝卷照样喝酒吃肉，穿锦着绣，一点儿都不伤心。而这回潘玉儿给他生的女儿死了，他却伤心大哭，身着粗布衣服，只肯吃素菜，过了一个多月都没有听歌观舞。还是他那帮亲信善解人意，看他这般难过，就一起做出好吃的来劝他吃，还号称“为天子解菜”。

从前齐武帝萧赜筑兴光楼，上施青漆，萧宝卷讥笑武帝太笨，便在楼上覆用琉璃。不料永元二年（500）八月，萧宝卷携潘玉儿等夜游，还没有还宫，宫禁起火，毁去房屋3000余间。因为宫门夜闭，外人非奉敕令，不敢擅开，等萧宝卷闻火驰归，传谕开门，宫内已付诸一炬。宫女太监烧死无数，萧宝卷也不禁叹息。当时宫中嬖幸，皆号为鬼，有个叫赵鬼的能读《西京赋》，向萧宝卷进言说：“柏梁既灾，建章是营。”于是，萧宝卷大兴土木，建起芳乐、芳德、仙华、大兴、含德、清曜、安寿等宫殿，又特别为潘玉儿修建了神仙、永寿、玉寿三殿。每座宫殿都极尽奢华之能事，拿黄金白玉之类装点得十分绚烂，穷工极巧，富丽堂皇。其中，给潘玉儿住的玉寿殿，还特地做了一顶飞仙帐，四面织锦铺绣，窗间画满了神仙飞舞飘荡的图样，其中描绘的灵兽神禽、风云华炬之类的都是用金银制成。在宫殿的檐角还悬挂着各式各样的铃佩。为了让潘玉儿的宫殿更为华丽，萧宝卷可谓搜尽一切宝物。他命人把宫内外古代文物中的玉饰凿剥下来作装饰之用。甚至连佛寺也不肯放过，庄严寺的玉九子铃、外国寺的佛面光相、禅灵寺塔上的各种宝珥，都被他弄了来，重新剖剔一新，装点潘玉儿的宫殿。萧宝卷还很着急，恨不得新宫殿一夜之间就能建好。执役的工匠从早到晚，忙个不停，他还嫌太慢，仍是催促不已。南朝佛寺本多，情急之下，督建官员就大拆各个佛寺殿堂的藻井、仙人、骑兽等物，涂饰一新后直接安装上去。萧宝卷凿金做莲花，遍贴在地面上，命潘玉儿裸足徐行而过，花随步动，弓弯纤小，腰肢轻盈。萧宝卷从旁称羡说："这真是步步生莲花啊！"

萧宝卷自从得到潘玉儿后，就专心宠爱潘玉儿，凡是能让潘玉儿高兴的事全都做尽了。结果，把一个好好的宫廷闹得昏天黑地，乌烟瘴气。国家也因此被搞得衰弱不堪，大难眼看就要来临。

少帝被废，南齐灭亡

永元二年（500），大将崔慧景最先发动兵变，打算废黜萧宝卷的帝位。幸亏豫州刺史萧懿闻讯率军入援，崔慧景兵败被杀，萧宝卷这才没丢掉帝位。萧懿因功出任尚书令，但为嬖臣茹清珍所忌，终于糊里糊涂地被萧宝卷毒死。萧懿的弟弟、任雍州刺史的萧衍立即拥戴萧宝卷的弟弟萧宝融在江陵称帝，接着统率大军，直逼都城建康。萧宝卷拥兵十万，却不敢出击，只是固守建康。等到萧衍的大军到来，将建康团团围住，最后城中粮尽，人心惶惶。萧宝卷这时候还想杀大臣立威。将军王珍国恐怕大祸临头，密遣心腹送明镜给萧衍，以明心迹。萧衍以断金回赠，意思是"二人同心，其利断金"。于是王珍国打开城门，萧衍大军直入建康，萧宝卷被废为东昏侯。不久萧衍正式称帝，改国号为梁，即梁武帝，也就是历史上有名的"和尚皇帝"。

萧宝卷只当了两年皇帝，便把大好江山断送，自己也落得个死无葬身之地的下场。南齐亡后，梁武帝将潘玉儿赐给了有功的将军田安启。最终潘玉儿自缢而死，结束了她荒唐无比的一生。

和尚皇帝，萧衍误国

梁武帝萧衍是中国历史上著名的“和尚皇帝”，他博学能文，长于诗赋，精通音律，还擅长书法。萧衍曾在齐时任雍州刺史，镇守襄阳，而后乘齐内乱，起兵夺取了帝位，建立了梁朝。后来，萧衍却沉迷于佛学，无心朝政，曾三次舍身同泰寺，最终使梁朝灭亡。

文武双全，博学多才

萧衍，字叔达，南兰陵中都里（今江苏丹阳）人。他与齐朝的萧氏同族，其父萧顺之为齐高帝族弟，曾帮族兄萧道成夺取了刘宋的江山，担任过侍中、卫尉等大官，很威风。他的生母张尚柔是西晋文学家张华的后代，学识渊博。在母亲的教育下，萧衍所学甚广，经史百家、诗书棋画、观星测月、骑射击斗，莫不通晓。

萧衍博学多才，而在文学上更有禀赋，初入官场就让竟陵王萧子良赞叹不已。此后他就常去萧子良在西州鸡笼山建的别墅西邸，与在此的文人相会交游。萧衍与经常来此的沈约、谢朓、范云、王融等人合称“竟陵八友”，是当时的著名人物。沈约是后来《宋书》《齐纪》等书的作者，谢朓则为著名诗人。萧衍极爱学习，手不释卷，后来他身居皇位，事务繁多，可夜晚仍在灯下苦读。他写过《通史》600 余卷；还自己草书朝廷的诏诰、赞、序等公文，共有 120 卷之多；他还改写“百家谱”，重用士族。历史上像萧衍这样勤于学习的君主确实很少见。

交战北魏，受到重用

萧衍因自己的家族关系，初入官场就在卫将军王俭的手下谋事。他才华出众，举止不凡，王俭很看重他，升他为户曹属官，后又被升任为随王的参军。他又与骁骑将军萧鸾关系甚密，常为其出谋划策。

齐武帝之后登基的新皇帝不管政事，只顾玩耍享受，大臣怎么劝谏都无济于事。于是，手握大权的萧鸾就将新皇帝废黜了，自己登上帝位，是为齐明帝。

萧鸾当了皇帝后，想着萧衍出谋划策的功劳，就提拔他任中书侍郎，不久又升他为黄门侍郎。从此，萧衍威名大震。

萧鸾刚刚坐上龙椅，北魏孝文帝就率大军攻打齐朝，萧鸾发出主力兵马迎敌，又让萧衍及平北将军王广之带兵支援前方。萧衍率军勇战，逼退了北魏人马。明帝将他升为太子中庶子。

497 年，北魏再次挥兵南下，进击雍州。

翌年，北魏打败了萧衍和崔慧景带领的齐军。不过，齐明帝并未怪罪萧衍，还让他当雍州刺史，管理雍州军政事务。萧衍的势力由此增强，为以后争夺皇位打下了基础。

工于心计，建梁灭齐

萧鸾当了五年皇帝就因病去世了，他的儿子萧宝卷继位，这就是历史上著名的东昏侯。

萧宝卷施政无术，暴虐无能，初为帝就滥杀无辜，诸多功臣遭难。萧衍对此十分不满，渐渐同东昏侯形成水火之势，私下同部众商议废了东昏侯，众人都表示支持。为了找借口出兵，他拥立时为南康王的萧宝融为帝，并积极联络朝中要臣。萧宝卷抵不住内外夹攻，被

萧衍废黜。萧衍为萧宝融登基立了大功，被加升为大司马，因此获得了更大的权力。

萧衍执掌了齐国大权，心中有自立为帝的想法，可他并没有急于行动，而是耐心等待良机。挚友范云与沈约都劝说他登基，他们还与众大臣一同逼萧宝融让位。萧衍起初不断推辞，萧宝融的禅让诏书拿过来后他又佯装推托。后来众臣一齐恳请他赶快称帝，他才佯装不得不同意的样子接受了。

502 年春，萧衍称帝，改齐为梁，是为梁武帝。

和尚皇帝，舍身事佛

佛教自东汉时传入中国，历经魏、晋，逐渐兴盛。宋、齐时代，建康已成为南朝佛教的中心，使不少精神空虚的凡夫俗子拜倒在它的门下。萧衍早就对“因果轮回”学说很感兴趣。他当皇帝后，对于父母妻子早死，不能分享荣华富贵，深为惋惜。惋惜之余，常常幻想，如果确如佛教所说，人死之后，可以超度，可以图个好的来世，那该多好，自己也许在有生之年还能与父母妻子见上一面。就这样，不知不觉地，萧衍对佛教越来越着迷。梁武帝天监三年（504）浴佛日（农历四月初八），出于一时冲动，萧衍写了一篇《舍道事佛文》，宣布抛弃道教，改崇佛法。事后，萧衍还有一点儿后悔，因为当时他仍有事业心，有事业心的人，是不可能虔心信奉万念俱灰的佛教的。天监五年（506）北伐失败之后，萧衍的事业心遭到沉重的打击，才开始虔心事佛了。萧衍在《述三教诗》中曾记述自己“少年学周孔，弱冠第六经”，“中复观道书，有名与无名”，“晚年开释卷，犹月映众星”的经过。虔心事佛，确是萧衍晚年的事。

萧衍虔心事佛，个人追求苦行头陀式的生活。他每天只吃一餐，尽是豆羹粗食。不饮酒，不听音乐。穿布衣，用棉帐，一顶帽子戴三年，一床被盖两年。50 岁以后不再与女人同房，并要求后宫的宫女清心寡欲，平时做到衣不曳地，不着锦绮。

然而，萧衍在对自己吝啬的同时，对佛教却极为大方。天监三年（506）为纪念自己的诞辰造光宅寺，还是以自己三桥的旧宅为基础，不敢过于铺张浪费。不久，为纪念亡母造智度寺，纪念亡父造大爱敬寺，纪念亡妻造解脱寺，就都是用国库的钱了。其中大爱敬寺规模宏大，花钱最多。萧衍的儿女亲家王骞（萧衍第三子萧纲之妻王灵宾之父）有良田80亩，在大爱敬寺附近，萧衍用钱强行买来，作为大爱敬寺的庄园，把王骞活活气死。后来，萧衍又造了法王、萧帝、仙窟、同行、劝善、资圣、同泰等寺，扩建了阿育王寺。同泰寺位于宫殿后门，是专供萧衍本人做法事的地方，梁武帝大通元年（527）建成，用钱之多，为诸寺之冠。寺内有九层高塔一座，三层般若台二座，大殿六所，小殿及佛堂十余所，金碧辉煌，光华夺目。梁武帝大同十二年（546），同泰寺毁于大火，后又重建，造十二层高塔一座，规模宏大，更胜于前。

萧衍不仅自己虔心事佛，还规定皇亲国戚、文武百官、黎民百姓也要虔心事佛。临川王（萧宏）府的长史江革，精信佛教，萧衍不知，以为他像范缜一样反佛，特赐手谕告诫道："世间果报，不可不信。"又撰《觉意诗》，长达500字，有一段这样写道："惟当勤精进，自强行胜修；岂可作底突，如彼必死囚。以此告江革，并及诸贵游。"江革无处申辩，没有办法，只得又去寺院受了一次戒。萧衍居高临下，严格监督，皇亲国戚、文武百官朝夕常与萧衍谋面，自然很难幸免。萧衍的贵嫔丁令光，每天陪着萧衍吃豆羹粗食，诵佛经梵咒，生活极为无聊。萧衍的诸弟和诸子，也大多去寺院受过戒。文武百官更不消说，他们为了博得萧衍的好感，竞相表现自己如何如何虔心事佛。宰相何敬容、尚书左丞刘杳、中书舍人任孝恭，均以虔心事佛闻名于世。在这种情况下，黎民百姓自然也不能不信佛。做了大半辈子道士的陶弘景，忽然自称梦见佛祖授给他菩萨记，名为胜力菩萨，于是，亲去寺院受五大戒。隐士刘慧斐、刘讦、庾诜等，整天抄佛经、做道场。老百姓则有的刺血抄经，有的割股喂鸟，有的绝食参禅，有的穿心点灯，光怪陆离，无奇不有。在萧衍的号召下，皈依佛门的人越来越多，有

梁一代，仅建康的僧尼就有十多万人。

萧衍时代，人人宣诵佛号，山山兴建佛寺。国财国力，民脂民膏，无偿地供给了佛教事业。然而，萧衍本人意犹未尽，还想变着花样把钱送给佛寺。

原来，萧衍对政治心闲意淡之后，整天在寺院里消磨时光，建康的500多所寺院几乎被他游遍，他对寺院的经济状况了如指掌。建康寺院既多，不可能都有田产，相当一部分僧尼是靠游客的施舍维持生计。对于这类寺院，萧衍十分关心。他除了号召人们不吝施舍外，还命令著名文士替它们书匾撰铭，招徕游客。

仅一个同泰寺，萧衍就为它从文武百官那里搜刮了金钱四亿钱。尽管搜括的方法及经过，有如儿戏，不值一哂，但是谁也不敢对“皇帝菩萨”的“建树”有半点儿非议。梁朝所有的佛教寺院都从“皇帝菩萨”那里获得了好处。在一片歌功颂德声中，“皇帝菩萨”关于佛教方面的“建树”，可以说是胜利完成了。

梁武帝晚年昏聩无道，接受了东魏大将侯景的降服，后来侯景反叛，领兵攻击建康。侯景把梁武帝囚禁起来，吩咐手下人不准给他饭吃。最后，85岁的梁武帝被活活地饿死了。

梁武帝崇奉佛教是他的自由，可是他因此荒废朝政，花大量的财富修佛寺、供养众多僧侣，还免去他们的赋税。这样一来，赋税重担压在了百姓身上，引得怨声载道，终于使国家失去了稳定和团结。

侯景残暴，祸乱江南

忠义之人自古以来都会受到世人的敬仰，但南朝时的侯景却三易其主，且每次都以反叛结束，因此留下了千载骂名。侯景生性残暴，投降梁朝后阴谋反叛，制造了“侯景之乱”，使江南地区的百姓饱受蹂躏。最终，同历史上的许多暴君一样，侯景死于自己的部下之手。

小人得志，先后易主

侯景，字万景，北魏时生于边境的怀朔镇（今内蒙古固阳南），这个地方很不太平，经常发生战争。在这种环境下长大的他自小就十分勇猛，喜欢争斗，乡亲们都很怕他。他长于骑马射猎，功夫十分了得。那时六镇起义发生在北魏边界，侯景就搜罗了一群混混儿投到极有权势的北魏大将尔朱荣手下，做了个小军官。不久，侯景抓到农民起义首领葛荣，立下了功劳，尔朱荣就让他做定州刺史、大行台，还赐封他为濮阳郡公。尔朱荣因专权被皇帝消灭后，侯景马上调转方向，投靠另一权臣高欢。

屡当叛将，反复无常

后来，高欢病重，他不放心侯景，就让其子高澄下令召侯景回京。侯景明白自己一旦远离驻地与军队，就会失去一切，于是就违抗命令不动身回京，还图谋反叛。高欢死后，侯景就心急火燎地投靠西魏去了。西魏的丞相宇文泰不相信他的诚心，不过还是接纳了他的献地，并让他到长安朝见，准备在长安将他的军权解除。侯景并不愚蠢，他猜透了宇文泰的心思，所以没有去长安而转投南梁。

梁武帝年老糊涂，不顾朝中众臣的一致反对，固执地收纳了侯景，还封他为大将军和河南王，随后遣萧渊明领兵5万前往支援。东魏名将慕容绍宗带兵在路上进攻南梁军队，梁军息战已久，人心涣散，被东魏军打得落花流水，萧渊明也被俘虏。慕容绍宗接着去打侯景，侯景惨败，只带数骑逃至寿阳。

东魏同南梁素来没有嫌隙，现在也不想得罪南梁，于是打算派使者去讲和，表示愿意放了萧渊明。侯景得知此信，心中很不安，他让人扮成东魏使者送伪书给梁武帝，说可以用侯景换萧渊明，以此来试探梁武帝。昏聩的梁武帝不辨真假，同意了。侯景大怒，即刻兴兵反梁。

叛臣贼子，攻占建康

548年，侯景的军队袭取谯州（今安徽滁州），直逼长江北岸。梁武帝闻讯，急忙派他的侄子——平北将军萧正德在长江布防，保卫建康。先前梁武帝无子，过继其弟萧宏之子萧正德为皇储，后来生了萧统，又将萧正德送还萧宏。萧正德失去继承皇位的机会，一直耿耿于怀。侯景借机煽动诱惑萧正德，以推翻萧衍、拥戴他做皇帝为诱饵，约为内应。侯景兵马到了江边，便坐上梁朝平北将军派来的大船，大大方方地过了大江。接着萧正德权欲熏心，又无耻地引领叛军越过秦淮河，大开城门，迎侯景进入建康。侯景于是集中兵力，围攻梁武帝固守的宫城——台城。这时梁朝诸王从各地奉命救援的军队约有二三十万，逐渐会合到建康周围，比起叛军尚占优势。可是，梁武帝的这些至亲骨肉，根本不是真心“勤王”，而是巴望着梁武帝一死，自己捞个夺位的机会。所以，他们的军队大多“淹留不进”，而且彼此之间也

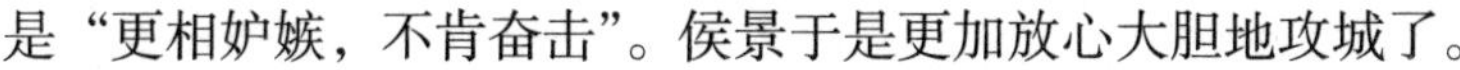

是“更相妒嫉，不肯奋击”。侯景于是更加放心大胆地攻城了。

经过130多天的攻围战，终于破城，号称“皇帝菩萨”的梁武帝，也成了侯景的俘虏。各地勤王师或降或走，如鸟兽散。侯景控制朝廷以后马上翻脸，杀掉了萧正德。不久，梁武帝也被活活饿死。侯景又推出个萧纲当了一段时间的傀儡皇帝，没多久又废杀了。之后，又立萧栋，到公元551年，侯景终于公开行动，逼迫萧栋“禅位”，亲自粉墨登场，自立为汉帝。

暴徒横虐，祸乱江南

就在同一年，侯景的军队进攻江陵受挫。次年，梁将陈霸先、王僧辩等乘胜顺江东下，再败侯景于建康。侯景乘船出逃，被部下杀死于船上。扰害三年多的侯景之乱，至此告终。

侯景发动的叛乱，虽然只是几年光景，却给社会造成了严重的破坏，给人民带来极大痛苦。侯景叛军初围攻台城时，城内尚有男女10多万人，城破之日，只剩下二三千人，城里“横尸重沓（层层堆积），血汁漂流，无法行路”。侯景入城，聚尸焚烧，“烟气张天，臭闻数十里”。昔日拥有28万多户的繁华都城建康，经过洗劫而化成一片废墟。侯景攻取建康后，曾分兵攻略吴郡、会稽、广陵等地，一路烧杀破坏，把个号称“最为富庶”的三吴地区，破坏得残败不堪，长江下游地区呈现一片“千里绝烟，人迹罕见，白骨成聚，如丘陇焉”的凄凉景象。江南人民对侯景的暴行恨之入骨，这正是侯景迅速失败的根本原因。当侯景的尸体运送到建康时，老百姓争着割他的肉吃，甚至焚骨扬灰后，还“以灰（他的骨灰）和酒饮之”，以解心头之恨。

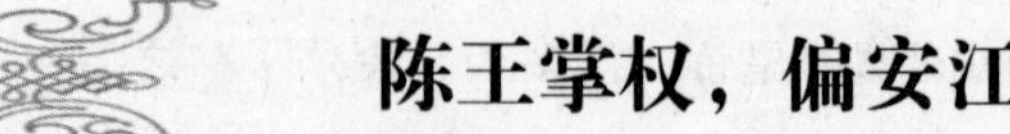

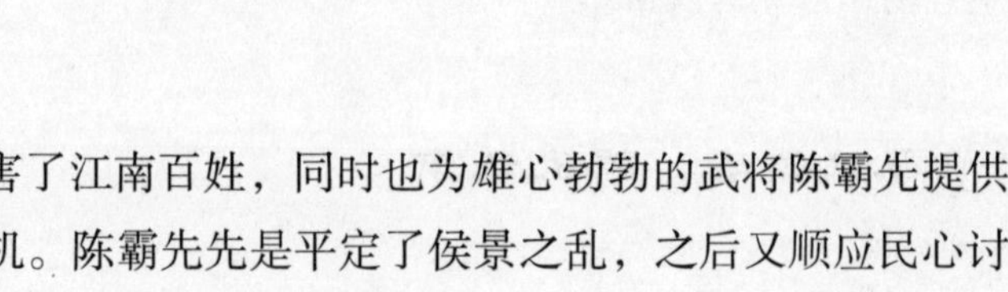

陈王掌权，偏安江南

侯景之乱祸害了江南百姓，同时也为雄心勃勃的武将陈霸先提供了实现梦想的良机。陈霸先先是平定了侯景之乱，之后又顺应民心讨伐王僧辩，在抵抗北齐的两次进犯时又立下了赫赫战功，因此被加封为陈公，后又被封为陈王。此后，他逐渐掌握了军政大权。557 年，陈霸先登基称帝，开创了南朝的最后一朝——陈。

足智多谋，志向高远

陈霸先，字兴国，吴兴长城（今浙江长兴）人，是南梁的名将。陈霸先的祖先是渡过长江来到南方的移民，他家境贫困，生活艰难，可志向远大。他自小爱看兵书，武艺超群，长大后为了能够有所建树，决意入伍。

起初，陈霸先在广州刺史萧映手下当差，任中直兵参军，没多久又被任命为西江督护、高要太守。后来，新州刺史卢子雄平定叛乱遭遇失败，朝廷要将他斩首。卢子雄之子及下属部将对此不满，就兴兵谋乱，进军广州。陈霸先带几千军马反击，将其歼灭。这次胜仗让陈霸先威名远扬，梁武帝萧衍也十分欣赏他，任命他为直阁将军，封号新安子。

讨伐侯景，平叛有功

侯景叛军包围建康时，梁朝朝不保夕，梁武帝敦促广州刺史萧勃出兵救难。这时，萧映已经病逝，继任者萧勃尽管是皇室宗亲，可并不与武帝同心。他想再等几天，到建康的兵事差不多了结时再过去坐收渔翁之利。因此，陈霸先多次向他请求发兵，他都没有答应。陈霸先不知该打还是该留，正在犹豫之际，一个名叫侯安都的人站出来鼓励他发兵勤王。侯安都在当地有钱有势，很有雄心，他看准了陈霸先并非等闲之辈，将政治赌注押在了他身上，出财出力给陈霸先募集人马，支持他北进建康。陈霸先得此支持后，很快发兵赶往建康。翌年春，陈霸先率精兵3万同梁朝将军王僧辩会师，共谋击讨侯景。

陈霸先像

侯景攻下建康后滥杀无辜，百姓们恨不得生食其肉，在得知两路军队前来攻伐侯景后，无不欣喜异常。最后两军联合大破乱军，侯景被彻底打垮，逃命路上被手下所杀。平定了侯景之乱，湘东王萧绎就于江陵登上帝位，是为梁元帝。陈霸先伐贼立功，被任命为征虏将军、开府仪同三司、司空，领扬州刺史，驻扎京口（今江苏镇江），王僧辩则驻镇建康。

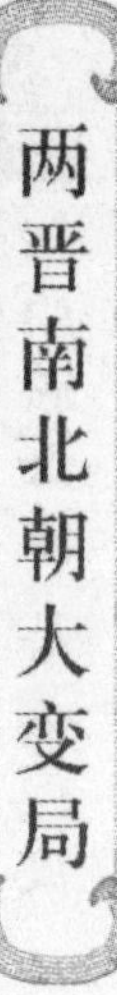

诛杀异党，击退齐军

不久，西魏乘隙进兵，攻破了梁都江陵，王僧辩未能及时赶去救难，梁元帝遇害。陈霸先同王僧辩商议后，拥立梁元帝萧绎的第九个儿子萧方智在建康登基，是为梁敬帝。此时，梁朝因为争战过多，社会动荡不安，已取代东魏的北齐趁此机会遣兵送回俘虏萧渊明，逼王僧辩将萧渊明立为皇帝，建立傀儡政权，以扩大自己的势力。王僧辩慑于北齐的威逼，同意了，他将梁敬帝废掉，接回了萧渊明。这个卖国之举大大损害了王僧辩的威名，他此前平定叛乱的功劳顿失光彩。陈霸先同部属共议讨伐王僧辩，其后率军由京口出战，直逼建康。丧失民心的王僧辩不久就兵败身亡。之后，陈霸先拥梁敬帝复位，自任为大都督，管理军事。此后不到两年的时间里，陈霸先相继抵挡住了北齐的两次侵犯，被加封为陈公，后又被封为陈王。

建立陈朝，重整河山

当时，梁朝一片混乱，梁敬帝也是一个平庸无能的皇帝。面对千疮百孔的局面，他无力修补，于是准备让贤。

557 年，梁敬帝退位，陈霸先登基称帝，梁朝就此结束，而南朝的最后一个朝代陈朝就此建立。陈霸先当了皇帝以后，采取一系列恢复国家经济的措施，他自敛宽宥，仁爱为本，宽松行法，体恤民情，以诚养政；大力发展长江流域的经济，最终使长江流域成为繁华之地，为岭南和东南沿海地区经济的发展奠定了根基。陈霸先为帝三年，广用贤能，清正廉明，使江南的社会局势渐渐稳定了下来。后人对陈霸先的功劳和地位给予了高度肯定，称赞他“江左诸帝最为贤”。

白袍将军，陈氏庆之

南北朝时，洛阳城内广泛流传着这样一首童谣：“名师大将莫自牢，千军万马避白袍。”意思是说，不管你是怎样的名将，有怎样强大的军队，最好都远远避开白袍骑兵。这支威名远扬的白袍骑兵是由梁朝名将陈庆之带领的，仅有七千人，却将北魏铁骑打得丢盔弃甲，闻之色变，在我国军事史上书写了一段传奇。

莫问出身，凭风借力

侯景之乱把江南搞得乌烟瘴气，建康的百姓流离失所时，曾有人仰天长叹：“假如陈庆之将军晚死十年，我大好河山怎会遭此劫难！”那么，陈庆之到底是何等人物？

陈庆之，字子云，义兴国山（今江苏宜兴）人。史书上没有详述他的家世，他很可能出身于普通的平民家庭。这种出身的人在那个看重门第的时代很难得势，不过他后来能够跟随萧衍，由此获得了改变人生的机遇，终于成就了一番事业。

萧衍担任南齐雍州刺史时，非常爱下围棋，兴致高时会通宵达旦地下棋。他要是棋瘾上来了，不管是白天还是半夜，陈庆之总是随叫随到，即便身边的随从都困得站不稳了，陈庆之仍神采奕奕。那时，他只是一个普通的侍从。陈庆之的棋下得极好，可他长得瘦弱，传说他骑马技术很不好，至于射箭根本就不会，没人发现他有为将的潜质。

不过，萧衍对他“甚见亲赏”，越来越喜欢他，兴兵讨伐无道之君萧宝卷，进兵南齐时，还不忘棋友，封陈庆之为主书。主书是南北朝时期的一个十分重要的官职，出身寒门的陈庆之此时可谓一步登天。

后来，萧衍攻进了建康，改国号为梁，自立为帝。而陈庆之此时在雍州做官，花钱召集才士，下了不少功夫提升自己的各种能力。

风云际会，横空出世

525年，北魏徐州刺史元法僧叛乱失败，就在彭城向南梁投降，请梁武帝出兵援救。梁武帝接受了元法僧的投降，想到了陈庆之，就封他为武威将军，领兵前去接应。

梁武帝这样做并不是因为看到了陈庆之有当武将的素质，只是因为他与自己关系亲近才如此重用。陈庆之从文臣变成了将军，有些突然，因为他还从来没有打过仗，一点儿经验都没有。

然而从事实来看，梁武帝确实用对了人。陈庆之作为一个带兵新手，表现出了无所畏惧的英勇气概。他先保护豫章王萧综去接手管理徐州，之后带军一举拿下了魏国的两座营垒。后来因为萧综叛变，陈庆之的全局计划被打乱，导致失败，只好撤回建康。尽管初战失败，可陈庆之展现了杰出的指挥才能，受到梁武帝的称赞。后来，陈庆之领军多次打退了北魏的进攻，更为梁武帝所器重。

527年，陈庆之同大将军曹仲宗共同进攻北魏的涡阳。闻知这个消息后，北魏朝廷感到事关重大，马上遣征南将军常山王元昭率15万大军支援涡阳。

在随后的十个月中，双方军队展开多次激战，相持不下。部下兵将提议以守代攻，陈庆之却觉得魏军远路而来，兵马劳累，再加上长时间的战争，物资耗费极大，所以梁军应该主动出击，然后一举扫灭魏军。

盘算已定，陈庆之就趁其不备，带军攻破了魏军的四座堡垒。梁军将斩获的敌军的头颅列于军前，以此震慑敌军，突破他们的心理防

线，从而一举打败了魏军。

涡阳的捷报传至建康，梁武帝喜形于色，亲写诏书，称赞陈庆之："本非将种，又非豪家，觖望风云，以至于此。可深思奇略，善克令终。开朱门而待宾，扬声名于竹帛，岂非大丈夫哉!"

白袍骑兵，萧梁战神

当时，中国北方战火纷纷。尔朱荣控制了北魏大权，大肆杀害皇亲国戚，朝臣们不断逃往梁朝。

528 年，北魏的北海王元颢领兵马归顺梁武帝，请梁武帝发兵援助。陈庆之领命保护元颢北进，率 7000 骑兵去洛阳。他们一直行进到睢阳。北魏睢阳守将丘大千曾败在陈庆之手下，可能被他的威势所震慑，7 万大军竟然打不过陈庆之的先锋军，只一天就举旗投降了。

陈庆之很快赶到洛阳，北魏朝廷一片混乱，派征东将军元晖业带 2 万兵马抵挡，驻于考城。不过元晖业也不敌陈庆之，梁军很快就将考城拿下，不仅得到了北魏的数千辆战车，还将元晖业活捉。之后，梁军马不停蹄，两进至荥阳。北魏朝廷竭力防守，先是遣了 7 万兵马驻守荥阳，另外还不停地抽调军队。北魏兵力强大，梁军一时无法攻下荥阳，军心渐渐不稳。

陈庆之为了抚慰人心，向全军发表了一场演说。他鼓励大家打起精神，对付敌军。因为现在梁军身处绝境，没有后退的余地，只有奋力向前才能有出路，而且国家养兵千日，等的就是今日大家拼死效力。陈庆之激昂的话语使梁军士气大为振作。兵士们拼命向前，舍身杀敌，北魏军大败而归。

之后，陈庆之从军中选出 7000 名身着白袍的骑兵，将他们组成一支敢死队，与北魏的十几万援军决战。白袍兵以"不是你死就是我亡"的决心向魏军猛冲，魏军骑兵纷纷落马，到死都没弄清楚这些穿白袍的江南人为什么这么勇猛。

陈庆之就这样用几千骑兵战胜了北魏的 30 万大军，十几次战役没

有败过，可称为“战神”。因此整个洛阳城都在传唱：“名师大将莫自牢，千兵万马避白袍。”

陈庆之进洛阳后，元颢执掌北魏政权，不过他不求富强，贪图享乐。不久尔朱荣反攻回来，元颢被擒拿。之后，陈庆之从洛阳回军至建康。

539 年，陈庆之辞世，时年 55 岁。1000 多年后，伟人毛泽东在读《南史·陈庆之传》时，对陈庆之景仰不已，批注道：“再读此传，为之神往。”

第六章

胡汉群豪，北朝汉化

公元 386—581 年，南朝正值门阀兴盛、衣冠风流的时期，与此同时，北方也先后出现了北魏、东魏、西魏、北齐、北周等政权，与南方的宋、齐、梁、陈划江而治，对峙称雄。当南朝沉溺于丝竹管弦、舞裙飘飘的极乐世界时，北朝成功实现了汉化，消弭了民族间的尖锐文化冲突，为后来的隋唐大一统作出了不可磨灭的贡献。

孤注一掷，拓跋建魏

淝水之战前，鲜卑族拓跋部曾建立代国。后来，由于遭受前秦的攻击，代国分崩离析，最终由前秦统治。淝水之战使前秦国力锐减，拓跋部借机恢复政权。386 年，年仅 14 岁的拓跋珪被各部酋长拥立为代王。后来，他改国号为“魏”，史称北魏。拓跋珪划地给鲜卑人，让他们定居，进行农耕，还任用汉人为官，使北魏的经济逐渐发展起来。

生于忧患，尴尬童年

拓跋珪是代国末代君主拓跋什翼犍的孙子。在他出世前，父亲拓跋寔因为在平定叛乱中受伤过重而去世，祖父拓跋什翼犍就娶了怀孕的儿媳贺兰氏，以结好代国的贺兰氏家族。数月之后，贺兰氏产下拓跋寔的遗腹子，即拓跋珪。当时，人们都以为他是拓跋什翼犍的儿子。这种令人难堪的身世成了拓跋珪一生都挥之不去的阴影。

拓跋珪自小在汉地生活，受的是汉人的教育，因此思想不同于其他鲜卑人，而他又具有游猎民族的强悍之气，两种优秀品质合为一体，为他后来打江山定下了根基。376 年，代国惨败于前秦的铁蹄之下，什翼犍携贺兰氏、拓跋珪等皇室中人趁乱逃跑。在部属的支持下，贺兰氏将什翼犍拿下，带拓跋珪投降了前秦军队。

此后，拓跋珪在异土的漂荡生活开始了。生活在长安时，繁荣的城池和博大的中华文明深深地印在了他的脑海中，他心中渐渐燃起了

返回故土、振兴鲜卑的愿望。

数年之后的淝水之战让拓跋珪的命运发生了转变。刚愎自用的苻坚轻视对手，不料惨败，使得前秦社会动荡不安。贺兰氏与拓跋珪趁乱回到了鲜卑族的部落，此时的拓跋珪已经是个坚毅沉稳的少年了，在他平静的面容下，隐藏着一颗奋发向上的雄心。

复国建魏，重振雄风

没多久苻坚就被姚苌所杀，昔日强盛的前秦如今土崩瓦解，四分五裂，刚刚统一的中国北方再次陷入动荡之中。

不过，这种局面对于拓跋珪来说，正是一个扩展实力的大好机会。他返回代国旧地后，众多部族首领都相继投靠于他。拓跋珪的实力逐步增长。

386年，鲜卑各部族再次联合起来，召开大会，一致拥护拓跋珪为代王。没过多久，拓跋珪就将国号改为魏，自称魏王，将都城定在盛乐，史称北魏。

北魏刚建立就遇到了很大的麻烦，独孤部的窟咄带领军队攻占了北魏的属地。北魏举国惊恐，有的部族首领因为信心不足，就想要反叛。拓跋珪果断决策，带领真心跟随自己的部众躲开独孤军队，快速地转到了贺兰部，积极备战，同时向后燕求助。

不久，后燕慕容垂出于自身利益的考虑，决定支援拓跋珪。后来，拓跋珪将窟咄打败，窟咄在逃跑时被杀死。不久，拓跋珪又乘独孤部内乱，伙同燕军击败了独孤部。经过多次征战，拓跋珪消除了北魏的外患，国内渐渐稳定了下来，经济也得以发展。

391年冬，鲜卑族的宿敌铁弗部再次攻打鲜卑族，拓跋珪仅带数千人迎战。尽管在兵力上处于弱势，可他镇定自若，指挥有度，步步为营。后来竟然取得了胜利，并一路追赶敌军，攻占了敌军的根据地，并占领了整个河套地区。

铲除祸患，消灭后燕

在北魏扩张的过程中，后燕给予拓跋珪了很大的帮助。后燕以为自己对北魏施恩甚多，就经常抢夺北魏的人口和战利品，有时还对北魏的事务指手画脚，一再插手北魏的国事军事。

拓跋珪心中很不平，不过他也知道，自己国家的战争此起彼伏，暂时分不出精力来解决这些矛盾，只能等待时机。而后燕也早就起了吞并北魏之心，只是还没有把对手西燕消灭，因此也不得不将灭魏之事拖后。

395 年，后燕将西燕灭了，而北魏经过征战也站稳了脚跟，现在双方都腾出了手，有空儿来解决彼此间的恩怨了，战争一触即发。很快，慕容垂令儿子慕容宝领精兵进攻北魏。拓跋珪采纳了属下的建议，没有从正面与强大的后燕军队对峙，而是攻击后燕大军的边翼和后方，切断了他们的归路。慕容宝的军事才能和政治头脑远远比不上其父，他依仗自己兵力强大，不把北魏军队放在眼里，打赢了几仗后，更是骄傲轻敌。

转眼间到了冬天，双方仍相持不下。慕容宝尽管据有黄河沿岸，可他迫不及待地想要回师，致使军队后方防备松懈。拓跋珪看准机会，在参合陂一举将后燕军队打败。慕容垂病逝后，他的几个儿子都想继承皇位，相互之间斗得难分难解。拓跋珪就于此时进攻后燕，将其消灭，扩展了北魏的疆域。

平城称帝，暴虐早亡

398 年，拓跋珪于平城建都，正式称帝。他任用汉人中的有才之士协助治国，广泛学习汉族的优秀文化，使鲜卑族渐渐汉化。在国家典制方面，他也以汉人的典制为依据，公布法律和禁令，划分行政区域，

制定军事制度，使得北魏大小事务井井有条，经济得到了很大发展。

后来，拓跋珪还将后秦等割据势力消灭，拓展了北魏的版图，使得北魏一时间繁荣兴旺，国安民乐。

然而，拓跋珪执政后期变得十分暴躁残酷，而且疑心病越来越重，动辄杀人。魏道武帝天赐六年（409），拓跋珪于寝宫中被儿子拓跋绍所杀，时年38岁，谥号道武皇帝，庙号太祖。

北魏是南北朝时期游牧民族在中原地区建立的重要政权。拓跋珪为北魏的建立立下了汗马功劳，不过他晚年残暴无德，丧失人心，终于命丧在儿子手中，实在令人叹息。

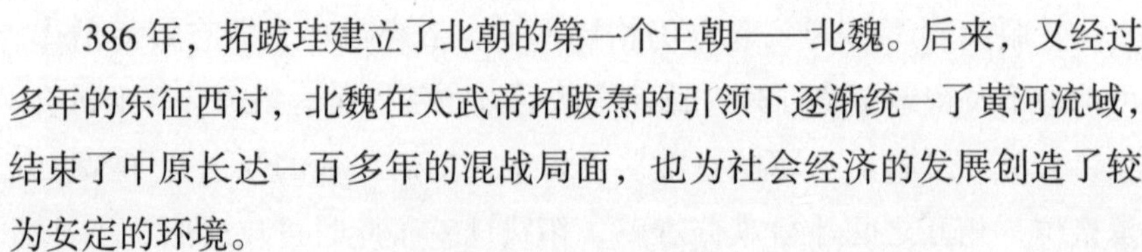

统一北方，社会安定

386年，拓跋珪建立了北朝的第一个王朝——北魏。后来，又经过多年的东征西讨，北魏在太武帝拓跋焘的引领下逐渐统一了黄河流域，结束了中原长达一百多年的混战局面，也为社会经济的发展创造了较为安定的环境。

正式称帝，整治国家

拓跋珪于平城正式称帝后，为了稳固新建的国家，在国内实施了相应的措施。

他大量吸纳汉族的优秀文化，令鲜卑人“分土定居”，使鲜卑部落的经济由牧猎渐变为农耕。他一方面把分散流动的人口编入户籍，鼓励他们发展农业，督促他们从事农桑种植，并减轻他们的租税。另一方面，他兴办教育，推崇儒家文化，重视人才，任用汉族的有才之士。此外，北魏政权还采用了封建制度，尽管并不彻底，可相对于鲜卑族原有的制度来说却有了质的进步。

上述措施使北魏渐渐融入了中原社会，促进了鲜卑族同汉族的融合，也使北魏壮大了实力、统一北方的进程得以加快。

父子不和，救母弑父

北魏政权建立后，拓跋珪仿照汉武帝立太子而杀钩弋夫人的先例，作出了这样一个规定：凡立太子，必须先杀其母，以防母后干政、外戚作乱。409 年，拓跋珪将立长子拓跋嗣为太子，便要杀死拓跋嗣的母亲刘贵人，并对拓跋嗣说，这样做是为了国家的长久之计。拓跋嗣是个孝子，得此消息，“哀泣不自胜”。拓跋珪大怒，欲召他前来训斥。拓跋嗣身边的人劝他赶快到外面躲一躲，免生不测，于是，拓跋嗣带亲随两人，逃匿于外。

就是在这样的当口，发生了其异母弟拓跋绍弑杀父皇之事。

关于拓跋绍其人的性情，《魏书·清河王绍传》记载甚详，说他“凶狠险悖，不遵教训。好轻游里巷，劫剥行人，斫射犬豕，以为戏乐”。拓跋珪曾在大怒之下把他倒悬在井里，直到他奄奄一息，才算作罢。正因如此，他们父子不和，矛盾很深。拓跋绍和他异母兄拓跋嗣关系也不好，原因是拓跋嗣经常责怪他的放任无忌。

拓跋绍的母亲是贺兰太后的妹妹，容貌秀丽，拓跋珪到贺兰部时见而悦之，向贺兰太后请求接纳为妻。贺兰太后认为她太美，“必有不善，且已有夫，不可夺也”（《资治通鉴·晋纪三十七》）。拓跋珪不听，派人杀其夫而占有了她，生下了拓跋绍。

拓跋珪性情凶暴，杀人成性。一次，贺兰夫人惹怒了他，他便将贺兰夫人囚禁起来，准备将其杀死，因当时天色已晚，未能动手。贺兰夫人在狱中派人给儿子捎信，请儿子快来救她。拓跋绍得知消息，

心急如焚，对其父恨之入骨，决定杀死父皇，营救母亲。

对于皇帝拓跋珪的残忍，朝野上下无不知晓，人人畏惧，谈虎色变。所以，拓跋绍要组织杀手是十分困难的。况且，此时的拓跋绍才16岁，还是个孩子，左右很担心他能否成功，不敢参与其中。在这种情况下，拓跋绍表现出惊人的勇武，他秘密将手下亲随及宦官数人召集起来，对他们说，父皇残暴，滥杀无辜，积怨甚多，今天是咎由自取，事成之后，定有重赏。这些手下人平日都与拓跋绍关系密切，经拓跋绍这一鼓动，都坚定下来。拓跋绍又指出，这一行动凶多吉少，成者王侯败者寇，煽动众人拼将一死，力争成功，从而提高了众人的士气。

魏武帝天赐六年十月戊辰（409年11月6日）夜，拓跋绍带领死士数人跳过宫墙，进入天安殿皇帝寝宫，宫中侍者听到动静，大呼："有贼！"皇帝拓跋珪大惊而起，慌忙去取弓刀，但一时没有找到。这时，拓跋绍已窜到他跟前，一刀结果了他的性命。这一年，拓跋珪年仅39岁。

拓跋绍杀死父皇后，仍留在天安殿中，第二天中午仍不开宫门，他从门缝里对群臣说："我有叔父，也有兄长，你们拥护谁？"众人惊愕不答。南平公长孙嵩说："听大王的！"众大臣这时方知皇帝已死，但对拓跋绍仍心有不服，各怀异志。拓跋绍拿出大批布帛颁赐王公以下的大臣，笼络人心，以期登基夺权。

但是，拓跋绍没有当上皇帝。逃亡在外的太子齐王拓跋嗣闻讯组织人马杀了回来，拓跋绍及其母贺兰夫人都被赐死，拓跋嗣夺得了帝位，是为魏明元帝。

魏太武帝，文治天下

422年，魏明元帝拓跋嗣趁宋武帝刘裕病逝之机，向宋国发动大规模进攻。魏军相继攻下了黄河南岸的虎牢（今河南荥阳西北）、洛阳、滑台（今河南滑县东）等战略要地，还取得了青州、兖州。魏明元帝

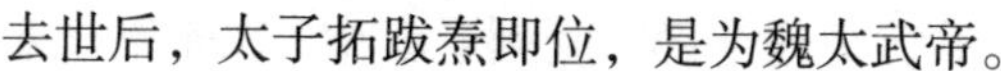

去世后，太子拓跋焘即位，是为魏太武帝。

魏太武帝是一个英明的君王。登上皇位后，他继承了前辈的统治方略，继续借鉴汉人的治国思想、成败经验和国家制度。例如，他改革税收制度，按人口分配土地，督促百姓发展农业，促进经济发展；任用大量汉族贤人，整治官场的贪污腐败现象；推崇儒家学说，发展文化教育，提高百姓素质，促进国家稳定，等等。这些政策实施后，北魏日益强盛，逐渐有了统一北方的实力。

北魏稳步前进之时正是十六国的末期，南方的刘宋朝廷正在崛起。而北方地区的大夏、北凉、西秦、北燕和柔然等政权并立，彼此间征战不断，并时常骚扰北魏的边境，这迫使拓跋焘开始考虑消灭它们。

大夏国君主赫连勃勃去世后，拓跋焘经过慎重考虑，准备先进攻夏国。夏国是匈奴铁弗部所建的政权，铁弗部与拓跋氏素来为敌，赫连勃勃称帝后为政暴虐，使得人心尽失。现在赫连勃勃的几个儿子正在内斗，朝廷动荡，北魏选择先攻打夏国，的确是一个英明之举。

攻打大夏，统一北方

415年，平城附近连年霜旱，不少人饿死。有人主张迁都邺城（现在河南安阳市北）。当时，谋士崔浩对魏明元帝讲了很多不能迁都的道理，重要的一个理由，便是迁都之后，平城的防守力量弱了，夏和柔然必然乘机进犯。417年，刘裕攻打后秦，后秦向北魏求救。北魏讨论了这件事，崔浩又以为要防备柔然进犯，不可出兵。刘裕打进了长安，拓跋嗣打算派一支精锐骑兵，直捣彭城（现在江苏徐州市）和寿春（现在安徽寿县），又向崔浩问计。崔浩对他分析了当时形势，以为“西有屈丐（即夏，屈丐的意思是卑下，北魏称赫连氏为屈丐以示侮辱），北有柔然”，出师对北魏不利。崔浩当时谋略无双，担心的就是夏和柔然，可见它们对北魏的威胁是很大的。

柔然是鲜卑的一支，又叫蠕蠕或叫芮芮，长期游牧在拓跋部的北边，冬天从漠北迁向漠南，夏天又回到漠北，每年向拓跋部贡献“马畜貂纳皮”。拓跋珪攻打过柔然，把这个部落赶到了云中。394 年，柔然首领社岭逃走。402 年，社岭征服高车诸部，雄踞漠北，自称豆伐可汗，建立了一个势力很大的游牧政权，东到朝鲜故地之西，西到焉耆(现在新疆焉耆回族自治县)，北到贝加尔湖，南面和北魏隔着一片广大的牧地，时常攻掠北魏的边境。但这时，柔然还很落后，实际上，不过是一个巨大的军事行政的联合体。

拓跋嗣即位不久，柔然侵犯北魏边境。410 年，北魏大将长孙嵩被柔然围在牛川（现在内蒙古呼和浩特市东)，拓跋嗣亲自出征，社岭才率众退走。423 年，南朝的刘宋和北魏交战，正在争夺河南，柔然又进犯北魏边境。拓跋嗣从赤城（现在河北赤城）到五原筑了一道长城，设了一些镇戍，防止柔然南下，拱卫平城。这时，北魏对柔然还是处于防御的地位。

魏太武帝拓跋焘主动出击柔然，规模最大的一次，发生在 429 年。这一年，柔然被打败，原来臣服于它的一些高车部落乘机摆脱了控制，被北魏降服的柔然有 30 多万户，掳获的马牛羊达到几百万头，敕勒(高车部）也有几十万人向北魏投降。这些降服的部落被魏太武帝迁到漠南几千里的边境上，在军事镇压下，从事农耕和畜牧。另一部分柔然人往漠北退走，遇有机会，便象一阵风暴，袭击北魏的北方边境。

429 年这一战，对北魏的影响很大。史书上说，北魏自从降服这些柔然、高车部落之后，畜产和毡皮的价钱都跌落了。北魏统一黄河流域的战争，也是在打退柔然之后，达到一个高潮。429 年这一战之后两年，便消灭了夏的残余势力。

夏的皇帝赫连勃勃的父亲刘卫辰，是拓跋部的仇人。当拓跋珪打败了铁弗部，刘卫辰死后，勃勃就逃到后秦依靠姚兴。勃勃弃去原来的姓——刘，改姓赫连。407 年，勃勃脱离后秦独立，称大夏天王；418 年，赶走刘裕留驻在长安的军队，占有关中（现在陕甘地区)，自称皇帝。魏太武帝即位的第二年（425)，赫连勃勃死去，夏发生内乱。426 年，魏太武帝分两路攻夏，一路攻长安，一路攻统万（夏的都城，现在陕西榆林西南)。这一年，攻下长安；第二年，攻下统万。

统万城高 6 丈多，城上宽 10 步，城基宽 30 步，城里宫城 3 丈多高。城是特制过的土筑的，坚硬得和石头一般。宫城内建筑壮丽，有高大的殿阁和楼台，雕镂得穷工极巧。筑这座城，征发了 10 多万民工。魏军进入统万，魏太武帝对左右说："小小国家，滥用民力到这种地步，怎能不灭亡啊!"

攻下统万以后四年多，夏的残余势力才最后被消灭。

灭夏不久，割据辽东、辽西（现在辽宁）的北燕和割据河西（现在甘肃）的北凉也先后被北魏打败，灭亡了。

西晋之末，中原不少学者到凉州避难，从此以后，凉州成为汉族文化在西北的一个中心。北魏灭北凉，居住在凉州的汉族士人，不少到北魏都城平城去做官，或者当教授。索敞、常爽是当时最有名的两位教授。常爽有学生 700 人，索敞的学生中有几十人担任了北魏的重要官职。凉州士人对于北魏的"文治"作出了贡献。

魏太武帝是结束中国北方长期分裂局面的重要人物。这个人的特点是果断、镇定，善于用兵。424 年，和柔然交战，他在云中被围，围骑多至 50 重，他还神色自若。进攻统万，时值大风雨，飞沙扑面，有人劝他暂时退兵，他却乘风雨飞沙，转到敌军侧面，奋勇进击，取得胜利。他又很得军心，作战时，亲犯矢石，将士愿为他出死力。

在魏太武帝的努力下，经历了 100 多年割据的北方地区终于再次获得统一，开始进入北朝时期。按照史家的习惯，拓跋焘完全统一北方的 439 年，往往被视为北朝的起始之年。从此，北魏同南方刘宋朝廷共存，南北相持的局面正式开始。

由于北方再次统一，北魏的国内形势渐趋稳定，农业、经济、文化也获得了较大的发展，为不同民族之间的交流和融合提供了便利。

北魏张良，名臣崔浩

崔浩是北魏前期最具影响力的政治家，他长于计谋，精于决策，被称为“南北朝第一谋略家”“北魏张良”。他相继在道武帝拓跋珪、明元帝拓跋嗣、太武帝拓跋焘三朝为官，位至司徒，为北魏迈入封建社会及一统北方立下了汗马功劳。不过，他也因功高自大，盛气凌人，最后得罪了鲜卑权贵，未得善终。

名门之后，堪比张良

崔浩，字伯渊，清河郡武城（今山东武城）人，出身于北朝第一名门望族清河崔氏家族。崔家自魏晋以来出了许多高官显贵、名人雅士。崔浩之父崔宏幼年被称为“冀州神童”，北魏初官至吏部尚书，赐爵白马公。

崔浩青出于蓝而胜于蓝，才华比父亲更高，史书中说他“少好文学，博览经史。玄象阴阳，百家之言，无不关综，研精义理，时人莫及”。他容貌姣好，酷似美妇，头脑也很聪敏，时常自比张良。

崔浩刚刚 20 岁就当上了通直郎，不久又被升迁，成为著作郎。由于学问渊博，才华过人，在书法上也有很高的造诣，他受到北魏道武帝拓跋珪的欣赏和重用，常常被拓跋珪召见。

409 年，拓跋珪在朝廷政变中被儿子拓跋绍害死。拓跋嗣登基，是为明元帝。明元帝任崔浩为博士祭酒，经常让他给自己讲解经书、占卜，很欣赏他。

恩宠有加，屡献奇谋

拓跋嗣常常与崔浩商议国家的政治军国大事，经常采纳他的主张，对他非常恩宠。416 年，东晋大将刘裕率兵北上，水陆并进，讨伐后秦。晋军攻城略地，十分顺利，后秦不断退却。第二年，刘裕顺着黄河逆行向关中进发，准备从北魏境内抄近路攻秦。

明元帝召集大臣商议对策，众臣都认为刘裕想打着伐秦的旗号来攻打魏国，所以不能答应刘裕的借道请求。不但如此，还要截断黄河的水路，防止刘裕的水军行进。

可崔浩却出来反对他们，说："我们现在缺少粮草，边界还经常受到北方柔然的侵犯，不宜出兵。后秦多次侵扰东晋的荆州，东晋派刘裕征讨，这是别国的事，与我们不相干，假使我们出兵拦截，肯定会遭到刘裕的仇恨，他反过来打我们，就让后秦得了利。我们还是答应刘裕，让他带军入关攻秦，我们就在他们打得伤了元气时过去收利，这样便能够一举两得。"

北魏柱础

然而，明元帝并没有听从崔浩的意见，他派遣孙嵩领军十万阻截刘裕，大败。

此时，明元帝后悔不已，觉得如果自己当初听从崔浩的话，就不会有今日之事了，但此时已经无济于事了。

力主北伐，诛灭群雄

明元帝拓跋嗣辞世后，他的长子拓跋焘登基为帝，是为太武帝。

正所谓“一朝天子一朝臣”。崔浩因为被明元帝专宠，且为人正派，直言敢谏，使大臣中的有些人十分不快。太武帝拓跋焘身边的掌权之臣就对崔浩很不满，时不时地在拓跋焘跟前说些他的坏话，无中生有。拓跋焘明白崔浩是有才之士，可总听到谗言，不免受到干扰，因此有什么大事就叫来崔浩询问一下，平时则把他冷落在一边。后来，在攻打夏国和征讨柔然的问题上拓跋焘犯了难——不能同时发起两场战争，可到底该先打哪个呢?

大臣们都认为应该先伐柔然，因为从柔然可以得到许多人口牲畜以及财物，从而补充自己的实力。而大夏国比较清贫，除了那个建造得十分坚固的统万城外什么也没有。崔浩的眼光却不这样浅薄，他觉得大夏国如今政治腐败，国主残暴，民心丧失，派兵去攻打它是最好的选择，一定要等战胜它之后再集中全力去对付别的国家。夏王赫连勃勃恰好于数月之后去世，崔浩就提议出兵，拓跋焘批准了。

声势浩大的北魏军开始向统万城进发。崔浩根据现实，使用奇计，在他的直接指挥下，北魏大军将坚固的统万城攻下，灭了大夏政权。随后，崔浩力排众议，竭力劝说太武帝进攻柔然，大臣们心中不服，推选出太史张渊同崔浩进行“舌战”，就是否攻打柔然进行争辩。

崔浩精通天象，他首先用这方面的理论驳斥了张渊提出的北魏没有天时地利的观点；然后，重述讨伐柔然如果成功，不仅能杜绝柔然的骚扰，还能得到漠北草原，只有益处而没有祸患。崔浩侃侃而谈，旁征博引，将辩论变成了他一个人的演说，张渊毫无应对之词。

拓跋焘因而下定决心讨伐柔然，此战大胜，北魏获益良多。后来，拓跋焘又一举将北燕和北凉消灭，这些重大的军事行动崔浩都参与其中。他足智多谋，善于决策，在北魏兼并各个政权、统一北方的进程中发挥了重要作用。

祸起《国史》，身死族灭

崔浩累官至司徒，他虽长于出谋划策，却不善于谋身。当时，拓跋焘礼敬他，遇到重大事情都向他咨询。崔浩却不懂得谦让，居功自傲，直言不讳，还因为自己出身高贵，看不起周围的鲜卑贵族，因此得罪了许多人。作为一个异族人，被皇帝恩宠，官位高于其他鲜卑贵族，自然会受到他们的忌恨，可他却全然没有察觉。

崔浩崇信道教，极力劝太武帝灭佛教。拓跋焘也正害怕僧人过多，会使服兵役的人数大减，不利于维护国家的稳定，就听从他的建议，下了“灭佛诏”，烧寺院，毁佛像。那时，北魏从太子、公卿到平民百姓，崇信佛教的人极多，崔浩这下更是得罪了仇视自己的鲜卑贵族，就这样一步步走上了绝路。

最终使崔浩获罪遭杀的是《国史》事件。崔浩晚年时主持编写北魏的《国史》，他对鲜卑拓跋氏祖上的丑行毫不隐讳，收录了北魏朝廷中许多同姓相残、暴虐淫乱之事，且用词颇为不敬。

崔浩狂妄而好扬己功，后来还把《国史》镌刻于石碑之上，立在道路旁边。极端愤怒的鲜卑贵族共同向拓跋焘上书，称崔浩轻视皇权，意图谋反。拓跋焘也认为崔浩太放肆了，大怒之下下令将他斩首，诛灭九族，与崔家有姻亲的家族都没能幸免，北方士族皆在此次事件中遭到了严厉的打击。

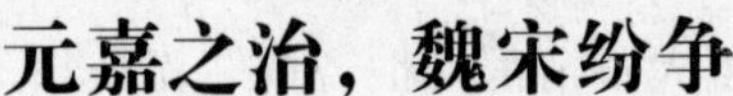

元嘉之治，魏宋纷争

南朝刘宋时期，在宋文帝刘义隆的治理下，刘宋社会稳定，经济繁荣，国泰民安，历史上称之为“元嘉之治”。经济的发展，使文帝有了收复被北魏抢去的黄河南岸的想法。此时，北魏太武帝三跋焘已平定北方，统一天下的欲望渐渐增强，也时刻想将刘宋消灭。一个想南下，一个想北上，战争一触即发。魏宋的交战使双方的损失都极为惨重，刘宋尽管没被消灭，但受创惨重，实力大损，“元嘉盛世”至此结束。

临难登基，消除后患

宋武帝刘裕在临死前，曾诏令谢晦、傅亮、徐羡之、檀道济四位大臣辅佐宋少帝刘义符。宋少帝调皮贪玩，不理朝政，却对经商颇有兴趣，他在宫中设了个商场，自己扮成小贩进行买卖，从中寻乐。

四位辅政大臣认为宋少帝没有什么本事，只会误了国家，就密谋废掉他，让刘裕的第三子，荆州刺史、宜都王刘义隆登基，是为宋文帝，改年号为元嘉。刘义隆为人沉稳有心计，行事谨慎，他忌惮四个辅臣，很不满意他们妄行废立、控制朝政的行为。

为了不遭到同少帝一样的厄运，刘义隆先是稳定人心，对四位辅臣加以笼络，任徐羡之为司徒、傅亮为开府仪同三司、谢晦为卫将军、檀道济为征北将军。在位三年后，刘义隆觉得时机成熟，就下诏书条陈徐、傅、谢三人的罪状，下令严办。结果徐羡之自杀，傅亮被处死，谢晦起兵反抗后兵败被杀。刘义隆觉得檀道济只是一介武夫，并未主谋废立之事。因此，他不仅不追究他的责任，还予以抚慰。刘义隆认为他肯定会因此忠于自己，后来的事也印证了他的想法。

内清外晏，四海安定

元嘉是宋文帝刘义隆统治时期（424—453）所用的年号。在这一时期，由于文帝君臣竭心尽力，使得政治清明、经济发展、文化昌盛，呈现出一派欣欣向荣的气象，这种局面是两晋南北朝时期极为少见的，后人赞誉，称之为“元嘉之治”。

宋文帝先后任用徐羡之、傅亮、王弘、王昙首、王华、刘义康、殷景仁、刘湛、刘义恭、谢纪微、范晔、沈演之、庾炳之、江湛、徐湛之、何尚之、王僧绰等有才干的人担任宰相或其他要职，他们大都竭心尽职，为统治秩序的正常运转作出贡献，如刘义康，精于吏治，引用贤人。最高统治集团虽然有过矛盾和裂痕，但并未形成大的动乱，没有影响统治的稳固和社会的安定。

文帝君臣都很关心吏治和狱讼，以确保整个统治机构能正常而有效地运转。文帝在元嘉三年（426）派使臣到地方上检查吏治，观省风俗，访求民隐，听取下层意见，然后予以奖惩。单在这一年，文帝三次亲临延贤堂听讼，以使刑狱公允。元嘉五年（428），文帝又下令臣属不要隐讳，指出得失，以便改正。元嘉九年（432），又针对益、梁、交、广等偏远地区（今四川、两广等地），专门派人了解民众地方官为治的情况，以考察官吏。元嘉时期，吏治算是相当清明的。有一次，担任司徒左长史要职的颜延之以强凌弱，众人请求罢其官，文帝就把颜延之免官了。

文帝君臣大都很关心民间疾苦，尤其对突发的疾疫、旱涝等灾害都能及时采取措施，进行补救，以保持整个社会机器的正常运行。文帝即位之初，就下令免去民众拖欠的租谷和旧债。元嘉四年（427），国都发生疾疫，文帝派使慰问，分发医药，若有死亡而无家属的人，给予棺材埋葬。次年，国都地区发生水灾，文帝仍派使赈济救助。元嘉八年（431），扬州（今苏南、浙江一带）大旱，命减息徭役。元嘉十年（433），赐给孤老、六病等无生活能力的人每人五斛谷。元嘉十二年（435），国都和三吴等地发生大水灾，立即从其他地区调粮米几百万斛救济，免去遭灾郡县欠债。这种记载是很多的。一直到元嘉三十年（453），国家每每减免百姓欠债、租布，赐孤老谷帛，使得百姓生活基本上安定，无背井离乡、流离失所之苦。

宋文帝对农业非常重视，多次下令劝课农桑。元嘉八年（431），宋文帝指出：近来农桑停滞，无所事事的人增加，荒地也得不到开垦，官吏也无督促。一遇水旱灾情，就有人缺衣少吃。命令各级地方官员要高度重视，采取得力措施，要奖励训导农民，使人尽其力，地尽其利。政府还贷给贫穷百姓田粮种子。元嘉二十年（443），文帝再一次发布命令，强调各级官吏要切实采取措施，劝课农桑。宋文帝还下令准备籍田，要亲自种地以为天下表率。元嘉二十一年（444），文帝还亲自对一些农业种植品种问题发出指导性意见，下令南徐、兖、豫等地今后应督促种麦，以解决粮食缺乏，并从彭城（今江苏徐州）等地调集粮种，委派刺史贷给百姓。徐、豫等州土地适宜种稻，而百姓多种植陆地作物，于是命令该地官员要主持重修水利，尽快修整旧陂，加以改造；如原为稻田而改为陆作的，应恢复种稻。文帝又一次强调各地官员要劝课农桑。想从事农业而粮种匮乏的人，可从政府那里借贷。元嘉二十九年（452），下令遭战乱的地区要及时种地，需要粮种的由政府随宜给之。

为了发展农业，各级政府特别重视兴修水利。元嘉五年（428），张邵担任雍州刺史，到襄阳（今湖北省襄阳市）后，修筑长围，修立堤堰，开垦田地好几千顷，当地民众因而富裕。元嘉七年（430），宋豫州刺史刘义欣命部属殷肃修治芍陂（今安徽寿县）。芍陂本有良田一万多顷，因堤堰久坏，夏天秋天常常受旱灾。以前本有旧沟可引水入陂，但长时无人治理，被树木堵塞。殷肃令人伐木开榛，疏通水路，从此万余顷良田不遭旱灾。元嘉二十一年（444），宋武陵王、雍州刺史刘骏命刘秀之修治襄阳六门堰，因为六门堰坏了很长时间，使数千顷良田无法灌溉，国家和个人都受到很大损失。刘秀之修复以后，整个雍州屡获大丰收。元嘉二十二年（445），宋疏浚淮水，开垦湖塾废田一千多顷。排涝也是兴建水利工程的重要目的。刘宋为疏导吴兴一带水道壅塞，以解决该地区频繁发生的水患，在进行大量实地考察的基础上，制订出了周详的施工计划，可惜却因政治原因，这项重要的水利工程虽未能进行，但已足证刘宋政权对水利的重视。

两晋时政府不铸钱，建国之初因钱贷缺少，国用不足，一些大臣纷纷建议铸钱，因群起反对未能实行。元嘉七年（430），文帝下令设立钱署，铸四铢钱。元嘉二十四年（447），下令铸大钱。铸钱的效果虽然不是很好，但它反映了刘宋统治集团对经济问题的高度重视。

宋文帝的这些措施稳定了正在趋于没落的自耕农阶层，使他们的生活能比较稳定，农村经济也在不断发展。史家称赞这一时期：民不外劳，役宽务简，亡民庶繁息，余粮栖亩，夜不闭户。百户之乡，有市之邑，歌谣舞蹈，触处成群。

宋文帝时期，文化方面的发展也是引人瞩目的。元嘉十五年（438），宋文帝立玄、史、文、儒四学。玄学以何尚之、史学以何承天、文学以谢元、儒学以雷次宗教授。许多人都聚集他们门下学习，如后来的南齐创始人兰陵萧道成就曾在雷次宗门下攻读。元嘉十九年（442），文帝始设国子学，后又于元嘉二十四年（447）亲临国子学，策试学生，下令表彰奖励。元嘉十九年，文帝下令鲁郡（今山东曲阜）重造孔子庙、孔子墓，重修学舍，召集生徒，并迁孔景等五户到孔墓旁，免去他们的租赋，专门看管孔墓。他们种植了600多棵松树，表达了对这位至圣先师的仰慕。

宋文帝对军事问题也很重视，元嘉期间曾三次北伐，试图统一中国，但都失败了。原因一是北方无机可乘，出兵时机不好；二是文帝用将非才，只用其亲信而不用真正的军事人才；三是文帝不善军旅武略，却每每遥制兵略，搞瞎指挥。军事问题是“元嘉之治”的败绩，尤其是元嘉二十七年（450）北伐失败，使北魏饮马长江，撤退时掳掠兖、徐、兖、豫、青、冀六州，宋朝由此转衰。

刘劭性狡，弑逆政变

刘劭，字休远，是文帝的嫡长子。6岁时，被立为皇太子。12岁出居东宫，娶殷淳女为妃。13岁，加元服。刘劭好读史书，喜欢武事，亲自管理东宫，喜欢接待宾客，想干什么，文帝就让他干。宋文帝与执政的彭城王刘义康矛盾很深，担心刘劭的安全，就大大增加了东宫卫戍部队，和卫戍皇宫的羽林军一样多。

文帝末年重视农业，劝课耕桑，还让宫内带头做榜样。有女道士严道育，本为吴兴人，自吹通灵，可以役使鬼神，因丈夫劫人财物被没入宫。因刘劭妹妹东阳公主的奴婢王鹦鹉得以出入公主家，道育自吹能辟谷服食，赢得公主、刘劭、刘濬等人的信赖。刘濬是文帝宠妃潘氏生的儿子，因刘劭母袁皇后性妒而含恨死去，刘劭很恨潘妃和刘濬，刘濬害怕将来刘劭当皇帝他会受罪，就特别讨好刘劭，两人关系反而变得十分亲密。刘劭、刘濬曾犯下许多过失，文帝训斥了他们好几次。现在他们让严道育祈请上天，想不再让文帝知道他们的过失。严道育满口答应，刘劭等对她十分尊敬，称为“天师”。后来，刘劭、刘濬就和严道育、王鹦鹉、东阳公主奴陈天兴、黄门陈庆国共为“巫蛊”，在玉石上雕刻文帝像，把玉石像埋到含章殿前，妄图用这种宗教法术来让文帝早死。刘劭提升陈天兴任队主。东阳公主死后，王鹦鹉应该出嫁，但刘劭兄弟担心密谋外泄，将其嫁给刘濬的心腹吴兴沈怀远为妾。文帝后来听说陈天兴是奴而得领队，训斥刘劭，刘劭把事告诉刘濬，刘濬回信说不行就干掉他。王鹦鹉原曾与陈天兴私通，既嫁怀远，害怕内情外露，就让刘劭秘密杀掉陈天兴。同党陈庆国害怕遭受同样的命运，就把巫蛊的事报告给文帝。文帝大惊，派人逮捕王鹦鹉，抄家时得到刘劭兄弟来往书信，都是“巫蛊”诅咒的话，又起出他们所埋玉石像。文帝严厉责备刘劭兄弟，刘劭兄弟也只有谢罪。严道育逃跑未被抓获，文帝很生气，派了很多人到处搜捕。道育却换上尼姑衣，先藏东宫，又跟随刘濬到京口（今江苏镇江），住在百姓张旰家。刘濬改镇江陵（今湖北江陵），带道育到东宫，还想带她到江陵。这时有人报告严道育在京口张旰家，文帝派人抓捕，只抓到她的两个奴婢，供出严道育已随刘濬还都。文帝认为刘劭、刘濬已和严道育断绝来往，这时才知他俩还与其来往，既震惊又痛心，下令让京口把严道育押解回京，然后审断，治刘劭、刘濬之罪。刘濬闻讯大惊，赶快告诉刘劭。文帝想废掉太子刘劭，赐刘濬死。他先和侍中王僧绰商量，让他寻找汉魏以后废太子诸王典故，送给宰相徐湛之和吏部尚书江湛参阅。然后与王僧绰、徐湛之和江湛共商另立太子事宜。第三子刘骏不为文帝喜爱，文帝一直让他在外地为官，不能留在建康。四子刘铄、七子刘宏同为文帝喜爱，但铄妃是江湛之妹，江湛劝帝立刘铄；宰相徐湛之之女是文帝第六子刘诞的妃子，所以徐湛之劝帝立刘诞；王僧绰认为无论立谁都只能速速决断，不然的话，就像当初对刘劭、刘濬一样，不再疑惑，否则将后悔无及，贻笑千载。文帝却仍犹犹豫豫，想立七子刘宏又嫌他排行不好，每夜都与徐湛之谈话，还常让徐湛之端着蜡烛，在房间周围检查巡视，以防有人偷听。君臣很长时间也确定不了立谁为太子，文帝却把商议的内情告诉了潘妃，潘妃又告诉了儿子刘濬，刘濬又赶快告诉刘劭，刘劭就秘密与其心腹队主陈叔儿、詹叔儿、斋帅张超之等人商量发动政变。

刘劭性格狡黠而刚猛，文帝也很依赖他。作乱前，他每天晚上慰劳将士，有时还亲自行酒。王僧绰密告文帝戒备。元嘉三十年（453）三月十五日夜，刘劭谎称帝诏令其在天明时分率部守卫宫城，又令其私养勇士 2000 多人全副武装准备战斗。刘劭又召集萧斌、袁淑、殷仲素、王正见等人，哭着对他们说他被父皇冤枉，行将被废，已决定于次日起事，希望大家齐心协力，然后挨个拜求。大家都大吃一惊，除了袁淑反对，其他人都在刘劭胁迫下纷纷表示同意。次日凌晨，刘劭外穿朝服，内着铠甲，和萧斌同车，侍从像往常入朝礼仪的样子进入万春门。按照旧例，东宫部队不准入城，刘劭骗门卫说奉皇帝命令讨逆贼，命令后队跟上，张超之等冲入云龙门和斋阁，直接登上台殿。文帝晚上一直与徐湛之密谋，这时蜡烛还没灭。卫兵们晚上睡觉还没醒。文帝见张超之进来，举起茶几抵挡，五指被砍掉，遇害身亡。徐湛之、江湛等人相继被叛兵杀害。经过短暂交锋，刘劭部队击败了文帝卫队的抵抗，又杀潘妃和文帝亲信数十人，召刘濬让他率众屯驻中堂。刘劭以文帝名义召大将军刘义恭、尚书令何尚之及其他百官，然后即皇帝位，下诏称徐湛之、江湛等人弑逆被平定，但文帝身亡，大赦，改元太初。署置百官，杀掉一些异己分子和不为刘劭喜欢的宗室如长沙王刘瑾、临川王刘烨等。收回原给诸王和各处的武器，封赏有功人员。刘劭还博访公卿，询问治国之道，开放可以开放的田苑山峰，贷给贫民，政变获得成功。

太子刘劭弑逆的消息传开后，普天同愤。文帝第三子武陵王、江州刺史刘骏正带领江、豫、荆、雍四州军队讨伐西阳（今湖北黄冈）的蛮族，他与沈庆之定议举兵，只花几天时间，内外整肃。荆州刺史南郡王刘义宣与司州刺史鲁爽等人举兵响应。讨伐军东下，传檄四方，使共讨刘劭，州郡纷纷响应。刘劭闻知四方起兵，宣布戒严，把诸王和大臣移到城内以便于监视。元嘉三十年（453）四月底，讨伐军大将柳元景率军从溢口出发，刘骏、沈庆之等率大军随后东下讨伐，刘劭拒绝了萧斌率水军西上决战或保据梁山的正确建议，反而采纳刘义恭固守京城的错误提议。讨伐军抵南洲，出降者接连不断，讨伐军进至新亭，刘劭令萧斌率步兵、褚湛之率水军与鲁秀、王罗汉等率兵共万人，围新亭。刘劭将士都受重赏，士气很高，拼死战斗，讨伐军虽然水陆受敌，士气更旺。刘劭部队快要攻克新亭垒时，鲁秀却击鼓退兵，讨伐军乘机反攻，大败刘劭的军队，死伤很多。刘劭亲自带领部队来攻新亭，讨伐军又大败之。刘劭退还朱雀门，胆战心惊，逃回台城，部属如鲁秀、刘义恭也投降讨伐军。刘劭迎接蒋侯神像、苏侯神像到宫内，乞求保佑，让刘铄写祝文，诅骂刘骏。五月，刘骏即皇帝位于新亭，给文武加官晋爵。讨伐军随即攻下建康，活捉刘劭、刘濬，获得彻底的胜利。

刘劭杀父自立，后又杀宗室长沙王瑾、临川王烨及刘楷、刘颉、刘玢等，还遣使安成郡杀刘义康六子。又因刘义恭出逃，刘骏杀其十二子。刘骏胜利后又杀刘劭及其四子、刘潜及其三子，又因刘铄素不相下，以毒杀之。从此，刘宋宗室自相残杀愈演愈烈，宋王朝也因此灭亡。

魏宋交战，南北对峙

刘宋实力渐渐增长之时，在太武帝拓跋焘的精心治理下，北方地区的北魏也逐渐兴起。422 年，北魏曾趁刘裕去世之机，侵占了宋朝黄河南岸的青州、兖州等地。消灭了北方的割据势力后，太武帝相继出兵进攻柔然和边塞诸国，不但夺取了许多人口和牲畜，也消除了北方的祸患。随后他就把矛头指向了南方的宋朝。而宋文帝刘义隆励精图治，也想收回北魏侵占的河南之地，一场大战一触即发。

彭城太守王玄谟善于奉承，知道了文帝有北伐魏国的意图后，时不时地慷慨陈词，把刘义隆鼓动得激情澎湃，蠢蠢欲动。刘义隆禁不住向众臣说："观玄谟所陈，令人有封狼居胥意。"此时的刘宋人民安居乐业，处处是太平之景。刘义隆有些骄傲了，朝臣们也都建议出兵北伐，于是他决意北伐。

很快，北魏与刘宋的战争开始了。最初，北魏太武帝拓跋焘领军 10 万攻击瓠城，刘宋守军竭力抵抗，魏军连攻 42 天无果，折损将士一万多人，最后不得不罢兵回国。

其后，宋文帝令王玄谟任主将，领东路军反攻魏国。王玄谟没有真才实学，进攻滑台的时候，一连几个月都没什么突破，后来还让魏军取得了先机。他抵挡不住强大的魏军，只得弃城而逃。

尽管柳元景带领西路军行进得很顺利，可由于东路军大败，没有了接应，西路军只得转为防守。魏军并不攻城，兼程南进，最后在长江沿岸的瓜步安营扎寨，虚张声势，声称要过江。宋文帝严令加强京

师戒备和沿江防备，拓跋焘见无机可乘，只好撤军。回军途中，魏军围困盱眙城，强攻一个多月也没能破城，只得放弃，临走时烧杀掳掠，所经之处尽成废墟。

宋文帝好大喜功、不恤民情，终于招致严重后果。魏宋的交战使双方的损失都极为严重.。刘宋尽管没被消灭，但受创惨重，实力大损，“元嘉盛世”至此结束。南宋词人辛弃疾曾作《永遇乐·京口北固亭怀古》一词，里面有“元嘉草草，封狼居胥，赢得仓皇北顾”的句子，讽刺宋文帝刘义隆的失败。

北魏与刘宋交战后不久，发生了六镇起义，从此不敢贸然南下，“北强南弱”的局势得以继续维持。

太后称制，垂帘听政

初进深宫，女子非凡

冯太后的出身很不平凡。她的祖父冯宏是北燕最后一位皇帝，北燕被魏太武帝拓跋焘灭亡后，冯宏跑到高丽后被高丽国王落井下石杀掉。她的父亲冯朗归附魏国后曾被封为西域郡公，当过秦州和雍州刺史，后因牵连案件被杀。

当冯太后还是小姑娘时，就被送入宫中。她的姑姑当时是太武帝拓跋焘的左昭仪，亲自抚育冯氏。14 岁时，文成帝拓跋濬即位，冯氏凭相貌和才华被选为贵人，后来被立为皇后。

文成帝 26 岁那年就去世了。根据北魏旧制，皇帝驾崩，三天后就要把他生前的御服器物一并焚烧。仪式期间朝廷百官和宫中嫔妃哭临。冯后年轻丧夫，痛不欲生，悲叫着跳入火堆，左右急忙救治，好长时间才苏醒过来。由此可见，冯后这出戏演得确实逼真，如果真想死，宫内金子、绳子、剪子无数，大可吞金上吊自刺，无论选哪件，只要拣个无人处都没法活，非要大庭广众之下上演“火蝴蝶”这出大戏，也不知那一身雪肌花肤留下烫伤烧伤疤痕没有。无论如何，这千古一跳，已显示出冯后无比的勇气和过人的智慧。

辅佐幼帝，志在天下

拓跋弘继位，史称献文帝，时年 12 岁，尊冯后为冯太后。拓跋弘的生母李氏，资质美丽。当年初进宫，太武帝从楼上远远望见就心旌摇荡，对左右言道：“这真是个佳妇！”马上下楼，来不及找个有床有铺盖的好地方，就在仓库里拥之临幸，怀上了后来的献文帝。献文帝出生后，拜李氏为贵人。太武帝太延二年（436），其子被立为皇太子。太武帝的保姆，当时被封为保太后的常氏勒令李氏按北魏祖制受死。临死时李氏给自己兄弟写信，嘱托后事。死前，一讲到“兄弟”二字李氏就拊膺恸泣，号哭不已。献文帝后来追谥生母为元皇后。

冯太后

冯后自己没生太子，反而逃过一劫，又坦然安坐太后之位。当时，

车骑大将军乙浑趁乱专权，矫诏杀害尚书杨保年、平阳公贾爱仁等于禁中，又把自投罗网前来奔丧的平原王陆丽杀掉，自称丞相，位居诸王之上，事无大小，都由乙浑一个人说了算。当主少国疑，奸臣擅权之时，冯太后显现出其过人的机智和胆识，经过短时间周旋后，杀掉乙浑，临朝听政。

拓跋弘刚毅有断，又喜好研习黄、老之学以及佛经，是那种天资特别聪明的人。他 12 岁即位，几年后皇子拓跋宏出生，冯太后归政于他，使他更能自行决断朝事。

渐渐地，权力之争使这对名义上的母子之间的关系发生了微妙的变化，隔膜顿生。冯太后当时也还 30 岁不到，守寡难熬，就与风流倜傥的臣下李奕有了那么一腿。拓跋弘年轻好面子，听到外面议论纷纷，心中生气，觉得这个李奕给自己死去的父皇大戴绿帽，不可忍耐。恰巧李奕的弟弟，魏国南部尚书李敷在相州刺史上任时受纳贿赂，被人告发。拓跋弘趁机穷究此事，以法连坐，诛杀了李奕、李敷兄弟两家。

矛盾加剧，杀子夺权

冯太后年轻的情夫被杀，内心的毒怨可想而知。但她仍旧不动声色，暗中注视朝臣的动向和这个翅膀已长硬的小皇帝的举措。

经过几年观察，冯太后觉得拓跋弘越来越英明，母子俩也一天比一天疏远，相互猜忌之中，激起冯太后的杀心，于是，她利用自己的声威与势力逼迫献文帝交出皇位。

重压之下，献文帝以笃信佛教、对尘世事情没有兴趣为托词，主动请辞。他不想禅位给太子，理由是：太子拓跋宏才 5 岁，还不能够驾驭国家，因此要禅位给一位年长之君。大臣们都表示反对。其实，献文帝请辞最主要的原因是自身受制于太后，做不了主，他想禅位给一位年长之君，由其来制约太后。太后当然明白这里的缘由，她没有让献文帝遂愿，最后，大臣们按照太后的意思，让献文帝禅位给了太子。无奈之下，献文帝只得在皇兴五年（471）八月，禅位给不满 5 岁的太子拓跋宏。正如《魏书·天象志三》所说："上迫于太后，传位太子。"献文帝自己则做了太上皇，这一年，他只有 18 岁，恐怕是中国历史上最年轻的太上皇了。

孝文帝即位之初，已移居崇光宫的太上皇并没有完全放弃手中的权力，不仅朝廷上重要的国务处理都要向他奏闻，他还屡屡颁布诏书行使大权，甚至亲自率兵北征南讨。延兴五年（475）冬十月，已为太上皇的献文帝在平城北郊对蠕蠕遣使朝献贡物，举行了大阅仪式。这一切，使冯太后越来越觉得，自己要再次出面执掌朝政，太上皇已经碍手碍脚了。就这样，又一场宫廷政变悄悄引发了。承明元年（476）六月的一天，朝廷突然宣布戒严，京师气氛紧张，宫禁之中更是戒备森严。不久，太上皇应召前来拜谒冯太后，被伏兵一拥而上擒拿住，强行软禁起来。随后，冯太后将其鸩杀于平城永安殿。

临朝执政，雄才大略

冯太后再掌朝纲，也面临着新的挑战。

献文帝死后，政局又动荡起来。不仅如此，官吏贪残刻剥，民众反叛屡起，也使北魏统治面临潜在的威胁。为了北魏的长治久安，也为了巩固自己的权力地位，冯太后恩威兼施，充分施展了她高超的政治智慧和才干。

首先，冯太后对当初诬死李奕的李䜣下了杀手，既给心上人报了仇，又除掉了一个人人痛恨的贪官，树立了朝廷整顿吏治的良好形象。其他的不法者，如秦州刺史尉洛侯，雍州刺史、宜都王目辰等因为贪赃被处极刑，长安镇将陈提等被罚徙边。一些为官清正廉洁者，则得到不同程度的表彰和赏赐。

为了大权独揽，她还以谋叛罪诛杀了孝文帝的外祖父南郡王李惠。李惠的弟弟、儿子和妻子也同时被杀。为了清除隐患，冯太后不惜大开杀戒，以致因猜忌嫌疑被覆灭者十余家，死者数百人。不过，冯太后对那些明显没有政治野心者，往往能加以安抚笼络。如献文帝的亲信任内三郎的娄提，曾因献文帝被害愤然拔刀自刎，幸而未果。冯太后不仅不怪罪他，反而下诏嘉奖他的节义。有些心怀不满的大臣为她的举动所感服，这在很大程度上化解了潜在的不安定因素。

冯太后为了充分施展自己的政治抱负，还特别注意培养扶持一些贤能之士做亲信，组成一个效忠她的领导集团。在这个领导集团中，有拓跋氏的贵族，也有汉族名士，有朝廷大臣，也有内廷宦官。而其中的汉族名士，不少又是她的宠幸之臣。

李奕被杀后，冯太后的私生活依旧毫无顾忌，不少健美强壮的男子成为其新宠。冯太后对其中的才干之士，任以要职，委为心腹，这些人多成为她政治上的得力帮手和股肱之臣。

如出身太原（今山西太原）的王叡，自幼传承父业，精通天文卜策之术，承明元年（476），因姿貌伟丽得到冯太后宠幸，一下就被越级擢升为给事中。不久，又被拜为散骑常侍、侍中、吏部尚书，赐爵太原公。其后，王叡还曾勇退猛虎，保护了太后与孝文帝，因而更受器重。

另一位是陇西李冲。李冲虽然是因为器能优长得到重用，但因其风度不凡，姿貌丰美，也被冯太后看中，成了她的情夫。冯太后常常将一些珍宝御物赠给他，素称清贫的李冲，因而成为富室。冯太后临朝时期，他以心腹之任尽职尽责，太和年间（477—499）的许多改革措施，都有李冲参与谋划。冯太后死后，李冲对孝文帝竭忠侍奉，明断缜密，孝文帝也对他“深相仗信，亲敬弥甚”，史称“君臣之间，情义莫二”。

除了那些恩幸之臣外，拓跋丕、游明根、高闾等一些名士也都颇得委重。每当褒美王叡等人，冯太后也会对拓跋丕等一同表扬，以示无私。这些人，成了冯太后临朝时期的心腹集团。

此外，冯太后还对宦官大加委任。宦官本来供事宫中，生活在帝妃周围，冯太后临朝听政，对其中有才干者也引为亲信。所以像杞道德、王遇、张佑、苻承祖等皆由底层小宦官得到提拔，一岁之中而进至王公。冯太后利用他们出入禁闱，预闻机要，形成了“中官用事”的局面。但是，在她临朝听政的时期，并没有发生宦官专权、胁迫朝廷的现象。这是因为冯太后虽然利用宦官居中用事，但对其行为进行了严格的限制。《魏书·皇后列传》称：“(冯) 太后性严明，对阉官虽假以恩信，待以亲宠，决不放纵自流。左右之人虽有纤介之愆，便遭棰楚杖责，多者至百余，少亦数十。”不过太后生性宽豁仁裕，不计前嫌，事后仍待之如初，有的还因此更加富贵。正因如此，人人怀于利欲，至死而不思退。

由于培植起了一个忠心耿耿的政治集团，冯太后的临朝专政取得了成功，所谓“事无巨细，一禀于太后，太后多智，猜忍，能行大事。杀戮赏罚，决之俄顷，多有不关帝者。是以威福兼作，震动内外”。

回顾冯后的出身，家庭动荡后，冯后在姑母的照料与抚养下长大成人。终日的耳濡目染，使她逐渐熟悉了北魏皇宫内的礼仪和其间的微妙。在还是妃子时，政治风云的变幻莫测，残酷的宫廷斗争现实，使得冯后深为触动。联想到父祖以前大起大落的经历，个人由不谙世事到没入宫掖，一桩桩、一件件，不免使当年年仅 10 余岁的清纯少女对政治斗争多了一些更直观的感受。她开始体会，开始观察，开始明白了这九重天隔、戒备森严的皇宫内院常常隐藏着的无穷争斗与杀机，到处充斥着刺鼻的血腥味。这种早年经历，孕育了冯后的人生观、价值观，造就了她复杂的感情、性格，对她临朝专政后的所作所为有着重大的影响。

魏孝文帝，汉化改革

北魏孝文帝（471—499 年在位）拓跋宏是北魏献文帝拓跋弘的长子，北魏的第六位国君，一个目光远大、气度恢弘的少数民族改革者。魏孝文帝因改姓元，又叫元宏。他在执政期间，对北魏的政治、经济、文化和社会习俗等各方面进行了大刀阔斧的改革，对推动北方各民族的大融合和社会经济文化的发展，作出了不可磨灭的贡献。

公元 471 年，拓跋宏才 5 岁的时候，献文帝就把皇位让给了他。北魏拓跋家族一直引用汉武帝的老办法——“立其子杀其母”，就是在立儿子做太子的同时，杀掉太子的母亲，以此来防止吕后那样的悲剧重演。拓跋宏的生母也是这样被杀死的。年幼的拓跋宏只能由祖母冯太后抚养。所以在 471 年至 490 年的 20 年间，政权一直由太皇太后冯氏把持。

公元 490 年，24 岁的拓跋宏开始亲政，他开始大刀阔斧地进行汉化改革。

矛盾激发，催生改革

人们说，冯太后并不喜欢这个孩子。孝文帝早熟、机灵，太后担心他长大了对自己不利，有一次，把他关在空屋里，天气很冷，只让穿单衣，三天不给饭吃，还打算把他废掉；又有一次，因为宦官说他的坏话，还“杖”了他几十下。

490年，冯太后死了，孝文帝按照儒家经典的规定，守孝服丧，开始不进饮食，后来勉强吃一点，但也吃得很少。鲜卑贵族劝他照祖宗老规矩办丧事，不要过哀。孝文帝却以为祖宗时南征北战，“重武略，不重文教”；言下之意，不愿墨守祖宗成规，要在“文治”上下工夫。他对祖母的“哀慕缠绵”，也许并不是由于悼念，而是激励生者继续进行汉化，为进一步搞好“文治”做个样子。

在政治上，孝文帝是冯太后的肖孙。这两个人的事业，都是在用汉化巩固北魏的统治，而孝文帝更把它提到了一个新的阶段。太和十九年（495），北魏从平城迁都洛阳，标志着这一新阶段的开始。

中原的富庶，一开始便吸引着这个新兴的塞上政权。北魏道武帝、明元帝都曾经有过把都城南迁的打算。但那时条件还不成熟，平城和所谓近畿之地是北魏政权的根本所在，夏和柔然时时威胁着它的西境和北境，而中原地区鲜卑贵族和汉族大地主之间的隔阂尚深，迁往中原，不能不使鲜卑统治者有所顾虑。

北方统一之后，实行“文治”的要求提上了议事日程。鲜卑统治者和汉族大地主的合作随着岁月流逝而增强，北魏政权也愈来愈依赖中原地区谷、帛的支持。原来出战士、输战马、征伐四方的中心——平城，担当不了“文治”的任务。迁都洛阳，便成为适应当日形势的要求了。

100年来，北方的情况有了很大的变化，北魏的对外关系转而以和它敌对的南朝为中心。从政治上和南朝争取汉族士大夫，成了一个刻不容缓的任务。太和十六年（492），北魏讨论“行次”（五行的次序。照汉代学者的意见，其顺序为木、火、土、金、水），这是一次具有重大现实政治意义的讨论。孝文帝采纳了李彪的建议，认为北魏继承西晋，西晋是金，魏当为水，魏是正统所在。要和南朝争正统，理所当然地不能再僻处平城，就要把都城迁到汉魏（曹魏）的故都洛阳去。

太和十七年（493），王肃从江南逃奔北方，孝文帝在邺城接见了他。王肃出身江南高门，是南方士族的领袖，孝文帝对他十分器重，颇有相见恨晚之意。历史记载上说孝文帝“方议兴礼乐，变华风，凡

威仪文物，多肃所定”。孝文帝继冯太后之后，力图改变鲜卑旧俗，不仅对像王肃那样的人物相见恨晚，和南方交战，也屡次释放俘虏，说“在君为君，其民何罪”。还禁止掠夺，宣布犯禁的处以极刑。这些处处说明北魏是在和南朝打政治仗，把都城迁到洛阳去将要提上议事日程。

迁都洛阳，改革风俗

迁都洛阳，是北魏政治经济发展变化的要求。但鲜卑贵族大多数还没有这种认识，不赞成迁都。

太和十七年（493），孝文帝不得不以南伐为名，来达到迁都的目的。这一年秋天，他率领步骑30万，到了洛阳。在洛阳，他参观西晋宫殿的遗址，像古代东周贵族经过镐京（西周故都，现在陕西西安市西南）宫阙那样伤心。但是，孝文帝并不是为西晋的灭亡而伤悼。“知我者谓我心忧，不知我者谓我何求”（《诗经·黍离》中的诗句），一出由孝文帝扮演主角的迁都的好戏，便以这样的独白开了头。

洛阳秋雨连绵，文武百官对着惨淡的秋天，心情十分沉重。皇帝真的要南伐吗？他们当中，有知情的，也有不知情的。雨越下越大了。九月丙子这一天，孝文帝全副戎装，骑在马上，下令三军，往南进发。大臣都跪在马前，叩头谏止进军。孝文帝满面怒容，对着这些人说：“我要统一天下，你们这帮人却屡次阻挠大计。谁再说，就要治谁的罪！”说完，整一整马缰，仿佛就要出发了。一个叫拓跋休的鲜卑贵族仍然跪在那儿，一动也不动，一把眼泪一把鼻涕，嗫嗫嚅嚅地仍在请求皇帝不要南进。孝文帝富于表情的脸，忽然换了另一种颜色，用另一种口气对群臣道：“这回出兵，费了不少事，用了许多钱，不可劳而无功。不南进，便迁都。你们赞成吗？赞成的立在左边，不赞成的立在右边。”

这一出戏演得很出色，大军在洛阳停下来了，迁都成了定局。在南伐和迁都这两件大事上，这些文武百官暂时选择了迁都。因为南北双方多次在战场上较量过，南伐的危险性很大，谁也不愿担风险。

任城王拓跋澄被派回平城去做说服工作。他原来也弄不清南伐的目的，和孝文帝有过激烈的争论，后来孝文帝私下告诉他："平城只能用武，不适宜于文治。"他这才转过来支持迁都。拓跋澄动身回平城时，孝文帝郑重地嘱咐他："要好好干啊，革去旧俗的日子，已经到了！"

另一位大贵族于烈，被派回平城担任留守的重任。孝文帝曾经问他："你赞成迁都吗？"于烈说："陛下的深谋远虑，我现在还不明白。我的内心，是一半乐迁（赞成），一半恋旧（不赞成）。"孝文帝认为这个人忠直，说："你不唱反调就行啦！"

平城贵族知道要迁都，一时很是震动。拓跋澄回去后，百般晓谕，众人不安的情绪才渐渐平静下来。太和十八年（494），孝文帝又亲自回到平城去，召集文武百官，晓以迁都的利害。

北魏汉化，经过的时间很长，道路很曲折。在鲜卑贵族中，始终存在一个反对派；落后保守的势力，始终阻碍着汉化的进程。

西晋灭亡以来，荒废了170多年的魏（曹魏）晋故都洛阳，成了北魏的新都。太和十七年（493），孝文帝开始重建新都，直到他的儿子宣武帝元恪手上才建设完成。

迁都之后，从平城迁到洛阳的人，叫作"代迁户"，总数约有100万人；其中，勇士15万被编成禁卫军（羽林、虎贲）。洛阳附近的河阳（现在河南孟州西），设了一个新牧场，养马10万匹。每年从河西选马到并州牧场，让马习惯内地水土，再迁到河阳来。一部分拓跋部人民以及北边其他各族人民便在中原地区定居下来。迁都后，摆脱贵族传统保守势力的影响，北魏汉化的改革更广泛、更迅速了。太和十九年（495），孝文帝下令禁止穿鲜卑服装，要求鲜卑人改穿汉服；禁止说鲜卑话，改说河南洛阳话；"代迁户"都在洛阳落了籍，死后葬在北邙山（在洛阳的北面）。有一次，孝文帝在洛阳街上看见一个鲜卑妇女坐在车中，鲜卑族打扮。后来，在朝见群臣时，便责备任城王拓跋澄，说他督察不严，奉行命令不力。拓跋澄为自己辩解，说只有少数人这样打扮。孝文帝尖锐地问道："难道要全部这样打扮才算督察不严吗？你这样说，简直是'一言丧邦'！"又转向史官说："应该把

这件事记录下来。”

太和二十年（496），又命令改去鲜卑姓，他自己改姓元，其他改姓长孙、穆、奚、陆、贺、刘……把鲜卑族的穆、陆等八姓定为国姓，和汉族大姓崔、卢、郑、王同等待遇，享受同样的政治特权。汉族大姓，叫作郡姓；郡姓之中，又分四等，最高的叫作甲姓。从此完全承袭了魏（曹魏）晋以来的门阀制度，“以贵袭贵，贱袭贱”，按门第高低来分配官职。但门第高低，皇帝可以左右，和南朝不同。这正如“三长法”和“均田制”的实行，代表中央集权力量的皇帝，在统治阶级内部关系中占了上风。

孝文帝又通过婚姻方式加强鲜卑贵族和汉族大姓的联系。他自己娶了四姓（崔、卢、郑、王）的女子入宫，又为他的五个弟弟娶汉族大姓的女子做正妻。范阳卢氏一家娶了三位公主。政治利益进一步把鲜卑统治者和汉族高门联结在一起了。

“文治”构成了汉化的核心。北魏的国家机器，随着封建化的逐渐完成，也更为完备了。野蛮的征服者总是被那些为他们所征服的民族的较高文明所征服，这是一条历史规律。孝文帝和他的前辈什翼犍、道武帝、太武帝、冯太后一样，在鲜卑族汉化过程中，顺应了这一规律，起了重要的历史作用。

划分门第，平定叛乱

然而，事隔不到半年，一场反对改革、反对汉化的武装叛乱便从朝廷内部发生了。太和二十年（496）八月，孝文帝巡幸嵩岳，太子元恂留守金墉城。元恂素不好学，体又肥大，最怕洛阳的炎热天气，每每追忆旧都，常思北归；又不愿说汉语、穿汉服，将所赐汉族衣冠尽皆撕毁，仍旧解发为编发，左衽，顽固地保持鲜卑旧俗。中庶子高道悦多次苦苦相劝，他不但毫无悔改之意，反而怀恨在心。孝文帝出巡给了他可乘之机，遂与左右合谋，秘密选取宫中御马三千匹，阴谋出奔平城，并亲手在宫禁之中杀死高道悦。

事发后，领军元俨派兵严守各宫门，阻止了事态的进一步发展。第二天清晨，尚书陆琇驰马奏报，孝文帝闻讯大惊，中途急急折返洛阳，当即召见元恂，怒不可遏，列举其罪，亲加杖责，又令咸阳王禧等人代替自己打了元恂100多杖，直打得皮开肉绽，才拖出门外，囚禁于城西别馆。一个多月后，元恂伤势有所好转，方能起床行走。十月，孝文帝在清徽堂召见群臣，议废太子恂。太子的两个老师太傅穆亮、少傅李冲一齐脱帽叩头请罪，孝文帝说："你们请罪是出于私情，我所议论的是国事。'大义灭亲'，古人所贵。今日元恂想违父叛逃，跨据恒、朔二州，犯了天下的头条大罪！这个小子今日不除掉，乃是国家大祸，待我百年之后，恐怕又要发生晋末的永嘉之乱。"

十二月，孝文帝废元恂为庶人，囚禁于河阳无鼻城，派兵看守，给些布衣粗食，不至饥寒而已。次年四月，孝文帝巡幸长安，御史中尉李彪秘密上表，告发元恂又与左右谋反。孝文帝得报，急派咸阳王禧与中书侍郎邢峦率人带着毒酒赶赴河阳，逼令元恂自尽，时年15岁，殓以粗棺常服，就地埋葬。

元恂被废的当月，恒州刺史穆泰、定州刺史陆睿相互合谋，暗中勾结镇北大将军元思誉、安乐侯元隆、抚冥镇将鲁郡侯元业、骁骑将军元超及阳平侯贺头、射声校尉元乐平、前彭城镇将元拔、代郡太守元珍等人，阴谋推举朔州刺史阳平王元颐为首领，起兵叛乱。元思誉，汝阴王元天赐之子，景穆太子之孙；元业，平阳公元丕之弟；元隆、元超皆为元丕之子。这些人大都是鲜卑旧贵及其后裔，他们不满意孝文帝亲信中原儒士，对于迁都变俗、改官制服、禁绝旧语都抱着反对的态度。元丕甚至公然在盛大的朝会上独穿鲜卑旧服而毫无顾忌，孝文帝看他年老体衰，也不强责。迁都之初，元隆、元超还曾企图劫持太子元恂留居平城，起兵割据雁门关以北的恒、朔二州。阴谋虽未得逞，但二人叛逆之心不死，这次又与穆泰等人酝酿更大的叛乱。

元颐佯装许诺，以稳住穆泰等人，暗中将叛乱阴谋密报朝廷。当时任城王元澄卧病在床，孝文帝立即召见他说："穆泰图谋不轨，煽诱宗室。今迁都不久，北人恋旧，倘或发生叛乱，南北纷扰，朕洛阳就难以保住。这是国家大事，非你不能办。你虽有病在身，但要强打精神为我去北方跑一趟。要根据形势，妥善处理。如果叛党势弱，就直接前往擒获；若已强盛，可用我的命令调发并、肆二州的军队进行出击。”元澄答道：“穆泰等人愚蠢而糊涂，正由于迷恋旧生活才这样做，没有什么深谋远虑；臣虽不才，足以制伏他们，愿陛下不必担忧。臣这点小病，怎敢辞绝呢！”孝文帝笑着说：“任城肯去，我还有什么忧虑的！”遂授给元澄节、铜虎符、竹使符，配给部分禁卫军，让他代领恒州刺史。

元澄受命，倍道兼行，经雁门往北直趋平城（恒州治所）。先遣侍御史李焕单骑入城，出其不意，晓谕穆泰同党，示以祸福，叛党顷刻瓦解。穆泰无计可施，仓促率麾下数百人攻焕，不克，败走城西，束手就擒。元澄穷治穆泰同党，收陆睿等百余人下狱，民间帖然，并将平叛始末写成奏章上报朝廷。孝文帝大喜，召见公卿大臣出示奏章说：“任城可谓社稷之臣。看他审案的狱词，就连古代的皋陶也未必能超过他！”皋陶，传说是禹的大臣，掌刑罚。又面对咸阳王元禧等人说：“你们当此重任，未必能够办到！”

太和二十一年（497）正月，孝文帝立皇子元恪为太子。二月，孝文帝北巡，准备到平城亲自看看那里的情况。途中经过上党铜鞮山，看到路旁有十几棵大松树，一时诗兴大发，边走边作起诗来。眨眼工夫，诗就作成，命人拿给彭城王元勰看，很自信地说：“我开始作此诗，虽然不是七步，但也说不上远。你也作一首，等走到我这里，诗要作成。”当时元勰离他仅十几步远，遂且行且作，还没走到其地就作成了。诗写道：“问松林，松林几经冬？山川何如昔，风云与古同。”孝文帝大笑道：“你这首诗也是笑话我罢了。”不数日，来到平城，任城王元澄等人向其介绍了穆泰、陆睿及其党羽，经讯问，没有一个含冤叫屈的，人们都很佩服元澄明断。穆泰及亲党全部被杀；陆睿赐死狱中，妻子流徙到辽西为民；元丕免死，留下后妻、两子，一同发往太原为百姓，杀元隆、元超与同母兄弟乙升，余子徙敦煌。这次叛乱，留在平城的鲜卑旧贵族多数都参与了，只有于烈一族没有卷入。因此，于烈更加受到孝文帝的器重，后来被提升为领军将军。

叛乱平息后，孝文帝以鲜卑旧贵族和北方各少数族酋长不堪暑热，允许他们秋居洛阳，春还部落，当时人称他们为“雁臣”。

太和二十三年（499）四月初一日，孝文帝于御驾亲征途中，崩于谷塘原之行宫，时年 33 岁。

魏胡太后，荒淫乱国

孝文帝去世后，北魏的变革也随之停止了。继位的宣武帝元恪昏聩无用，可他的皇后胡承华却颇有心机和野心。宣武帝去世后，胡承华成了太后，她独断专权，淫乱无度，使得朝中奸佞当道，朝纲混乱。为了掌握权力，胡承华甚至毒死了自己的亲生儿子，她自己最终也落得个沉水身死的下场。

精明多智，母凭子贵

北魏宣武帝元恪的皇后胡氏是大司徒胡国珍之女，史书上将其名字记为胡承华，但是“承华”并不是她的真实名字，只是她进宫为妃后的封号。胡氏从小就接受了良好的教育，成年后一心向佛，后出家为尼。宣武帝元恪登基后，她因为精于佛法，曾被召进皇宫讲授佛法。没想到的是，胡氏的美貌和能言善辩瞬间就迷住了宣武帝，致使他打破常例将其封为妃子，留在宫中。

为了防备后宫之人以及外戚干预朝政，北魏朝廷立下了“赐死太子生母”这一规定，这使得皇后和各位妃子都不想为皇帝生儿子。为

了能够受到宠幸，争夺权势，胡氏竟然为皇帝生下了儿子。此后，宣武帝就更加宠爱她了。

后来，宣武帝立胡氏之子元诩为太子。依照北魏的旧例，应该处死其生母胡氏，可宣武帝太迷恋胡氏了，不仅没有杀她，还因此而废除了这一旧例。

可宣武帝不曾想到的是，自己此时的重情重义之举，却为此后胡氏篡权种下了种子。不久，宣武帝驾崩，元诩登基为帝，即孝明帝，那年他才5岁，于是皇太后胡承华就开始临朝听政，自此执掌了北魏的朝政。刚开始的时候，她每天批阅奏章，决断重大议题，并严厉考核官吏，整饬纲纪，很有成效。可是人的天性中有喜好奢侈、贪图安逸的因素，胡太后也不例外，她在独揽大权后，就渐渐放纵起来。

放纵无忌，奢靡享乐

胡太后曾经出家为尼，非常尊崇佛教，于是在其掌权后，就肆意修筑寺庙，而且都装饰得富丽堂皇。据记载，她曾下旨修建永宁寺，寺内有座纯金的佛像，高一丈八尺，还有十座和真人差不多高的金像，另外，寺中还有两座巨大的玉石佛像。

这座寺庙的主佛殿和皇城的太极殿一样壮观，南门也如同皇宫的正门，院中有将近1000间僧房，都装饰着金银珠宝和织锦，令人叹为观止。史书上曾这样评价：“自佛法入中国，塔高之盛，未之有也。”

胡太后还十分喜欢游览名山大川，如果玩得尽兴，就会常常赏赐下属。一次，她竟然带着将近100个随从去山上观赏景致。有时，为了能尽兴，胡太后还命人打开国库，她看谁比较顺眼就让谁任意挑选国库中的东西。

由于她的奢侈浪费，导致朝廷内外奢侈之风盛行，贵族大臣们都挥霍无度，互相攀比。高阳王府内有男仆6000名，吃一顿饭要花掉几万钱。有两个臣子还斗富，用纯银的食槽喂马，用玛瑙碗和水晶盅做茶具。此后全国上下比富之风日盛，堪比西晋。朝中的一些大臣极其不满胡太后的专权，她的妹夫元义就是其中之一。

此时，11 岁的元诩也不想再受母亲的掌控了，他尽管年幼，却很有胆识，竟在姨夫元义和大太监刘腾的唆使下，借机软禁了胡太后，接着传旨说太后身体不适，不能再处理朝政，一切事务都由皇帝决断。之后，元义又借机执掌了军政大权，并控制着年幼无知的元诩。

变本加厉，毒杀亲子

元义执掌了三四年朝政后，就逐渐地不再严加防备胡太后了，他认为自己已经独揽了大权，可这时胡太后和之前的旧宠联手策动政变，又一次顺利地夺得了大权。再次执掌大权的胡太后依旧挥霍无度。她宠信奸佞，不理朝政，致使朝纲废弛，每况愈下。孝明帝成年后，胡太后担心儿子执掌朝政后会对自己不利，就经常封锁消息，干预皇帝的行动，使他无法参与朝廷内外事务。

孝明帝和散骑常侍谷士恢私交甚深，常常在一起长谈国事。因此胡太后就想让谷士恢去做外州的刺史，可谷士恢不愿去，太后就命人诬陷他谋反，并处死了他。孝明帝很清楚母后这样做的原因，对其干预朝政很不满，母子间的矛盾变得越来越深。

之后，孝明帝暗地里和大将尔朱荣联系，想迫使母后还政于己，胡太后察觉后竟狠心地将亲生儿子毒死了，那时孝明帝才 19 岁。之后，胡太后改立临洮王的儿子世子元钊为帝。元钊此时年仅 3 岁，胡太后选择他，就是因为他年幼无知，这样自己才好执掌大权。胡太后一直过着淫乱无度的生活，她喜欢上了长相俊朗、风度翩翩的大臣杨华，就逼迫他顺从自己。杨华很不情愿，就率领属下逃往南梁。胡太后一直惦念着他，还为他写了一首名为《杨白花》的词："阳春二三月，杨柳齐作花。春风一夜入闺闼，杨花飘荡落南家。含情出户脚无力，拾得杨花泪沾臆。秋去春还双燕子，愿衔杨花入窠里。"她常常在宫里吟诵这首甚是哀婉的词，让人觉得既可笑又不免心生怜悯。

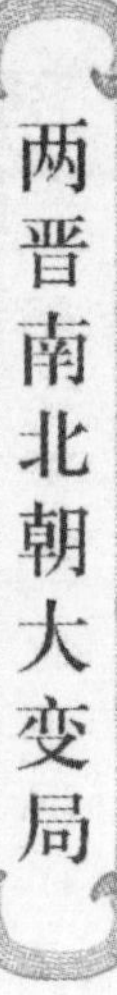

骄淫残虐，乱国殒命

胡太后当权后期，奸佞当道，朝纲混乱，各地暴乱不断。继西北边镇发生叛乱后，南方的少数民族也不停地兴兵，驻守安州三地的将士想起兵造反，齐州、东清河郡、东郡、广川、陈郡等地的守军也纷纷揭竿而起，北魏可谓危机四伏。此时，朝中又传出了胡太后毒死亲子、改立新帝的消息，朝野震动，百姓愤懑不平。很早就想反叛北魏的大将尔朱荣立即借机发兵，直接进攻洛阳。胡太后知道大势已去，就带着众多宫女出家为尼。很快，尔朱荣率军攻进了洛阳，他下令将胡太后和 3 岁的新帝放在竹笼里，沉入黄河，之后又残暴地杀死了 2000 多名接待他的朝中大臣，这就是历史上著名的“河阴之变”。胡太后骄横奢靡，心狠手辣，致使朝廷矛盾重重，最终将北魏推向了灭亡之路。

乱世权臣，尔朱祸国

金戈铁马，身起秀容

北魏初年，陕西境内有两个秀容城，其中的北秀容有个叫尔朱川的地方，那里水草丰美，很适宜放牧，有一支羯族部落居住于此。酋长划区而治，并将自家的姓氏定为尔朱，尔朱荣就生在这里。尔朱荣的祖父尔朱代勒目光远大，当初鲜卑拓跋氏建国时，他就跟着拓跋氏南征北战，并立下赫赫战功。此后他当上了肆州刺史，还被封为梁国公。在他的带领下，尔朱氏家族开始兴盛起来，并以极快的速度壮大。

尔朱荣生于493年，字天宝。由于羯族是个游牧民族，因此尔朱荣也就有着家族血统里的骁勇和强悍。不过，据《北史》和《魏书》记载，尔朱荣“洁白、美容貌，幼而神机明决”，可见他是个皮肤很白，长相俊朗，而且聪慧机敏的人，绝不是只会逞匹夫之勇的一介武夫。尔朱荣继承父业后，胸怀大志，重视培植作战力强的将士。此后，他带领4000名骑车北上征讨柔然，铲除了南秀容万子乞真的叛军，平定了秀容郡乞扶莫于的叛乱，金戈铁骑，一往无前。朝廷非常赏识尔朱荣，于是他从平北将军、安北将军一直做到了镇北将军，在官场上可谓平步青云。到鲜于修礼发起叛乱时，他已是都督六州军务的侯王了。

河阴之变，诛杀朝臣

此时，正当北魏宗孝明帝正光年间（520—525），太后胡承华乱政，四方兵起，天下大乱。尔朱荣招兵买马，先后征讨柔然可汗阿那瑰，平定乞扶莫于、万子乞真、敕勒的北列步若等多处叛乱。朝廷对这位能征善战的酋长很看重，加封他为北道都督、武卫将军，使持节，都督恒朔讨虏诸军，加封抚军将军，进封博陵郡公，增邑500户。然而正是在这些南征北讨之中，尔朱荣发现了北魏军队虽然庞大但却虚弱不堪、不堪一击，悄然增长了野心。他招募骁勇武士，暗结豪杰，不断地镇压六镇的暴动组织，扩充自己的实力，伺机以待，渐渐地成为震慑一方的军阀势力。

当时北魏朝廷由胡太后把持，胡太后重用宠臣小人，政治腐败不堪，境内内乱不止，朝廷毫无威信。儿子孝明帝随着逐渐年长，对权力被剥夺深感不满，对于胡太后的秽行也极度厌恶，母子矛盾日益尖锐，于是孝明帝作了一个后来证明是极端错误的决定：发密诏召尔朱荣进洛阳，帮助自己战胜母后。尔朱荣见诏书大喜，于是立即带兵进军洛阳，走到半路上，就得到了孝明帝驾崩的消息。原来太后胡承华，这位被历史学家称为“最为贪婪和荒淫的女人”已经下毒毒死了自己的亲生儿子，另立了一个三岁的临洮王的儿子元钊为帝。孝明帝死时年仅19岁，天下愕然。

兴冲冲而来的尔朱荣闻讯大怒，便与他的左右手元天穆等商议，准备进军洛阳。他上书严词控诉，宣称自己要“匡扶朝廷”，铲除奸佞郑俨、徐纥，为孝明帝报仇。为了使自己的行动更加名正言顺，他与元天穆谋划另立新帝。他在上书指控胡太后的同时，派侄子尔朱天光秘密入京，与堂弟尔朱世隆商议废立之事，最终决定拥立长乐王元子攸（就是后来的孝庄帝）为帝，以此和胡太后及幼帝对抗。

此时，尔朱荣已经名正言顺，于是欣然向京师洛阳杀来。胡太后的“面首”们一哄而散，胡太后十分恐惧，急忙命令都督李神轨率军抵抗。但李神轨临阵脱逃，另一个将领费穆也投降了尔朱荣。尔朱荣大军顺利入京，胡太后剃光了头发，见到尔朱荣时，为自己极力辩解，而昔日连见到天颜的机会都极少的尔朱荣一言不发，拂袖而去，随后将胡太后和3岁的小皇帝扔进黄河之中淹死。

此时，已经掌握北魏中枢权力的尔朱荣想独揽大权，但考虑到自己在朝廷根基尚浅，怕今后不好控制，想诛杀立威，恰好降将费穆建议：“您的军队不超过1万人，现在长驱直入洛阳，既没有遇到抵抗，也没有打胜仗后的军威，因此肯定会有很多人不服。洛阳人口众多，人才鼎盛，如果一旦知道您的底细，恐怕会有轻视的想法。如果不大肆诛杀，树立自己的党羽，恐怕您北返时，不等越过太行山，政权就会再次生变。”这正好迎合了尔朱荣的心理，他准备举起屠刀。亲信慕容绍宗虽然极力劝阻，指出此非长远之计，但尔朱荣听不进去，于是一场骇人听闻的大屠杀发生了。

尔朱荣先请孝庄帝沿黄河西行抵达河阴，然后把出迎的文武百官引向行宫西北，宣称要祭天，让百官集合，不准请假。等文武百官集合以后，尔朱荣派骑兵将他们团团包围，大声宣布：“天下大乱，明帝之死，都是由于官员们贪污残暴，虐待人民，不能辅佐矫正。”然后下令将他们全部杀死。几千铁骑来回冲杀，刀锋铁蹄，无情地残杀践踏。一时哀号连天，鲜血直溅，河阴成了血的世界，自无上王元劭至公卿以下 2000 余人（一说 1400 余人）全部被杀光，北魏朝廷的实力在这场大屠杀中为之一空。

接着，尔朱荣又让士兵鼓噪："元氏既灭，尔朱氏兴！"他还派人软禁了孝庄帝，杀掉了孝庄帝的两个兄弟。尔朱荣的部下高欢劝尔朱荣称帝，但另一将领贺拔岳认为不妥。北魏王朝凡作重大抉择时，为将要立为君主的人铸像以请示天意，金像铸成，说明此人受命于天，可立为君；金像铸不成，则此人不得为君。尔朱荣很迷信，便令人铸他的金像，一共铸了四次，金像都没有铸成，又叫术士占卜，术士也说天命未到。冷静下来的尔朱荣意识到自己犯了一个无可挽回的大错误，自己的人马仅仅过万，无力充当自己称帝的后盾。经过这场大屠杀，与北魏朝廷和皇室之间已经没有调和的可能，尔朱荣也注定要成为北魏的乱臣贼子。于是他开始精神恍惚，一天深夜四更时分，他又迎庄帝还宫时，从马上滚落，向庄帝叩头请死，此时庄帝只是个傀儡，自己能保住性命已然万幸，哪里还敢让尔朱荣死？

尔朱荣带兵回到洛阳，他的兵士因屠杀过多不敢进城。此时在河阴的大屠杀已经震惊天下，京师里谣言四起，谣传尔朱荣将派兵大肆烧杀掠夺，又有传闻说要迁都，人们纷纷逃亡，剩下的人不足十分之一二。朝廷也空空荡荡，活着的官员不敢露面，缺少人处理公务，洛阳全城一片惨淡。尔朱荣为安定人心，巩固自己的权位，就上书皇帝，声称自己在河阴的行为是由于大军推进，难于控制，并表示自己非常忏悔这件事，请求皇帝追赠河阴丧生者的官职。追谥无上王元劭为皇帝，其余死于河阴者的"诸王、刺史赠三司，三品者令仆，五品者刺史，七品以下及庶人郡、镇"。尔朱荣还把自己的女儿嫁给庄帝为皇后，虽然庄帝心中不愿意，但也不敢说个"不"字。

大权在握，上下皆畏

通过一系列措施，洛阳的局势渐渐稳定，尔朱荣大权在握，不免大意起来。一次进宫，尔朱荣在明光殿觐见孝庄帝，再一次为河阴屠杀向庄帝道歉，誓言自己并无二心，孝庄帝起身亲自阻止他的叩拜，表示自己并无一点怀疑。尔朱荣大喜，要酒豪饮，烂醉如泥。孝庄帝看着仇人怒从心起，想趁机杀死他，被左右劝阻。庄帝于是派人把尔朱荣连床带人一起抬到中常侍省休息。尔朱荣半夜醒来，惊出了一身冷汗，直到天亮不敢再合眼，从此不敢再入宫住宿。

经过河阴之变以后，朝廷官员奇缺，于是中央的重要官职全由尔朱荣的亲信担任。五月五日，尔朱荣回晋阳，皇帝设宴为他饯行。尔朱荣命心腹元天穆代他坐镇洛阳，自己则在晋阳遥领大权，控制朝廷局势，连皇帝的一言一行都在其掌握中。

此时，北魏的六镇大起义已经发展成为燎原之势，首领葛荣拥兵数十万，号称百万之众，占据河北的燕、幽、冀、定、瀛、殷、沧七州之地，葛荣自称天子，建国号齐，改元广安。葛荣在河北所向披靡，于是南犯洛阳。尔朱荣得到消息之后，命令以侯景为前锋，亲自率精兵7000，人携两马（一马为副，方便昼夜兼行），直扑河北。尔朱荣军数量上占绝对劣势，所有人都认为不用开打，战争胜负已定。葛荣也认为己方必胜，下令部属每个人都要准备一根长绳，到时好捆绑俘虏。他在邺城以北筑垒布阵，长达数十里，部队两翼张开，向前推进。尔朱荣率军秘密进入山谷，编成突击队，分配督将每三人为一组，每组有数百人马，命他们所到之处，扬起灰尘，擂鼓呐喊，使对手不明己方虚实。因为军队需冲锋肉搏，人马逼近，这种贴身肉搏用刀不如用棒，于是尔朱荣密令战士，每人携带袖棒一根，安置在马鞍侧。为了防止兵士贪功，割首级求赏，他又下令战后不以人头为封赏的标准，只以大胜为准。大战开始，尔朱荣身先士卒发动突击。所谓擒贼先擒王，他率领精兵直冲葛荣中军，内外夹攻，终于大败葛荣的军队，生擒葛荣，葛荣的乌合之众全部投降。

因为投降的人太多，如果立即把他们分散到各部队，怕引起他们的惊惧而发生哗变。因此，尔朱荣下令投降的部队就地解散，任由他们自由离去，于是俘虏们大为欢喜，数十万人马一哄而散。等他们走出百里以外，尔朱荣才派兵分别囚押战俘，再分别编组充实自己的部队。尔朱荣对俘虏将士的头领量才使用，投降部众的疑心也慢慢消除了。这次平定叛乱展现了尔朱荣无可置疑的军事天赋，北魏朝廷再次由动荡转向安定。庄帝下诏加封尔朱荣为大丞相、都督河北畿外诸军事，尔朱荣的两个儿子文殊、文畅也同时封王。

很快，一个更大的对手出现了，这就是号称“南朝第一名将”的陈庆之。原来，在河阴之变中，北魏的北海王元颢逃到了南梁，南梁封他为魏王，后来梁武帝萧衍派将军陈庆之率军护送元颢回国即皇位。北魏朝廷一开始以为元颢孤弱，因此未曾用心。不料想元颢、陈庆之军势甚猛，就连皇帝的一言一行都在其掌握中。

根据史书的记载，陈庆之带领 7000 精兵，横行数千里，共攻取 32 城，大战 47 次，所向皆克，击败北魏数十万大军。这是战争史上的奇迹，黄河以南地区全部归附。陈庆之军逼近洛阳，孝庄帝大为惊恐，弃城北逃，元颢终于占领洛阳。

尔朱荣听到孝庄帝北逃的消息后，立即乘驿车到长子觐见孝庄帝，庄帝命尔朱荣为前锋讨伐元颢，两位不世的将才终于要碰撞了。

元颢占领洛阳后骄奢怠惰，南梁士兵也行为凶暴，因此大失民心。尔朱荣顺利攻下河内，双方隔河对峙。陈庆之与尔朱荣的部队三天之内 11 战，尔朱荣部伤亡甚众，彷徨无计，欲退回北方再图南进，却被部将劝住。于是他改变策略派侄子尔朱兆带兵造筏，抢渡黄河，直接进击元颢所部。这招妙棋果然奏效。因出其不意，元颢部一战即溃，他自己也在逃往临颍的路上被抓获，洛阳又重新回到尔朱荣的控制之下。随即陈庆之率领步骑数千，结阵东还，从前所得诸城又都复降于魏。尔朱荣自己亲自率兵追击陈庆之，此时正值河水暴涨，陈庆之军队死散殆尽。陈庆之削发装扮成和尚，只身一人步行逃回梁朝，这场战争终于以尔朱荣的大获全胜而告终。元颢不久也被杀，尔朱荣又一次因为稳定了北魏政局而被朝廷上下所敬畏。

接着，尔朱荣又相继斩杀了幽、平二州的韩娄，生擒了豳、泾发动叛乱的万俟丑奴、萧宝夤，活捉王庆云，平定关西，基本统一了北方。随着战功的增长，尔朱荣更加骄横狂妄。尔朱荣性格暴躁，喜怒无常，曾经因为看见两个和尚共骑一马，就勃然大怒，派人揪下两人，挟住两个和尚头对头猛撞，一直撞到两人死去为止。他还喜欢打猎，不论寒暑，围猎之时必须整齐划一，即便有险阻也不得回避，如果让虎豹逃出狩猎圈就要被处死，他的属下因此吃了很多苦头。

盲目自大，枭雄殒命

在北魏逐渐安定下来的同时，尔朱荣与孝庄帝之间的矛盾也逐渐加深。他听说孝庄帝勤于政务，十分不高兴，还因为任命朝官的事与孝庄帝发生过冲突。尔朱氏因为尔朱荣的关系，一人得道，鸡犬升天，如长子尔朱菩提立为太原王世子，任职骠骑大将军、开府仪同三司；次子尔朱义罗封为梁郡王；侄子尔朱兆受封颍川郡开国公，任职汾州刺史等。他的女儿也是个母老虎，经常说："我在天子面前放肆一些有什么关系？他本来就是我爹所立，我爹把帝位让给他已经很不错了！"而尔朱荣的弟弟尔朱世隆也公开扬言："如果太原王自己当皇帝，我现在也是王爷了。"

孝庄帝外受迫于尔朱荣，内被恶后威吓，更害怕自己终究会被诛杀，终日惶惶不安。正好城阳王元徽、侍中李彧也想自己掌握大权，但害怕尔朱荣的威势，于是他们撺掇孝庄帝诛杀尔朱荣，自此孝庄帝开始谋划铲除尔朱氏。

恰好此时，尔朱荣请求来洛阳朝见，打算照顾他的女儿尔朱皇后要生下的孩子。孝庄帝和亲信大臣们商议趁此时动手，而个别人却又怕尔朱荣有准备，因此迟疑未决。渐渐地尔朱世隆也听到了消息，警告尔朱荣不要来洛阳，尔朱荣的妻子也劝他，但骄横的尔朱荣不听。尔朱荣到达洛阳之后，朝见孝庄帝，说起有人说孝庄帝要杀他，庄帝说："外面的人也说王爷您要杀我，怎么能相信呢？"尔朱荣于是不再怀疑，每次拜见庄帝，随从不过几十人，也都不带兵器。但尔朱荣的部下依仗主子的威势，经常凌辱孝庄帝左右，肆无忌惮，并说尔朱荣

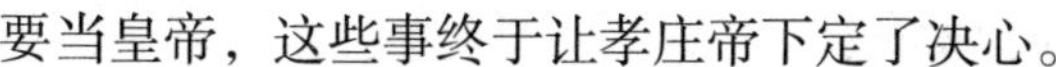

要当皇帝，这些事终于让孝庄帝下定了决心。

永安三年（530）九月的一天，孝庄帝将士兵埋伏在明光殿东廊下，随后宣称皇后生子，派人给尔朱荣贺喜。尔朱荣与亲信元天穆果然来到皇宫，进宫时正碰见中书舍人温子升拿着刚写好的大赦令（准备诛杀尔朱荣后颁发）往外走，他便问是什么，温子升镇定地回答说“敕书”，尔朱荣高兴之余竟忘了要过来看。孝庄帝坐在东厢下，尔朱荣、元天穆坐在御座右边。此时，元徽进殿，刚刚行礼，就在这一刹那，光禄卿鲁安等人，抽出佩刀，从东厢门闯入。尔朱荣大惊，一跳而起，直扑孝庄帝想将他作为人质，却不料孝庄帝事先将一把刀横在膝下，此时顺势把尔朱荣劈倒，鲁安等挥刀乱砍，尔朱荣与元天穆等同时被杀。一代枭雄尔朱荣就此殒命，时年 38 岁。元天穆、跟随尔朱荣入宫的 14 岁儿子尔朱菩提以及随从 30 多人全被伏兵所杀。他被杀的消息传出，满城欢呼，孝庄帝随即大赦天下。

尔朱荣去世后，他的侄子尔朱兆自并州发兵攻打洛阳，杀死了孝庄帝及其心腹重臣，改立元晔为帝。

此后，各地群雄纷争不断，天下大乱，北魏政权已经日薄西山。

两家分魏，对抗之势

尔朱荣被孝庄帝害死后，他的侄子尔朱兆又杀死了孝庄帝。大将高欢曾是尔朱荣的部下，他的势力增长后，除掉了尔朱氏家族，毒死节闵帝元恭，改立孝武帝元修，执掌了朝政。后来，孝武帝以为高欢要图谋不轨，便带兵入关中投奔大将宇文泰，高欢于是又立元善见为帝，是为孝静帝，并将都城迁到了邺城，是为东魏，与以宇文泰为首

的长安西魏政权形成了对抗之势。

时局混乱，祸起萧墙

孝庄帝杀了尔朱荣后，尔朱兆和尔朱世隆二人发兵攻进洛阳，将孝庄帝吊死，致使北魏上下混乱不堪。那时，葛荣残部的20万起义军再次来袭，攻进了北魏的并州、肆州地区，相继发动了26次战争。当时，尔朱兆执掌着兵权，他领兵前去平定叛乱，杀死了几万名起义军，可义无反顾的起义军前仆后继，越战越勇，令尔朱兆手足无措。他只会逞匹夫之勇，僵持不下的局面让他十分气愤，可却又想不出对策。

此时，他想到了叔父尔朱荣曾有个大将叫高欢，他对高欢印象很好，觉得这人忠实可靠，有勇有谋，于是就命他主持平定叛乱，并统辖六个镇，给了他很大的权力。殊不知，正是这个错误的决定，毁掉了整个尔朱家族。

纵虎归山，韬光养晦

高欢，汉族人，北魏时，家族中有人曾出任太守和右将军之职。后来，高欢的爷爷高谧因别人犯法而受牵连，致使高家全家被流放到了偏僻的怀朔镇（今内蒙古国阳南）。高欢自幼就在边疆和鲜卑族人过着杂居的生活，成年后，他又与鲜卑族女子成婚，因此言行举止已经完全鲜卑化。

高欢年幼时，家中非常穷困，他自幼就将世间的人情冷暖看透，因此非常痛恨那些为官之人，并发誓要有一番作为。史书上评价高欢“深沉有大度，轻财重士”，这与他不一般的生活经历有着很大的关系。早年，高欢就加入了葛荣的起义军。后来，葛荣起义失败，高欢就投靠了尔朱荣。高欢精于射箭和骑马，为人颇有城府，因而很快就得到了尔朱荣的重用，不久就做了卫队长。此后又因战功而被升为晋州刺

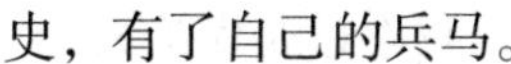

史，有了自己的兵马。

尔朱荣被杀后，高欢又投靠了尔朱兆，可是尔朱氏家族杀人如麻，权倾朝野。高欢实在是看不下去，渐渐就有了二心，想脱离尔朱氏，自己去单干一番事业。恰在此时，起义军又一次叛乱，高欢平叛时再次立功。之后，高欢快速赶往并州，将那里的流民集中在一起，并依照部队编制安排他们，势力飞速发展。

不久，尔朱兆、尔朱世隆等人在朝中激烈地内斗，洛阳城内一片混乱。高欢认为除掉尔朱氏势力的时机已经成熟，就率领大军自并州去了山东。在山东稳定了下来，高欢就打算公然和尔朱氏势力对抗。此时，高欢的属下孙腾说道：“如今尔朱氏独揽朝权，我们师出无名，不如先立个皇帝，否则迟早会使军心动摇。”

于是，高欢就扶立渤海太守元朗为帝，而他自己则做了宰相和大将军，大权在握。

高欢起兵，灭尔朱氏

531年，高欢自信都（今河北冀州）发兵，充满信心地公然挑战尔朱氏势力。两军对阵时，尔朱氏的兵力虽然具有绝对的优势，但高欢和属下一同商议应对之策时，大将段韶胸有成竹地说道：“尽管他们比我们人多，可那也不表示天下人都拥护他们。尔朱兆这些人杀死了皇帝，还屠杀朝臣，残害百姓，人民能不憎恨他们吗？主公您征讨他们是顺乎民意，必定会势如破竹，他们根本抵挡不住。”

经过一段时间的休养后，高欢就率领2000骑军和3万余步兵，在临近邺城的韩陵山摆开了阵势。他向兵卒宣称此战将会孤注一掷，不留退路，要想活命就要奋战到底。众将士在他的鼓励下，意气风发，都决心与尔朱氏决一死战。

没多久，尔朱兆率领将士赶了过来，他远远地看见高欢，就怒喝道：“你竟然背叛我，我做了什么对不起你的事吗？”

高欢义正词严地说道：“你们尔朱氏不仅害死了皇帝，还肆意横行，致使国家动荡，简直是罪大恶极，不可饶恕，我不过是顺应民心，一定要为百姓除掉你。”一听这话，尔朱兆怒吼了一声，立即率领兵马冲杀过来。起初，尔朱兆由于极端愤怒，左冲右突奋力厮杀，占据了优势，可是没过多久，高欢的数名手下就自侧面率军冲杀过来，致使尔朱兆军大乱。

尔朱兆平日里很少管教将士，军队纪律也不严明，此刻将士们乱作一团，七零八落。高欢仅用 3 万兵马，很快就战胜了尔朱兆的 20 万大军。

此后，被逼无奈的尔朱兆自杀而亡，尔朱世隆也被斩首，高欢顺利地铲除了尔朱氏的势力。

政权分裂，两魏并存

高欢执掌朝政后，就让平阳王元修登基为帝，即孝武帝。之后，孝武帝担心高欢的权势太大，就想举兵消灭他，却被高欢所洞悉。534 年，孝武帝逃离洛阳，投奔了关中的鲜卑贵族宇文泰，并留在了长安，封宇文泰为大将军，总揽朝权。气愤不已的高欢在洛阳又扶立了新帝孝静帝元觐，并将都城迁到东边的邺城，建立东魏。宇文泰杀死了逃亡关中没多久的孝武帝，改立元宝炬为帝，即文帝，西魏政权也就此形成。自此，北魏就陷入了东、西两魏分裂的局势。

高洋废帝，建立北齐

北魏分裂为东魏、西魏后，高欢成为东魏的实际掌权者，但他并没有自立为帝，因为他害怕被人诟病，可他的儿子就没这般小心谨慎了。高欢死后，他的长子高澄已经准备好要登基为帝了，可不幸被仇人杀死。高澄没能当上皇帝，其弟高洋则顺水推舟，在他的逼迫下，孝静帝元觐只得退位。高洋登上了皇位，建立北齐。北齐的君主大多性情暴戾，无所作为，这个王朝仅存在了 20 多年就灭亡了。

大智若愚，深藏不露

北齐的开国之君是高洋，其父高欢尽管身居高位，权倾朝野，可生性谨小慎微，害怕别人非议，因此一直到辞世也没有篡位称帝。高洋一直都生活在父亲和哥哥的阴影里，他虽看起来有些迟钝，但事实上却是个很有心计的人。

高洋的长相并不出众，甚至有些丑陋，因此其他的弟兄常常会嘲弄他，特别是大哥高澄非常看不起这个长相丑陋、愚笨木讷的弟弟，还曾在众人面前嘲讽他："长成这样都能生于富贵之家，先辈传下来的相书的阐释还真是让人费解！"

起初，高欢也不怎么待见这个相貌平平的儿子，可一次他不经意间问起高洋对目前局势的看法时，高洋的回答见解独特，阐述精辟，高欢这才发现这个儿子很有才能，从此就对他另眼相看。

一次，高欢分给每个儿子一路兵马，命他们各自行动，之后又命属下彭乐领着骑军假意要攻打他们。高澄和几个弟兄认为彭乐兴兵谋反，都胆战心惊，不知所措。

可高洋却镇定自若，他自告奋勇地站了出来，与彭乐展开了激战，最后彭乐实在是招架不住，就说这都是高欢的布局。高洋捉住了彭乐，把他押到了高欢跟前，高欢甚是高兴，称赞高洋不是普通人。

承父之志，建立北齐

高欢去世后，高澄接替了他的位置，做了大将军。此时，孝静帝元覲有名无实，高澄很早就想自己称帝了，可是还没来得及准备，就被一个厨师杀死了。此后高洋果敢地镇压了叛军，继承了哥哥的职位，孝静帝还封其为宰相、齐王。550年，在高洋的逼迫下，东魏孝静帝将皇位让给了高洋。高洋改国号为齐，史称北齐。

高洋执政初期勤政爱民，因此没多久北齐就兴盛了起来。他善于领兵作战，当西魏宇文泰领兵侵犯东魏时，他亲自领兵抵抗敌军。宇文泰见北齐军容整齐，就命令将士撤军。此后，高洋还攻打了柔然、契丹、高丽等国，都大胜而归。那时，北齐在农业、盐铁业、瓷器制造业上都处于领先水平，国家富足。如果高洋能一直励精图治，或许他会成为中国历史上为数不多且年轻有为的贤明君主之一。可是，他后来骄横跋扈，肆意妄为，因此不仅没有名垂青史，还一直被后人所诟病。

北魏鎏金佛像

酒后无德，杀戮无数

高洋即位之初，颇注意军事，率兵多次亲征北方的库莫奚、契丹、突厥、山胡、柔然等部，每次临阵，都是率先冲锋。几年之后，北方的边患大为减轻。同时又命大将南征，夺取南朝大片领土，并扶持以萧庄为帝的傀儡政权。随着功业渐盛，他也越来越贪图安逸，嗜酒淫佚，肆行狂暴。他称帝以来，数次征发百姓计 180 万人，自幽州北夏口至恒州，修起长城 900 余里。次年，又征发百姓 30 多万修造金华殿和三台宫殿。他的生活也日趋腐化，经常通宵达旦地自歌自舞，又经常袒露形体，涂抹粉黛，散发胡服，拔刀张弓，在街市上横冲直撞。曾在街上问一行路妇女："当今天子如何？"这个妇女不认识他，回答："颠颠痴痴，何成天子！"他听着逆耳，当下拔刀杀了这个妇女。他对大臣也是任意鞭打或斩杀。杨愔是宰相，又是他的亲信，他曾用马鞭狠抽杨愔背部，鲜血渗出衣服之外，又要用小刀划开杨愔的小腹，幸亏被大臣崔季舒劝止。又有一次，他把杨愔塞入棺中，装上灵车。又曾经持槊跑马，三次刺到左丞相斛律金胸口，斛律金不动，乃赐帛千匹。又曾于众人中召都督韩哲近前，无罪将其杀死。他令工匠制造了大镬、长锯、判、碓之类的刑具，陈列在庭前，每次喝醉酒后，则以杀人为乐。杨愔于是挑选了一些死囚，称为"供御囚"，高洋想杀人，便让这些人送死，如三个月未被杀掉，则免掉死刑，释放还家。天保八年（557）七月，河南、河北蝗灾严重，高洋向魏郡丞崔叔瓒询问蝗灾原因，回答是因他"外筑长城，内兴三台"所致。高洋大怒，令左右殴打，揪住头发，用大粪从头顶浇下，曳足拖出。三台建成，高洋游三台，兴起舞槊，戏刺都督尉子辉，应手而毙。

高洋嗜酒狂暴，乱杀大臣，却不允许大臣劝谏他，谏多者必死。典御丞李集面谏高洋，以夏桀、商纣王为例劝他，他命人把李集捆起来投入水中，过了一会儿，拉上来问："我比夏桀、商纣王怎么样？"李集说他还不如夏桀、商纣王。高洋又令把他沉入水中，过一阵又拉上来问，如此四次，李集不改口。高洋大笑，命把李集释放。不久又引入，看李集似有所谏，下令拉出腰斩。三弟永安王高浚见他因酒败德，再三劝谏，高洋不悦，把他囚入地牢，纵火烧杀。尚书右仆射高德政，在高洋未称帝前，二人言无不尽，高洋禅代，高德政立有大功。后见高洋即帝位后，纵酒酣醉，所为不法，高德政数次强谏，高洋反诬他“恒以精神凌逼人”，把他用酷刑杀害。胶州刺史杜弼，在高洋禅代中也立有大功，也数次上强谏，被高洋所恨。一次高洋酒醉后，命人前去胶州斩杀杜弼。常山王高演、开府参军裴谒之、都督王触也都数次极谏，都几乎被他杀了。对于他所猜忌的王公大臣，他也大加诛杀，曾借口谶语，将七弟上党王高涣打入死牢，纵火焚死。后又听信谗言，鸩杀从叔清河王高岳。高隆之是朝廷重臣，因他在高洋未称帝前轻视高洋，高洋受魏禅，他又在反对者之列，高洋称帝后，便伺机杀了他。又听人说，祠部尚书王景元背后把他比作商纣王，遣骑执之，斩于御座前。

高洋称帝后，东魏宗室残存者尚多，高洋时刻防备他们伺机复国。天保十年（557）五月，太史令奏：“今年当除旧布新。”高洋问彭城公元韶说：“汉光武何故中兴?”元韶回答：“为诛诸刘不尽。”于是高洋开始大杀元氏，五月癸未这一天，诛杀始平公元世哲等 25 家，又把元韶等 19 家全部投入地牢饿死。七月，又下令尽诛元氏，凡祖父曾为王的，或本人做过大官的，全家一律斩于东市。婴儿则抛入空中，以矛穿刺，元氏死者前后共有 721 人。死尸全部投入漳水喂鱼。当时剖开鱼腹，往往看到人的指甲，邺城一带居民为此很久没有吃鱼肉。

高洋北筑长城，南助萧庄，士兵死者达数十万，再加上他肆意修建宫殿台阁，赏赐无节，使得库藏积蓄很快告罄，财政日益紧张。于是他下令减百官之禄，撤军人常廪，并省州郡县镇戍之职，以节约费用。当时朝廷内外人人惊恐，各怀怨毒，但由于他督察甚严，大臣稍有过失，便加严惩，群臣无人敢为非。高洋又善于用人，委政杨愔，杨愔总摄朝政，以奖拔贤才为己任，国内政治还比较清明，故当时人都说是“主昏于上，政清于下”。

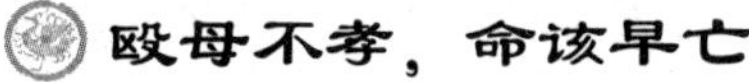

殴母不孝，命该早亡

高洋嗜酒如命，经常没日没夜地喝酒。酒醉之后六亲不认，无恶不作，荒唐至极。一次，他醉醺醺地跑到太后的寝宫里惹事，还打了太后。清醒后，他去向太后赔罪，并跪在地上发誓不再喝酒，可几天后，他又开始酗酒了。

还有一次，他突然心血来潮，跑去岳母家找乐子。岳母崔氏在门口恭迎他，可高洋却无端地冲她的脸上射箭，致使崔氏满脸鲜血。崔氏非常吃惊，就问他为什么要这么做，他开口怒喝：“我喝醉了时，连太后都敢打，你这老不死的竟然问我原因?”

高洋嗜酒成疾，不能饮食，自知活不久，招来其弟常山王高演，说：“你想当皇帝随时可当，只是不要杀你侄儿。”又命尚书令杨愔、领军大将军高归彦、侍中燕子献、黄门侍郎郑颐受遗诏辅政。

天保十年（559），罪大恶极的高洋患上了重病，如硬物在喉，食不下咽，没多久就命赴黄泉，终结了其癫狂、暴戾的一生。

叔侄相残，逼宫夺权

北齐文宣帝高洋是在天保十年（559）死去的。这个以嗜酒昏狂、淫乱残暴著称的皇帝死于酒色过度，只活了 31 岁。他的长子叫高殷，字正道，小名道人，天保元年（550）被立为皇太子，高洋死后继位称君。

这是一个短命的皇帝，实际在位只有 20 个月便被废掉，一年后又被杀死。废杀他的是其叔父常山王高演。高演是高欢的第六子，文宣帝高洋的同母弟。他比高殷大 10 岁，且多谋善断，长期镇守在北齐发祥地晋阳，拥有较强的军事实力，因此，高洋在世时很担心高演会夺取高殷的皇位，酿成叔侄间的残杀。他临死前忧心忡忡地对高演说：

"夺则任汝，慎勿杀也!"就是说，夺皇位可以，但不要杀掉高殷。

高洋的担忧并非多余。就在高洋刚刚咽气归天之时，高演的母亲娄氏无视太子是皇位继承人这个事实，主张立高演为君。多亏尚书令杨愔、大将军高归彦、侍中燕子献、黄门侍郎郑颐等顾命大臣的力争，太子高殷才得以继承大位。但是，高演因是皇叔，仍晋封为太傅，诏居昭阳殿东的东馆，大臣奏事，先由他裁决。高演的同母弟高湛被封为司徒，他的母亲娄氏被尊为太皇太后。

受诏辅佐小皇帝的尚书令杨愔担心高演、高湛兄弟位居亲近，会对皇帝不利，便秘密向皇帝的生母李太后进言，让高演离开宫廷，回到了封地。这以后，朝政大事便不再同他商量，高演为避嫌疑，则杜门不出，拒绝会见宾客。

皇帝身边的一些近臣也意识到，"若不诛王（高演、高湛兄弟），少主无自安之理"，太皇太后娄氏也是一个不容忽视的威胁，于是他们建议几个顾命大臣早做防范。杨愔、燕子献等以为然，拟将太皇太后迁居邺城的北宫，归政于皇太后李氏。杨愔还打算让高演、高湛兄弟出任外州刺史，削夺他们的权力。杨愔认为皇帝年少，涉世尚浅，性情又太仁弱，便将这个想法告诉了皇太后。谁知，皇太后却把这件事告诉了一个叫李昌仪的宫人，李昌仪又密告给太皇太后娄氏，继而又传到高演、高湛兄弟耳中，这样，双方的矛盾便不可避免地尖锐起来。

其实，高演早在被调离宫廷之初就已经暗自谋划了。他在亲信们的挑唆鼓动下，随时都想像周公旦那样，掌管国政。得知要调任他为外州刺史的消息后，高演越发觉得形势不利，若不及早动手，后果不堪设想。经过周密策划，一场逼宫夺权的斗争拉开了帷幕。

高演知道，小皇帝高殷仁慈无勇，不足为虑，关键是得先把杨愔等顾命大臣除掉，这是他夺取皇权的巨大障碍。为了干净利落地将他们一网打尽，他想出一条毒计，谎称他将去外州任职，特备酒宴，在尚书省大会百官，与众大臣辞行，请杨愔、燕子献等务必赴宴。在准备宴席的同时，高湛在尚书省后室这个专供饮宴者休息的地方埋伏下

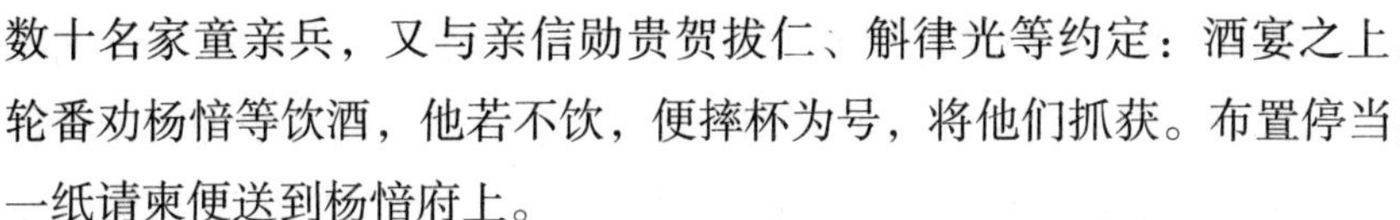

数十名家童亲兵，又与亲信勋贵贺拔仁、斛律光等约定：酒宴之上，轮番劝杨愔等饮酒，他若不饮，便摔杯为号，将他们抓获。布置停当，一纸请柬便送到杨愔府上。

尚书令杨愔久为重臣，老谋深算，行事谨慎，但对于“二王”这一诱其上钩的香饵悬鱼之计却未识破，毫不犹豫地答应按时前往。身边的人劝阻他，“事未可量，不宜轻脱”，他不以为然地说：“吾等至诚体国，岂常山拜职有不赴之理！”（《资治通鉴·陈纪二》）

杨愔等人就这样毫无戒心地来到了尚书省后室。酒宴是丰盛的，气氛也相当热烈，但一张陷杨愔等于死地的大网正在张开！

杨愔入座后，高湛首先离席，斟着双杯，向杨愔敬酒，杨愔避席辞谢。高湛连声说：“为何不饮酒？”并将酒杯摔掉。伏兵听到暗号，如狼似虎地杀了出来，对杨愔等一顿乱打，杨愔和同来的领军将军浑天和、侍中宋道钦被打得头破血流，当场被擒，燕子献力气大，奋力挣脱出去，被斛律光捉住。杨愔对“二王”说：“你们要造反杀忠良吗？我忠心奉国何罪之有？”燕子献则长叹下手太晚，才落到今天的地步。

高演、高湛兄弟的这一计谋可谓高明。皇帝高殷的近臣羽翼几乎都被抓获。得逞之后，高演信心大增，马上开始了下一步的进攻。他来到皇帝所在的昭阳殿，击鼓启事，太皇太后娄氏出殿升座，李太后与高殷侧立。高演恶人先告状，叩头说：“臣与陛下是骨肉至亲，杨愔想独揽朝政，王公以下都愤愤不平，若不及早将他们除掉，必贻害国家。臣已将他们抓到，请陛下处置！”

高殷闻讯，大惊失色。这时，还有侍卫 2000 人，都是全身披挂。武卫将军娥永乐勇武绝伦，如果齐主高殷一声令下，局势很快就会大变。但这个小皇帝却因幼时挨过父亲的鞭打，得了个口吃病，一时急得没说出话来。太皇太后娄氏却抢先开了口，将拔刀欲战的娥永乐喝退，并对高殷说：“逆臣杨愔想杀死我的两个儿子，还将危及于我，你怎么还放纵他？快安慰安慰你的叔父！”高殷张了好半天嘴，才说道：“此事任叔父处置吧，只希望保全侄儿的性命，侄儿下殿去了！”

无能的小皇帝就这样离开了帝位，于乾明元年八月壬午（560 年 9 月 8 日）被太皇太后下令废为济南王，出居别宫，高演则即位于晋阳的宣德殿，是为孝昭帝。他怕高殷复兴，又于次年把高殷召到晋阳，强迫他喝下毒酒，高殷不从，高演则令人将他掐死。此后，孝昭帝高演常精神恍惚，梦见杨愔等前来为高殷报仇，整日惊恐不安。皇建二年（561）十月，他出猎时坠马受伤，不几天便死了，时年 27 岁。

综观高演得帝，在于先剪枝干，后掘根本。在对顾命大臣杨愔等人的关键性进攻中，先是布设香饵，诱其上钩，一网打尽之后，又抢先告状，以既成事实威逼皇帝就范。年幼寡谋的齐废帝高殷在紧急情况下惊慌失措，当断不断，终被太皇太后娄氏抢先发难，灰溜溜地退离帝位。

周代西魏，宇文称帝

北魏分裂为东魏、西魏后，宇文泰成为西魏的实际掌权者。他毒死了孝武帝元修，改立南阳王元宝炬为帝，即文帝。宇文泰与高欢一样，也没有自立为帝。他死后，其侄宇文护迫使魏恭帝退位，并立宇文泰第三子宇文觉为帝，即孝闵帝，国号改为周，史称“北周”。

出身草莽，逐掌大权

宇文泰，祖籍代郡武川（今内蒙古），出生于一个下级武将家中。据史书所载，他“少有大度，不事家人生业，轻财好施”。北魏后期，

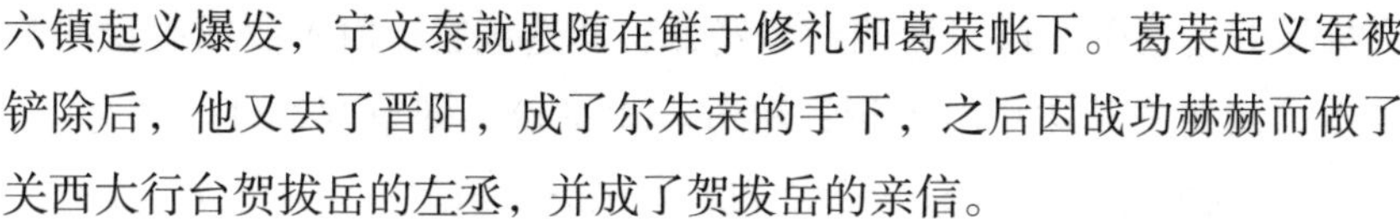

六镇起义爆发，宇文泰就跟随在鲜于修礼和葛荣帐下。葛荣起义军被铲除后，他又去了晋阳，成了尔朱荣的手下，之后因战功赫赫而做了关西大行台贺拔岳的左丞，并成了贺拔岳的亲信。

532 年，高欢改立元修为帝（即孝武帝），自己则成了北魏宰相。可他骄纵妄为，高傲自大，孝武帝对他很不满意。为了抗击高欢，孝武帝想依靠贺拔岳，希望他发兵对抗高欢。可高欢买通了贺拔岳的属下秦州刺史侯莫陈悦，此人骗贺拔岳进入大营并杀了他。

贺拔岳被杀后，其属下推举宇文泰为将领，立誓为贺拔岳复仇。宇文泰率兵直接去了侯莫陈悦陕西的家乡。侯莫陈悦毫无防备，慌忙迎战，相继丢掉略阳（今甘肃清水北）和上邦城（今甘肃天水），他知道自己已无力回天，只得逃进荒山自杀而亡。此后，宇文泰占领关中，渐渐地稳固了自己的势力，并成为关中一带的领袖。

独领西魏，励精图治

孝武帝一向和高欢有嫌隙，贺拔岳死后，他见占领关中的宇文泰势力很强大，并经常自表忠心，就想投奔宇文泰。

534 年，由于和高欢矛盾日深，孝武帝逃离了洛阳，投靠了宇文泰，并封其为大将军，兼任尚书令。从此，北魏分裂为东、西两魏，宇文泰占领长安，支持孝武帝；高欢镇守邺城，扶立孝静帝元覬。然而，孝武帝骄纵荒淫，与宇文泰的矛盾越来越深。最终，宇文泰命人毒死了孝武帝，改立南阳王元宝炬为帝，即文帝。

宇文泰个性沉稳，心胸开阔，而且竭尽全力地处理朝政，尽职尽责。他很清楚自己现在执掌的关中地区土地贫瘠，人口稀少，经济不发达，所以他必须采取一些措施，并尽力拉拢关陇的强权势力来帮助自己，这样西魏才有能力抵抗东魏，稳固政权。

良臣苏绰忠于国事，并写出“六条诏书”，建议宇文泰以此改善现状：第一，治心身，即多做善事，注重品行；第二，敦教化，即对待百姓要做到仁慈、包容；第三，尽地利，即要大力促进农业生产，坚

决排斥好逸恶劳之风；第四，择贤良，即选拔官吏时不要以出身门第为限，而要看其才华和品行；第五，恤狱讼，即审判案件时要公正；第六，均徭役，即要关注民生，减轻农民的负担。

按照这些要求，宇文泰开始竭力整饬吏治，改良选官之制，把辅政大臣分成六官，这也是后来隋唐三省六部制的基础，可以说影响深远。宇文泰执政期间勤政爱民，很有作为，最早的"府兵制"就是他创建的。在宇文泰和苏绰大刀阔斧的改革下，西魏日益强盛。在这期间，由于东西二魏并存，宇文泰和高欢展开了五次较大的激战。虽然东魏在兵力和实力上占据着绝对优势，高欢自己也是久经沙场的骁将，可这五次激战他大多以失败告终，不仅没从西魏得到好处，还极大地损耗了国力，为后来取代东魏的北齐积贫积弱埋下了祸根。556 年，宇文泰离世，那时他的几个儿子还很小，因此他的侄子宇文护执掌了大权。

居心险恶，连弑君王

宇文护在不到三年半的时间内，便玩弄权谋，连弑两帝，使北周政权受到极大的影响，但此后，宇文护也因罪恶昭彰走上死路。继立的宇文邕（武帝）沉着多谋，坚毅果决，他面对宇文护的专横，故作不知，不与其争，暗中却寻找着机会。等宇文护放松了对他的警惕和监视之后，宇文邕于天和七年（572 年）三月十八日，在酒宴之上，乘宇文护不备，亲手将其杀死，并剿灭了宇文护一党，为他的两个哥哥报了仇。

北周权臣宇文护是北周创业者宇文泰的侄子，其父是宇文泰的哥哥宇文颢。宇文护从小便善于矫情饰己，所以深得他祖父宇文肱的喜爱。后来追随他的四叔宇文泰，也是异常孝敬恭顺，从而骗取了宇文泰的信任，将家务都托付他管理，临死前又把儿子宇文觉托付给他。宇文泰死后，宇文觉继父位为太师、太冢宰，袭封安定公，西魏恭帝三年（556 年）十二月，又被封为周公。宇文护见篡魏时机已到，便逼迫恭帝禅位给宇文觉。次年正月，宇文觉代魏称帝，是为孝闵帝，国号为周，史称北周。宇文护因有“建立之功”，被封为大司马、大冢宰，把持了朝政大权。

这时，孝闵帝宇文觉才 15 岁，而宇文护则已 44 岁。他既是皇兄，又兼权臣，自然而然地成了北周政权的决策人。他表面上对孝闵帝竭诚辅佐，实际上却根本看不起这个小皇帝。他专擅朝政，排除异己，先后杀害和排挤了许多功臣元勋。宇文护在以“莫须有”的罪名将他们或杀或贬的时候，都是打着维护社稷安宁的旗号。也是在同样的旗号下，他任用了一批心腹和爪牙，自己的儿子也都封爵授官，造成了“百官总己以听于护”，“事无巨细，皆先断后闻”（《周书·宇文护传》）的局面。

假象可骗人一时，但不能持久。渐渐地，孝闵帝宇文觉看出了宇文护居心险恶，便对其揽权不法深为不满，遂产生了要将他剪除的想法。一些久参国政的先朝大臣如司会李植，军司马孙恒等人也对宇文护的专横十分痛恨。他们前往宫中，对孝闵帝说：“宇文护擅杀功臣，威权日甚，很多谋臣宿将都竞相依附，臣料定宇文护必定不甘心臣事陛下，望陛下早作打算！”孝闵帝以为然。于是李植、孙恒又联络了乙弗凤、贺拔提、张光洛等人，共同计划谋杀宇文护。谁知，张光洛是宇文护的心腹，他把计划密告给了宇文护，宇文护抢先一步，将李植、孙恒驱逐到外州任刺史。而后，宇文护入宫去见孝闵帝，假装很伤心地说：“天下至亲，莫如兄弟，兄弟尚且互相猜疑，外人还能相信吗？臣自奉叔父遗命辅佐陛下以来，竭尽股肱之力，只盼陛下能够威加四海，帝业兴盛。臣最担心的是奸邪得志，这样不仅不利于陛下，也会使国家遭到危险，若有不测，臣有何面目见先王于地下呢？臣是陛下的兄长，官居宰相，我还求什么呢？请陛下万勿听信谗言，疏弃骨肉！”

这番口是心非的甜言蜜语，终于又使孝闵帝受到了蒙骗。他原本打算再召回被逐出的李植、孙恒，现在则打消了这一念头。然而，李植等人却并未放弃除掉宇文护的计划。他们打算密召宇文护赴宴，趁机将他杀死。由于他们未能识破奸细张光洛，计划再次被宇文护得知。宇文护首先抓获了参与这一行动的乙弗凤、贺拔提等人，然后遣散了皇宫禁卫，派亲信、大司马贺立祥带兵入宫，将孝闵帝幽禁起来，并要挟公卿废黜孝闵帝。大臣们畏惧宇文护的淫威，只好违心地说："此公之家事，敢不唯命是听!"（《资治通鉴·陈纪一》）宇文护将李植、孙恒召回杀死，乙弗凤、贺拔提也同时被杀。孝闵帝被宇文觉废为洛阳公，一个月后也被杀掉。

宇文护废弑孝闵帝以后，又立宇文泰的长子宇文毓为君，是为明帝。

明帝宇文毓比宇文觉大 8 岁。史书上说他"睿哲博闻""宽明仁厚""有君子之量"（《周书·明帝纪》），宇文护因此深为忌惮。为了巩固自己的权势地位，宇文护故技重演，假惺惺地对明帝说，皇帝聪明敏捷而有识量，众望所归。他打算归政于皇帝，请皇帝总揽万机，亲掌国政。

宇文护故意作出的这一退让姿态不过是暂避锋芒的权宜之计，他不仅没有付诸行动，而且暗地指使他提升的膳部大夫李安借进食的机会，投入毒药。宇文毓中毒后发觉是宇文护所为，挣扎着口授遗诏 500 余言，指明由他的四弟宇文邕继承帝位，并委婉地诏命大臣们善辅宇文邕。

560 年春，北周举行了庄重的登基典礼，宇文邕就这样登上了帝位，是为周武帝。这一次，宇文护又挑错了人，宇文邕并非庸碌无能之辈，他之所以掩饰自己的能力，就是不想让宇文护察觉。表面上，他尊重和礼让宇文护，对他言听计从，可暗地里却时刻想着为哥哥们复仇。

572 年，蛰伏 12 年的周武帝终于等到了好时机，亲手杀死了宇文护。此后，周武帝就掌握了朝政，并开始励精图治，以期复兴北周。

北周统一，北齐灭亡

北齐最繁荣的时期就是齐宣帝高洋执政之时，此后的帝王都非常昏庸残暴，致使国势日衰。齐后主高纬更是荒淫无度，整天与宠妾寻欢作乐，不理朝政。而此时的北周却是厉兵秣马，枕戈待旦。577年，北齐与北周经过短暂的对峙后，周武帝宇文邕灭北齐，统一了中国北部。

锐意进取，后来居上

北齐建立后，高洋在执政初期的确是有所建树，他亲率兵马相继战胜了库莫奚、契丹、柔然和山胡等少数民族势力，之后又南下攻打淮南，将自己的势力扩展到了长江岸边。在他的治理下，北齐进入了最鼎盛的时期。

当时，北齐在农业、盐铁业、瓷器制造业上都处于领先地位，与陈朝和北周比起来，也是最富足强大的。可是这么繁荣的局面只是昙花一现。高洋执政末期，举止怪异，残酷暴虐，因此。由他亲手创建的北齐就慢慢衰败了。继高洋之后的几个国君在治国上都昏庸无能，而在败坏祖业上却是极尽其能。正当北齐国君贪图安逸时，北周已经慢慢地兴盛起来。尤其是经过周武帝的一番改革，更是焕然一新，国力不断提升，社会经济稳步向前发展着。

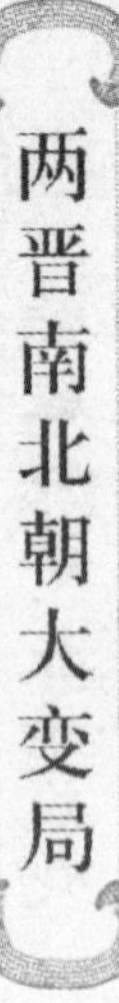

宠信奸佞，诛杀忠良

武成帝高湛死后，齐后主高纬登基。高纬继承了高氏家族残酷暴虐的本性，在年幼时所做过的坏事就很多，更别提成年之后了。据史书记载，高纬“幼而令善，及长，颇学缀文”，看来幼年时他还算是个勤奋好学的孩子。可是皇室中的人无一能够幸免于宫廷争斗、密谋厮杀，在刚登基时，他也遇到了亲弟弟高俨的挑衅。高纬先是拿箭射杀了高俨的党羽，可还是觉得气愤，就以狩猎为名骗高俨进宫，然后就不留情面地杀了他。为了杜绝后患，高纬还杀死了高俨的四个遗腹子，并谎称“生数月而幽死”。昏君和奸臣总是联系在一起的。贤臣良将奋力地保家卫国，却总是无端地被诬陷，死在奸臣手上。北齐就有个人惨遭此种下场，他就是立国良将斛律光。

高车族人斛律光生于军人世家，父亲斛律金跟着高欢出生入死，此后斛律氏家族人人效忠于高家人。斛律光做了朝中的大臣后，率军南征北战，战功赫赫，名震四方，北周的大将军韦孝宽就非常惧怕他。斛律光恪尽职守，帮高纬稳固了政权，并尽心辅助朝政。他刚直不阿，不追名逐利，非常鄙视朝中的奸臣穆提婆和祖珽，自然也不愿和这些人共事。

瞎子祖珽能说会道，高纬非常宠信他，于是他就骄横霸道，还挤对朝廷贤臣。斛律光很不满他这种媚上欺下的作风，曾暗地里感叹道：“北齐朝中无人了吗？这么一个瞎子都能入宫得势，如此看来，国家离灭亡也不远了。”

祖珽听说后甚是气愤，就处处排挤斛律光。穆提婆的母亲是高纬的奶娘，因此穆提婆也是骄横恣肆，在朝中胡作非为。这两人因被斛律光鄙视，非常愤懑，就到处散播谣言，还在皇帝面前诬陷斛律光。高纬本就没什么主见，一经这两人挑拨，就真的猜忌起斛律光来。

那时，斛律家权倾朝野，且有很多忠诚的属下，不仅朝中有很多亲属党羽，连皇后也是斛律光的女儿。于是高纬认为斛律光废掉自己、

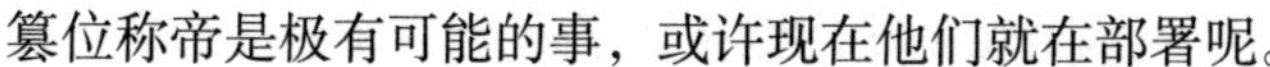

篡位称帝是极有可能的事，或许现在他们就在部署呢。

这时，祖珽又再次诬陷斛律光，说他在家中私藏了大量兵器，而且和其弟斛律羡交往甚密，他们一定想谋权篡位。高纬得知此事后非常震惊，决心立即除掉这个隐患。于是，高纬和祖珽设局骗斛律光进宫，并命身旁的侍卫从背后偷袭，杀死了他，之后宣称斛律光意图谋反，已被处死。没过多久，高纬下令处斩了斛律家的人，又找借口废掉了皇后斛律氏。

中国有句古话：“三世为将，必有祸殃。”斛律家的成员个个都是英豪，忠心耿耿保家卫国，立下汗马功劳。没想到，最终却落得个被灭族的下场，真是千古奇冤。斛律家族覆灭后，北齐再无良将，其灭亡的命运已经无可挽回了。

沉迷女色，断送江山

高纬亲政不久，为了巩固自己的皇位，就开始大肆屠杀朝臣，排除异己。朝廷的重臣和有能力的亲族被他杀的杀，关的关，流放的流放，总之是消灭殆尽。朝政大权全落到了他身旁一帮只会溜须拍马而又贪婪狡诈的奸邪小人手里。高纬的宠臣有穆提婆、韩长鸾、高阿那肱等人，这三个人当时号称“三贵”。这几个人后来都上了《北齐书》的“恩幸列传”，可以想见他们大概都起了什么作用。他们陪着高纬夜以继日地酣饮歌舞，带刀走马，从没安生过，可一见朝臣就瞋目张拳，大有吃人之势。尤其是鲜卑贵族出身的韩长鸾，特别憎恨读书人，常常大骂朝臣：“我对这些汉狗不可忍耐，应该都杀掉才对！”

高纬小时候有个乳母，叫陆令萱，也是鲜卑族人。她的丈夫因犯谋反罪被判死刑，陆令萱也被没入皇宫做了奴仆。她巧黠多智，善于奉迎，很快就得到了齐武成帝高湛和胡皇后的信任，特意命令她做太子高纬的乳母。陆令萱看准身为太子的高纬终有一天会黄袍加身，自然尽心尽力抚养高纬，高纬也和她十分亲近，叫她“干阿妈”，对她言听计从。高纬即位后，封陆令萱为女侍中，把宫中的事情都交给她掌管。她的儿子穆提婆也因此由一个宫奴变成了深受皇帝宠信的朝廷大臣。陆令萱等佞幸小人把持朝政，勾引亲党、贿赂公行、狱讼不公、官爵滥施。一时之间，奴婢、太监、娼优等人都被封官晋爵。天下开府一职的官员达到1000多人，仪同官职难以计数。仅领军就增加到20人，由于人员庞杂、职权不明，结果朝廷下达的诏令、文书，20个领军都互相推诿，最后都只在文书上照葫芦画瓢写个“依”字便扔到一边，没人执行。

有这一帮奸佞之徒整天围在身边拍马逢迎，再加上自身的荒淫本性，高纬根本没有心思管理朝政，而是想方设法大玩特玩。那些阿谀奉承的佞臣都被封了高官，侍奉他的宫婢都获封为郡君。他喜欢养马，亲自给马配制饲料，有十几种之多，还为公母马交配特地建造“青庐”，甚至给这些马郡守一样的名号，还得食禄。他还大肆挥霍，动辄赏赐巨万。宫女锦衣玉食者500多人，一件裙子的花费价值万匹布，而且只穿一天就扔掉了；一个镜台也能用上千两黄金。他为宠爱的穆皇后造七宝车，载满金银到北周买珍珠。北周恰逢太后丧礼，不肯卖给他，他就更花费巨亿从别的地方买来制造宝车和裙裤。他大兴土木，而且好恶反复无常，尽管各处宫苑修得富丽堂皇，却屡毁屡修，从事建筑的工匠没有一时的休息，夜里点起火把照明施工，天冷时得用热汤和泥。又在晋阳做十二院，开凿晋阳西山塑造巨大佛像，一夜间要点燃万盆油灯，灯光可以照到宫中，劳费数亿计。

如此胡闹，不久就导致府库积蓄匮乏，民不聊生，于是皇帝也觉得自己穷了，要做乞丐。就专门在华林园旁，设立一个贫儿村，自己穿上破衣烂衫，向人行乞了，还觉得好玩得不行。他又仿照民间开设市场，自己一会儿装卖主一会儿装买主，忙得不亦乐乎。他还喜欢玩打仗游戏，画下西境一些城池的图样，依样仿造，让卫士身穿黑衣模仿北周兵攻城，他却用真正的弓箭在城上射杀这些“敌兵”。皇帝玩得高兴，真不知道天下还会有什么让人忧愁的事，便亲自创作了一支曲子，名曰《无愁》，还亲自弹奏琵琶演唱，让左右数百人唱歌跳舞来应和。于是，民间就把这皇帝叫作“无愁天子”。

陆令萱在朝廷大事上独断专行，在后宫自然就更加说一不二，就连高纬后妃的废立，都掌握在她手中。高纬的皇后斛律氏，是功臣斛律光的女儿。斛律光被诬谋反而被处死，斛律氏也被废掉。高纬又立了胡太后的侄女为皇后，但他喜欢的却是前皇后斛律氏的侍女穆黄花。穆黄花也是个聪明的女子，知道自己出身卑贱，就拜陆令萱为母，在宫中找到了一个坚实的靠山。于是陆令萱为了提高她的地位不遗余力，让她的儿子高恒成了太子，接着又在胡太后面前进谗，让太后大怒，把胡皇后废掉。这样，穆黄花就被立为皇后，陆令萱也因为是皇后之母，被封为“太姬”，相当于一品官，班列在长公主之上。

穆皇后在后宫正春风得意，却没想到天意弄人，侍女出身的她，最后竟也栽在了自己的侍女身上，这个侍女就是冯小怜。

生性好色的高纬对穆黄花迷恋了一阵之后很快就喜新厌旧，又宠爱上了弹得一手好琵琶的曹昭仪。穆皇后深宫寂寞，哀怨不已。为了重新赢回高纬的宠爱，她竟然想出来一个馊主意，把自己的一个侍女冯小怜推荐给了高纬。她的本意是想以冯小怜为诱饵，来离间高纬和诸嫔妃的关系，把皇帝重新夺回到自己身边来。但不久她就明白，她的如意算盘彻底打错了。

冯小怜生得姿容出众，性格乖巧，因从小一直生活在后宫，对那些嫔妃争宠之事耳濡目染，早就练就了一套狐媚惑主的本事。而且她不但天生冰肌玉骨，聪慧伶俐，还精通音律，能歌善舞，尤其擅长演奏琵琶。她还无师自通地学得一手按摩的本领，当年在穆皇后那里就使得女主人夸赞不已，现在又用来侍奉皇帝。美人的一双玉手在高纬身上揉揉捏捏，已是叫他的骨头酥了一半，再加上冯小怜的按摩技术还颇为精妙，弄得高纬通体舒泰，飘飘欲仙。高纬本是酒色之徒，一见这般尤物，立刻神魂颠倒，和她夜夜春宵，从此把后宫嫔妃视为粪土一般。高纬封冯小怜为淑妃，让她住在隆基堂，本是雕梁画栋，极尽绮丽了，冯小怜却嫌那是曹昭仪的旧居，太不吉利，就命令拆梁重建，并把所有的地板换了过来，挥霍了许多金银。高纬毫无异议，任她所为。两个人坐则同席，出则并马，还经常祈愿生死一处，做个永远夫妻。就连在朝堂议事，高纬都和冯小怜腻在一起，前来奏事的大臣见状都羞得满脸通红，只好唯唯而退。

公元575年，北周武帝率军进攻北齐。虽然边境告急，但高纬还是晕晕乎乎，不以为意。他这时正忙着和他的淑妃冯小怜打猎。警报从早晨到中午已传来了三次，高纬也置之不理，他的宠臣还在一边帮腔，斥责士兵道："皇帝正在游猎，边境有一点小摩擦，是很正常的事，何必急急奏闻。"后来警报越来越多，高纬也有点不安起来。可冯小怜兴致未尽，又要他再猎一围才肯罢休。高纬从不肯拂逆了美人的意思，就答应了她，又猎了好长时间，获得几头野兽，方才尽兴而回。此时，北周军队已经攻破平阳城（今山西临汾）了。

于是，皇帝御驾亲征，大军直奔平阳而来。但是，他舍不得心爱的美人，就带上冯小怜，一路上形影不离。而且御驾亲征的高纬此时关注的不是如何击退北周军队、收复失地，而是要让冯小怜开心，居然还有闲情逸致陪着她游览附近的名胜古迹。按照传统的观点，行军打仗是不能带着女子的，因为"妇人在军中，兵气恐不扬"。北齐兵士一看他们的皇帝居然到处带着宠妃，在气势上就觉得要打败仗了，士气十分低落。而且，这个冯小怜还不安分，恃宠生骄，什么都不懂还偏偏喜欢乱出主意。当围攻平阳的北齐军队挖掘地道，陷塌了几丈的城墙，平阳城眼看就收复在望的时候，高纬却因为要等待正在梳妆的冯小怜出来观看攻城的壮观场面，而命令全军将士等候，从而让北周军队有足够的时间又修好了城墙，重新掌握了这座军事重镇。等到北齐北周两军相交之时，高纬和冯小怜并马观战。忽然之间东翼阵脚略有退却，冯小怜吓得花容失色，大叫"我们败了!"。齐主手下将领劝高纬不可轻举妄动，免得惑乱军心，但高纬哪里肯听，立刻带着冯小怜奔逃而去。于是北齐兵败如山倒，被杀万余人，百里之间，军资器械丢弃无数。高纬在一路奔逃中忽发奇想，又命人回晋阳去取皇后的朝服绶节，准备封冯小怜为左皇后。冯小怜穿上皇后礼服，他左瞧右看，欣赏不已。这时，又报周军来追，他才继续奔逃。就这样，本来在战场上有很多次转机，但在冯小怜不负责任的胡乱干预之下，高纬

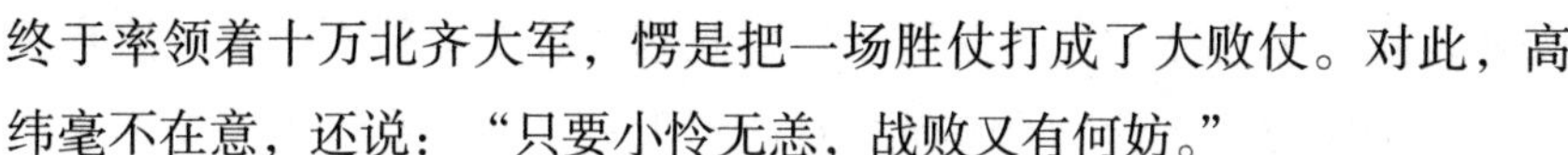

终于率领着十万北齐大军，愣是把一场胜仗打成了大败仗。对此，高纬毫不在意，还说：“只要小怜无恙，战败又有何妨。”

高纬逃后，高延宗在晋阳自立为帝，率众拒守，一度战胜周军，终因麻痹轻敌，城破被俘。周军移师攻邺，此时高纬正在邺都苟延残喘。他事先曾把家小送到北朔州（今山西朔州）。现在他的母亲胡太后回来，他理也不理。可淑妃冯小怜驾到，高纬就凿开邺城北边的城墙，出外十里迎接。听说周军攻城，高纬在城内坐立不安，问大臣们该如何是好。大家说应该重赏将士，振奋士气。高纬马上下了一道赏赐诏令，但根本不赏赐什么东西。大臣斛律孝卿请高纬亲自去安抚士兵，并且为他撰写好了发言稿，告诉高纬发言时要慷慨悲壮，声泪俱下，这样才能激励士气。高纬从皇宫中走出，正要说话，一下子记不清该讲什么了，只是傻乎乎地笑，左右侍从也跟着笑。将士们见高纬如此昏庸、轻薄，心已凉了一半：“国难当头，皇上都不急，我们还急什么!”北齐士气到此完全涣散。

不久，高纬和他的儿子都被周武帝宇文邕抓了起来，北齐灭亡。不过亡国对于他来说并不是太大的痛苦，他真正在意的是他的一帮姬妾成了北周的俘虏，其中就包括那个令他心心念念的冯小怜。于是，他一见到周武帝，就跪下来叩首请求，希望他把冯小怜赐还给自己。

周武帝看这个皇帝居然没有一点家国之念，也不禁觉得好笑，就说：“朕连天下都不在乎，哪里会吝惜一个妇人。”就把冯小怜还给了高纬。高纬大喜过望，一会儿竟趁着酒劲跳起舞来。

不久，有人诬告高纬谋反，周武帝把他和儿子高恒，包括 30 多个直系王爷以及宗室百余口全部赐死，只有高纬两个有残疾的弟弟高仁英、高仁雅活了下来，被迁到西蜀偏僻之地，任其自生自灭。高纬的母亲胡太后和他的妻子穆皇后流落长安，成了妓女。高氏的其余亲属都被流放到西部沙漠一带，没有一个人回来。冯小怜也被赐给了代王宇文达。代王宇文达本来是个颇为严正的人物，节俭廉洁，不好声色。周武帝恐怕也正是觉得他是个坐怀不乱的君子，才肯把冯小怜赐给他。可万万没有想到，这位王爷一见到冯小怜这般尤物，立刻神思大乱，失魂丧魄，把多年的正经抛到一边，立刻对她宠爱得不得了，连自己的正妃李氏都差点让冯小怜挤兑对活不下去。而冯小怜虽然受到宇文达的百般宠爱，却也难以忘怀高纬对她的一段恩情，有一次，她弹琵琶断了一根弦，便作诗一首：

“虽蒙今日宠，犹忆昔时怜。欲知心断绝，应看膝上弦。”

可见她内心深处依然对高纬眷恋不已。

本来，冯小怜在宇文达这里享有专房之宠，也算是有个好归宿。可没想到几年以后，隋文帝篡周自立，大杀宇文氏宗室，宇文达也难逃此劫，被他腰斩处死。于是，冯小怜又一次面临被转手的命运。真是造化弄人，她这回竟落到了宇文达正妃李氏的哥哥李询手里。于是李询的母亲正好得报当年女儿备受冷落之仇。她把冯小怜贬为仆役，令她身穿粗布衣服，每天舂米，使她受尽磨难，又对她百般凌辱虐待。于是冯小怜不堪忍受，最终自杀身亡。

隋代北周，民族融合

南北朝末期，鲜卑人建立的北周灭亡北齐，统一了北方地区，为后来隋朝的建立奠定了基础。北周武帝的文治武功极其出色，一系列改革均使北周政权有所发展。武帝去世后，他的子孙即位，昏庸而暴虐，引起权臣不满。后杨坚崛起，581 年，隋朝代周而立，南下灭陈，结束了南北朝数百年的割据局面，实现了大一统。

杨坚崛起，心生异志

北周静帝宇文阐时，军政大权逐渐落到了外戚杨坚的手中。杨坚先是清除了朝廷中的异己力量，接着又镇压了尉迟迥、司马消难、王谦等人发动的声势浩大的兵变。581 年，杨坚强迫周静帝退位，自己称帝，建立了隋朝。之后，隋灭陈，使中国历时 200 余年的南北分裂局面宣告结束，又进入了大一统时期。

关陇士族，杨门崛起

杨坚，祖籍弘农华阴（今陕西华阴）。北朝时，弘农杨氏是关陇一带著名的大姓。

据传，东汉太尉杨震的八代孙杨铉是杨氏的祖先，后燕时曾任北平的太守。之后，杨氏家族地位显赫，族中一直有人在朝廷中当高官。杨坚的父亲杨忠就是西魏和北周的重要军事将领，协助宇文泰为北周的建立打下了牢固的根基，后来做了柱国大将军、大司空，成了隋国公，显赫无比。

根据一些史料记载，杨坚出世时出现了祥云，可幼年时他并不十分聪慧，因为是贵族子弟，就在贵族学堂里接受教育。他读书读得不好，因此别人总是嘲讽他胸无点墨。他自己也很清楚这一点，曾经自我解嘲道："不晓书语。"

杨忠过世后，杨坚继承了父亲的爵位，成了北周的大将军和隋国公。北周鲜卑贵族独孤信认为他以后一定会大有作为，因此就让他娶了自己的小女儿，即后来著名的独孤皇后。凭借着独孤家显赫的权势和自家的根基，杨坚平步青云，很快就有了极高的声望。

北周武帝宇文邕病逝后，宣帝宇文赟登基为帝，杨坚的大女儿做了皇后。杨坚是皇亲国戚，没多久就被升为上柱国、大司马，执掌了朝政。周宣帝残暴昏庸，沉迷酒色，胡作非为，在大臣中的名望和威信也不高。杨坚野心勃勃地想要取而代之，周宣帝也有所察觉，可是他没有真凭实据，难以下手，因此就没有除掉杨坚。

周宣帝执政才两年就死了。此后登基的静帝宇文阐年仅 8 岁，大臣郑译、刘昉假造诏书，令杨坚辅佐朝政，并封其为“假黄钺、左大丞相”，总揽军政大权，没多久又封其为隋王。

祖福荫庇，假诏称帝

做了辅佐朝政的权臣后，杨坚首先拉拢了当时的一些贤士，稳固了统治，之后就着手清除朝中异党。宣帝之弟宇文赞是杨坚独揽朝政的最大障碍，因为他和杨坚权威、身份相当，因此杨坚就命人假意劝告宇文赞：“你早晚都会成为皇帝，为何要如此尽心尽力地处理朝政呢，何不回家清闲几天?”宇文赞比较年轻，没什么心机，觉得这话也对，就不再理会政事了。

接着，杨坚果敢地除掉了北周皇室势力最强的五个藩王：赵王宇文招、陈王宇文纯、越王宇文盛、代王宇文达、滕王宇文逌。然后平定了尉迟迥、司马消难等人的叛乱。

在除掉朝中异己、镇压了地方的反叛势力后，杨坚就开始展示他的治国之才。他首先下旨废除了北周宣帝时制定的繁苛的政令和残酷的刑法，并将一些钱财还给了寺庙，允许普通百姓传播佛教和道教，以此来赢得民心，并缓解了不断激化的阶级矛盾。

581 年春，杨坚命人为周静帝把让位的诏书写好，接着又假装推托了几次，后来在大臣的“苦劝”下，终于登基为帝，建立隋朝，定都长安，年号开皇。

天下归一，开皇之治

当时，天下百废待举，祸乱不断，而且全国还没有统一，荆楚的后梁和江南的陈朝还都存在。后梁国力弱小，素来称臣于北周，因此隋文帝毫不费力地就吞并了后梁。此后，陈朝就成为隋朝统一天下的最后一个对手。此时陈朝国内一片混乱，陈后主不思进取，庸碌无为，致使国力渐衰，根本无力抵抗大隋。开皇八年（588），隋文帝下旨历数陈后主的 20 条罪行，呼吁天下百姓共同征讨陈后主，以此来为自己灭陈创造声势。同年秋，隋文帝命次子晋王杨广率领 50 万兵马，分兵八路攻陈。此时陈后主不知国之将亡，还和权臣妃子们载歌载舞、饮酒作乐呢。

隋军毫不费力就攻破了长江天险，直抵陈朝都城外。这时，陈后主才如梦初醒，可为时已晚。隋文帝消灭了苟延残喘的陈朝，结束了南北方将近 300 年的分裂局势。

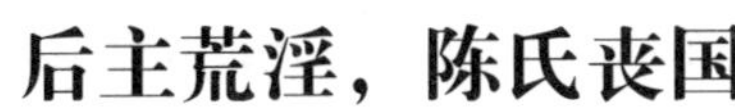

后主荒淫，陈氏丧国

陈后主是南朝的最后一位君主。他生活奢侈腐化，不理朝政，整日与妃嫔、文臣游宴，制作艳词，谱歌度曲。他宠爱贵妃张丽华，所有军国政事，皆不闻不问。当时，“江东小朝廷，不知有陈叔宝，但知有张丽华”。陈叔宝创作的《玉树后庭花》，有“花开花落不长久，

落红满地归寂中”的句子，被后人视为亡国之音。

三千粉黛，不及丽华

陈叔宝的皇后沈氏为人贤德，却不受后主宠爱。他宠爱的是龚贵嫔和孔贵嫔这两个妃子，而孔妃更胜一筹，后主经常和她们一起饮宴欢乐。后主曾对孔妃说：“古称王昭君、西施长得美丽，依我来看，爱妃你比她们美。”

张丽华出身贫民之家，父兄都以织席为生，入宫时，年仅 10 岁，被分配为东宫侍婢，为孔妃的侍女。虽然小小年纪，却已经出落得轻盈婀娜、举止闲雅、姿容艳丽、不同凡响了。她发长七尺，黑亮如漆，光可鉴人，并且脸若朝霞，肤如白雪，目似秋水，眉比远山，一双眼睛在顾盼斜视之际，竟是神采奕奕，光彩夺目，照映左右。有一天，被陈叔宝偶然遇见，陈叔宝大惊，端视良久，对孔妃说：“此国色也。卿何藏此佳丽，而不令我见?”孔妃说：“妾谓殿下此时见之，犹嫌其早。”陈叔宝问何故，她说：“她年纪尚幼，恐微葩嫩蕊，不足以受殿下采折。”

张丽华年虽幼小，但天性聪明，吹弹歌舞，一见便会，诗词歌赋，寓目即晓。随着年龄的增长，越发出落得轻盈婀娜，进止闲雅，姿容艳丽。

不久陈叔宝临幸了张丽华，从此与她形影不离，如胶似漆，恩爱非常。张丽华后来给陈叔宝生了个儿子，后主就对她更为宠爱了。陈叔宝被陈叔陵砍伤，卧床休养期间，也只肯让张丽华一个人前来服侍。即位之后，就封她为贵妃，宠冠六宫。

自陈武帝陈霸先开国以来，陈朝内廷陈设很简朴。后主嫌其居处简陋，不能作为藏娇之金屋，于是在临光殿的前面，起临春、结绮、望仙三阁。每一座楼阁都高达数丈，带有数十间精巧的房间。其中的梁柱窗牖、悬楣栏槛之类，都是用沉香木雕刻而成的，有的时候微风吹过，便会传来一阵沁人心脾的幽香，数里之外都能闻到。并且还用

金玉珠翠加以装饰，被阳光一照，更是异彩纷呈，光华夺目。每间房屋外面都悬挂着珠帘，房中陈设的床帐铺设，以及用来点缀的玩器，无不是瑰奇珍丽，亘古未有。在庭院之中还用精致的奇石垒成假山，引来活水蓄为池塘，并种植了很多奇花异木杂错其间，装点得犹如人间仙境。他自己住在临春阁，让张丽华住在结绮阁，孔贵嫔和龚贵嫔住在望仙阁。三阁之间，还各以复道相连接。后主便可以自如地往来其间，和他的美人们嬉戏玩闹。又有王、季二美人，张、薛二淑媛，袁昭仪、何婕妤、江修容七人，都以才色见幸，被轮流召幸，得游其上。张丽华曾于阁上梳妆，有时临轩独坐，有时倚栏遥望，看见的人都以为仙子临凡，在缥缈的天上，令人可望而不可即。

宫殿修好之后，陈后主就开始与一班臣下整天在此听歌观舞，吟诗作赋，天天乐此不疲。陈叔宝热衷于诗文，因此在他周围聚集了一批文人骚客，以官拜尚书令的“好学，能属文，于七言、五言尤善”的江总为首。还有一个叫孔范的，更是一个趋炎附势之徒，他因为也姓孔，就和后主宠爱的孔贵嫔结为兄妹，以此大得后主的信任。他们这些朝廷命官，不理政治，天天与陈叔宝一起饮酒作诗听曲。这帮人和后主在一块儿玩得兴起，又是“以文会友”，便嬉皮笑脸，插科打诨，不再有尊卑上下之序，号称“狎客”。除了这帮狎客，文采风流的陈后主当然少不了美人的陪伴。他有宠爱的张贵妃、龚贵嫔、孔贵嫔，还有从民间“采集”的王美人、李美人、张淑媛、薛淑媛，又有袁昭仪、何婕妤、江修容。陈叔宝将十几个才色兼备、通翰墨会诗歌的宫女命为“女学士”。才有余而色不及的，命为“女校书”，供笔墨之职。

再说美人张丽华，她不光长得貌若天仙，而且非常聪明。她虽然受到后主百般宠爱，却能宽宏大量，毫无嫉妒之心，对于后主宠爱的其他美人都能与之搞好关系。每逢后主带贵妃和宾客游玩饮宴，她便推荐诸位宫女同去。她还经常把相识的美貌女子推荐给后主，后宫家属犯法，只要向她乞求，无不代为开脱。这么一来，后宫中的人都感激她，争着说贵妃娘娘的好话，后主就对她更为宠爱了。

不过，张丽华虽然得到陈后主的专宠，却仍然有一件事情不能随

心所愿，那就是她为陈后主生的儿子陈深的地位。张丽华虽然是贵妃，宠冠六宫，实际上成了后宫的主人，可她毕竟不是皇后。虽然后主对她专宠，爱屋及乌，对于她的儿子也倍加宠爱，封他为始安王，还兼着扬州刺史和军师将军这两个职务。不过，无论官职做到多大，地位总不及备位储君的太子稳固。但陈后主那时已经立了皇后沈氏的养子陈胤为太子了。这位沈皇后出自名门，是望蔡侯沈君理的女儿，也是陈朝开国皇帝陈武帝陈霸先的外孙女。虽然皇帝一直冷落她，打发她独自住在求贤殿。但沈皇后性格温良贤德，深得内外敬重，所以她国母的位置依旧无人敢于轻侮。后主很少去看望她，往往是一年半载才来一次，而且这种拜访也多是礼节性的，暂入即还，从不留宿。沈皇后虽然黯然神伤，却也无可奈何。后主却还饶有兴致写诗打趣她："留人不留人，不留人也去。此处不留人，自有留人处。"沈皇后见他这般嘲讽，也不禁心酸，赋诗答道："谁言不相忆，见罢倒成羞。情知不肯住，教妾若为留。"对后主的无情暗暗抱怨。于是皇帝当下翻脸，大怒而归。不过，那句"此处不留人，自有留人处"却成了后世极为流行的俗语，恐怕这也是陈后主始料未及的吧。

皇帝对沈皇后越来越不满，自然被张丽华看在眼中。于是在她的暗中授意之下，立刻有以孔范为首的数十近臣开始在皇帝面前谗害太子。张丽华又联络同样对皇后怀有不满的孔贵嫔一起给后主吹枕头风，使得耳软心活的陈后主对太子渐渐产生了疑虑。最终，在祯明二年（588）五月，陈后主作出了决定：废掉太子陈胤，改封吴王，立张丽华所生的始安王陈深为太子。

按照陈后主的意思，下一步就是废掉沈后，立他心爱的张丽华为皇后。但是，他的愿望来不及实现了，同年三月，隋文帝已经发兵五十一万八千人，由晋王杨广节度，分进合击，直指陈朝都城建康。此时长江防线纷纷告急，亡国之祸，迫在眉睫。

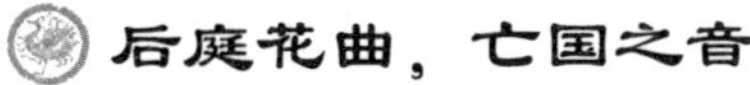

后庭花曲，亡国之音

陈叔宝生活荒淫奢侈，荒唐至极。他整天和妃子、文臣宴饮作乐，几乎不理朝政。他最宠爱的妃子张丽华，才貌俱佳，能歌善舞，精于诗词歌赋，并且聪慧善辩，记忆力超群。当时，宦官蔡脱儿、李善度两人往往会初步处理好奏章，再呈给皇帝批阅，两人时常忘了奏文的内容，可张丽华却能一一回答出来，无一遗漏。

早朝时，陈后主时常会怀抱张丽华，与朝臣商议国事。通常朝臣奏请的国事都是张丽华最先知道，之后她再禀告皇帝，和他共商对策，大臣若有异议，就会被排斥。

张丽华起初只负责内务，之后就开始干涉外事。而陈后主对张丽华百依百顺，因此宦官近侍都和张丽华串通在一起。尽管陈后主并不是个好皇帝，可他却精于琴棋诗画，特别是在音乐上造诣颇深，可谓天生的文艺奇才。因此如果他不是一国之君，或许历史上就多了一个大文豪，而少了一个昏聩的君主，真是世事无常，造化弄人。

每次宴会，妃嫔群集，诸妃嫔及女学士、狎客杂坐联吟，互相赠答，飞觞醉月，大多是靡靡的曼词艳语。文思迟缓者则被罚酒，最后选那些写得特别艳丽的诗，谱上新曲子，令聪慧的宫女们学习新声，按歌度曲。陈后主曾作的《玉树后庭花》如下：“丽宇芳林对高阁，新装艳质本倾城。映户凝娇乍不进，出帷含态笑相迎。妖姬脸似花含露，玉树流光照后庭。花开花落不长久，落红满地归寂中！”“玉树后庭花，花开不复久”成为有名的亡国之音。陈叔宝君臣整天通宵达旦地酣歌豪饮醉生梦死，所有军国政事，皆置不问。随着陈朝君臣生活的穷奢极欲，国力逐渐衰弱下来。

身陷枯井，繁华凋零

消息传入长安，正值隋文帝开皇年间（581—600）。隋文帝本有削平四海之志，于是隋之群臣，争劝文帝伐陈。文帝下诏数后主20大罪，散写诏书20万纸，遍谕江外。有人劝文帝说兵行宜密，不必如此张扬。文帝说："若他惧而改过，朕又何求？我将显行天诛，何必守密？"于是修建了许多战舰，命晋王杨广、秦王杨俊、清河公杨素为行军元帅，总管韩擒虎、贺若弼等，率兵分道直取江南。隋兵有五十一万八千人，东接沧海，西距巴蜀，旌旗舟楫，横亘数千里，无不奋勇争先，尽欲灭了陈朝。陈叔宝却深居高阁，整日里花天酒地，不闻外事。他下令建大皇寺，内造七级浮屠，工尚未竣，为火所焚。沿边州郡将隋兵入侵的消息飞报入朝。朝廷上下却不以为意，只有仆射袁宪请出兵抵御，后主却不听。及隋军深入，州郡相继告急，后主叔宝依旧奏乐侑酒，赋诗不辍，而且还笑着对侍从说："齐兵三来，周师再至，无不摧败而去，彼何为者耶？"孔范说："长江天堑，古以为限，隔断南北，今日隋军，岂能飞渡？边将欲作功劳，妄言事急。臣每患官卑，虏若渡江，臣定做太尉公矣。"有人妄传北军的马在路上死去很多。孔范说："可惜，此是我马，何为而死？"后主听后大笑，深以为然，君臣上下狎妓纵酒，赋诗如故。

朝廷中十分有才能的将领萧摩诃丧偶，续娶夫人任氏。任氏妙年丽色，貌可倾城，与张丽华说得投机，结为姐妹。任氏生得容颜俏丽，体态轻盈，兼能吟诗作赋，自矜才色，颇慕风流。她觉得丈夫萧摩诃是一介武夫，闺房中惜玉怜香之事全不在行，故心里不满。在宫里看见后主与张丽华好似并蒂莲恩爱绸缪的样子，不胜欣羡。因此见了后主，往往眉目传情。后主只因任氏是大臣之妻，未便妄动。又因为相见时妃嫔满前，即欲与她苟合，苦于无从下手。一天，后主独遇任氏，挑逗数语，便挽定玉手，携入密室，后主拥抱求欢，任氏亦含笑相就，没有推辞，翻云覆雨，娇喘盈盈。自此任氏常被召入宫，留宿过夜，调情纵乐，做长夜欢聚。在萧摩诃面前，只说被丽华留住，不肯放归。萧摩诃是直性人，开始还信以为实，也不用心查问。后来风声渐露，才知妻子与后主有染，不禁大怒，叹道："我为国家苦争恶战，立下无数功劳，才得打成天下。今嗣主不顾纲常名分，奸污我妻子，玷辱我门风，教我何颜立于朝廷！"

隋兵渡江，如入无人之境。沿江守将，望风尽走。后主向来懦怯，不谙军事，待到隋兵百万压境，后主才开始害怕，召萧摩诃、任忠等于内殿，商议军事。萧摩诃只是不说话。萧摩诃因后主私通其妻，全无战意，最后被擒降隋。

589年春，贺若弼和韩擒虎这两支军队快速地靠近了建康。国难当头，陈后主才猛然惊醒，急得哭哭啼啼，可满朝大臣也都无计可施，孔范、江总之辈本来也只是嘴上功夫，大难临头都手足无措。尽管建康拥有十几万大军，却无人能够指挥作战。隋军如入无人之境，顺利地攻进了皇宫，守城的兵马不是卸甲归降，就是被生擒活捉，其余的都四散而逃。

韩擒虎带领一队将士冲进后宫，找寻许久也不见后主踪影。之后，他们擒住了几个小太监逼问，这才得知陈后主躲到后殿花园去了。隋军搜遍了花园，最终发现一口枯井，往下一看好像有人，就以投石威胁。陈后主吓得连忙讨饶，最终隋军将藏于井中的陈后主和他的两个宠妾用绳子拉了出来。

陈后主还真是贪恋美色，连逃命都要带上美人。据说这三人自井中出来时，张丽华的胭脂蹭到了井口，因此后人就称此井为"胭脂井"。

和"玉树后庭花"一样，陈后主歌舞升平的生活也迅速谢幕。隋文帝仁寿四年（604），52岁的陈后主死于大兴城。他的一生，荣华富贵如过眼云烟，转瞬即逝，了无痕迹。或许于他而言，自己只是个风流才子罢了，吟诗作词、寻欢作乐才是正事，而江山社稷、黎民百姓反倒无足轻重。

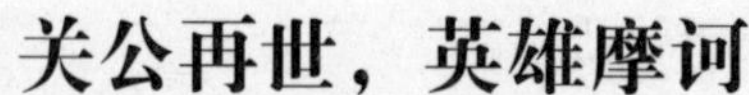

关公再世，英雄摩诃

少年英雄，彪炳史册

萧摩诃，字元胤，兰陵人。他的名字"摩诃"出自佛经，梵语，意思是大。兰陵萧氏是著名大族，萧摩诃的祖父、父亲都在梁朝做过官，摩诃幼年丧父，被姑父蔡路养收养在南康，"稍长，果毅有勇力"。

如果单以个人的勇武而论，陈朝名将萧摩诃是公认的南北朝时期的第一猛将。早在他青年时期，萧摩诃就被当时的人们称为关公再世，在百万军中取上将首级如探囊取物。如果不是遇到了昏庸无能、自毁长城的陈后主，一代名将萧摩诃一定不会让隋军轻易灭亡陈国。

梁大宝元年（550）正月，侯景之乱震惊天下，陈霸先（陈武帝）起兵赴援京师北讨侯景。兵至大庾岭，反对讨侯的原定州刺史萧勃指派蔡路养率两万人马拒之，摩诃时年 13 岁，"单骑出战，军中莫有当者"。激战中，陈军主将杜僧明受伤落马，陈霸先亲自救了他并将自己的马让给他。史载"胆气过人"的杜僧明上马复战，土豪出身的蔡路养遂大败，脱身逃走。

溃败中，萧摩诃被陈霸先麾下名将侯安都收留，侯安都很欣赏这员小将的勇力，一直厚待他，从此萧摩诃就死心塌地跟着侯安都南征北讨。

梁敬帝太平元年（556）三月，北齐出兵 10 万攻梁。六月，北齐

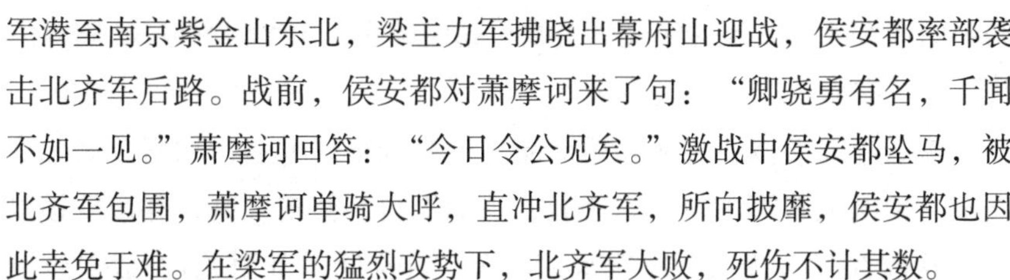

军潜至南京紫金山东北，梁主力军拂晓出幕府山迎战，侯安都率部袭击北齐军后路。战前，侯安都对萧摩诃来了句：“卿骁勇有名，千闻不如一见。”萧摩诃回答：“今日令公见矣。”激战中侯安都坠马，被北齐军包围，萧摩诃单骑大呼，直冲北齐军，所向披靡，侯安都也因此幸免于难。在梁军的猛烈攻势下，北齐军大败，死伤不计其数。

陈霸先建国后，萧摩诃积累战功升为巴山太守，开始步入他戎马一生的最辉煌时期。

陈宣帝太建五年（573），陈国开始出兵进攻北齐，萧摩诃也跟随主将吴明彻参加了这场空前惨烈的北伐之战。

当时北齐派遣大将尉破胡率领十多万精锐部队南下抵挡陈军，北齐的前军都是精心选拔出来的身高八尺、膂力无比的亡命之徒，尉破胡还给自己的前军起了“犀角”“大力”“苍头”等荣誉番号，陈军上下还没开战心就已经凉了一半。

陈朝主将吴明彻特意找到萧摩诃说：“尉破胡一来，我军的士气立刻就短了一截。听说你一向号称关羽再世，那你敢不敢去把尉破胡的脑袋给我拿回来?”萧摩诃也不含糊，立刻朗声回答说：“只要您告诉我他长什么样子，我肯定能把他给斩了，献首级于主将您!”吴明彻大喜，迅速找来投降的北齐士兵，把尉破胡的容貌特征交代清楚，然后亲自给萧摩诃斟酒一杯，以壮行色。萧摩诃一口喝干了杯中酒，然后单人匹马、一骑绝尘地冲向齐军。还没等阵前的尉破胡掏出弓箭，疾如闪电的萧摩诃就扔出铣（当时一种特制的小凿子，古代也作为暗器使用），结果了尉破胡性命。北齐军中“大力”营的十多个精壮勇士出来追杀萧摩诃，也全部被萧摩诃斩于马下。齐军一看这陈军也不是没有猛将啊，士气一下子被萧摩诃吓掉了一半，还没敢和陈军开战就全撤退了。攻齐之战胜利之后，萧摩诃因功被封为武毅将军。

进军北伐，平叛功臣

北周灭北齐，周武帝宇文邕派大将宇文忻争夺淮北地区，在吕梁

与吴明彻军大战。当时宇文忻有数千精锐骑兵，萧摩诃只领 12 骑深入周军，“纵横奋击，斩获甚众”。

陈军进围彭城，吴明彻用水灌城，绕城布列战船，加紧攻城。宇文邕急忙派大将军王轨率军驰救，占据淮口，修筑长围，并用铁锁贯连车轮数百沉入清水（即泗水，在今江苏淮阴及其西北），以封锁航道，并在清水两岸筑城。陈军诸将很是惶恐，萧摩诃对吴明彻建议：“王轨尚未筑好城，这时派兵攻打，他肯定无法抵挡。只要我军水路不断，敌人就没办法，但要是等他们筑好城，我们都得做俘虏了！”但刚愎自用的吴明彻不听，反而冷冷地说：“搴旗陷阵，将军事也；长算远略，老夫事也。”

接下来，周军 10 日之间筑城成功，下游水路全被王轨截断。这下进退两难的吴明彻只好考虑突围了。萧摩诃又进言说：“愿公率步卒慢慢前进，我领铁骑数千在前后呼应，必当使公安全返回京师。”这时的吴明彻不再说“长算远略，老夫事也”了，一席话显出其主帅气度：“兄弟的话很有道理。不过老夫受君命出征，不能胜敌夺城，反而到被围的窘境，我很惭愧。而且步军最多，我为总督，必须身居其后。兄弟你率骑兵在前面突围吧！”最终萧摩诃带数千马军率先突围成功回朝。而吴明彻亲自断后，不料至清口船舰触上沉入水底的车轮，大败被俘，所部 3 万及器械辎重为周军所获。

陈宣宗太建十三年（581）二月，杨坚废周立隋，为隋文帝。雄才大略的隋文帝杨坚欲吞并江南，命贺若弼、韩擒虎镇江北广陵和庐江，预做灭陈准备。陈宣帝即委任骠骑大将军萧摩诃等抵抗。隋军水陆并进，逼近长江，陈人大骇。

就在大兵压境之时，陈朝却上演了一出兄弟夺位的丑剧，这回萧摩诃扮演了平叛重臣的角色。

这事发生在陈宣宗太建十四年（582）正月，陈宣帝去世。宣帝有 42 个儿子，长子就是大名鼎鼎的陈后主陈叔宝，陈叔宝早被立为太子，但次子始兴王陈叔陵却想趁机夺取帝位。此人一向残暴荒淫，他和兄弟们一起在宫中侍疾，刚听到老爸归天，他第一个吩咐就是让左右去外面拿剑，可是左右不解其意，拿了把木剑给他，气得他大骂。

第二天宣帝小殓，陈叔陵从袖中掏出锉药刀，一刀刺向叔宝，刺中脖子，叔宝闷绝在地，吓得皇太后与后主乳母忙用身体挡住，叔宝另一个弟弟叔坚从后面扼住叔陵，夺了刀摁住他。

叔陵有把力气，挣脱后逃回东府城，召左右放了东城的囚徒以充战士。又派人召集所部兵马，被甲着白帽，准备据城自守。当时陈军都在沿江防守隋军，建康城内空虚。大臣们也犹豫不决，不知该支持谁，以至于无人前去征讨陈叔陵。最后还是太子舍人司马申聪明，想到了兵权在握的萧摩诃。陈叔宝急忙派人命萧摩诃讨逆，萧摩诃立马率步骑数百人疾至东府城，屯兵于城西门。即日擒叛将戴温、谭骐驎等，送斩于朝廷，首级号令。面对本朝名将，陈叔陵大为惶恐，为笼络萧摩诃，派人送去一部鼓吹，并对他说："事情成功后，一定以公为台鼎。"萧摩诃用缓兵之计说："你必须派心腹人带着任命书来，方敢从命。"陈叔陵没法子，只好尽杀其妻妾，率左右数百人从南门出逃，萧摩诃率军追到丹阳郡将其斩杀。

事后，陈叔宝即位，他对大功臣萧摩诃一点儿没吝啬，先封为散骑常侍、车骑大将军，封绥建郡公，邑三千户。还将陈叔陵所蓄聚金帛累巨万，全部赏赐给萧摩诃。不久，又改授侍中、骠骑大将军，加左光禄大夫。同时，还以其女为皇太子妃，可谓举国荣宠归于一家。

英雄迟暮，国破身亡

然而，陈朝的内部安定了没多久，北方的隋朝就又开始威胁陈朝的安全。陈后主祯明三年（589），隋朝行军大总管贺若弼趁着萧摩诃回建康述职的机会，偷偷亲率大军渡过长江，直奔建康杀来。尽管萧摩诃屡次要求陈后主与隋军决战，可这位荒淫幼稚的陈朝末代皇帝却始终只相信自己派出的求和使者，而不愿意再相信自己的镇国大将。最后，当隋军兵临建康城下时，陈后主才急急忙忙派萧摩诃率军迎击隋军。事情到了这一步，别说是萧摩诃这位"南朝关

云长”，就是蜀国真关羽也是回天乏术、无可奈何了。最终陈军惨败，萧摩诃也被隋军活捉。

不久，隋文帝杨坚授命萧摩诃辅助自己最小的儿子——汉王杨谅。十几年后，杨谅发动了叛乱，但很快被中央政府击败，一代名将萧摩诃也被株连处死，时年 73 岁。

南北朝第一猛将、关公再世的萧摩诃，就这样结束了自己悲剧的一生，为后人留下了无限叹惋。